VAINCRE
LES ENNEMIS
DU SOMMEIL

Données de catalogage avant publication (Canada)

Morin, Charles M.

    Vaincre les ennemis du sommeil

    Traduction de: Relief from insomnia

    1. Insomnie – Ouvrages de vulgarisation. – 2. Insomnie – Traitement. I. Titre.

RC548.M67514 1997   616.8'498   C97-940446-0

DISTRIBUTEURS EXCLUSIFS:

- Pour le Canada
  et les États-Unis:
  MESSAGERIES ADP*
  955, rue Amherst
  Montréal, Québec
  H2L 3K4
  Tél.: (514) 523-1182
  Télécopieur: (514) 939-0406
  * Filiale de Sogides ltée

- Pour la France et les autres pays:
  VIVENDI UNIVERSAL PUBLISHING SERVICES
  Immeuble Paryseine, 3, Allée de la Seine
  94854 Ivry Cedex
  Tél.: 01 49 59 11 89/91
  Télécopieur: 01 49 59 11 96
  Commandes: Tél.: 02 38 32 71 00
              Télécopieur: 02 38 32 71 28

- Pour la Suisse:
  VIVENDI UNIVERSAL PUBLISHING SERVICES SUISSE
  Case postale 69 - 1701 Fribourg - Suisse
  Tél.: (41-26) 460-80-60
  Télécopieur: (41-26) 460-80-68
  Internet: www.havas.ch
  Email: office@havas.ch
  DISTRIBUTION: OLF SA
  Z.I. 3, Corminbœuf
  Case postale 1061
  CH-1701 FRIBOURG
  Commandes: Tél.: (41-26) 467-53-33
              Télécopieur: (41-26) 467-54-66
              Email: commande@ofl.ch

- Pour la Belgique et le Luxembourg:
  VIVENDI UNIVERSAL PUBLISHING SERVICES BENELUX
  Boulevard de l'Europe 117
  B-1301 Wavre
  Tél.: (010) 42-03-20
  Télécopieur: (010) 41-20-24
  http://www.vups.be
  Email: info@vups.be

Pour en savoir davantage sur nos publications,
visitez notre site: **www.edhomme.com**
Autres sites à visiter: www.edjour.com • www.edtypo.com
www.edvlb.com • www.edhexagone.com • www.edutilis.com

L'ouvrage original a été publié par Doubleday,
une filiale de Bantam Doubleday Dell Publishing Group Inc.,
sous le titre *Relief from Insomnia*

Dépôt légal: 3ᵉ trimestre 1997
Bibliothèque nationale du Québec

ISBN 2-7619-1367-1

Charles M. Morin

alcool • anxiété • caféine • décalage horaire
dépression • douleurs • horaires de travail irréguliers

VAINCRE
LES ENNEMIS
DU SOMMEIL

inquiétudes • maladies • mauvais lit • médicaments
ménopause • nicotine • stress • vieillissement

Traduit de l'anglais par
Véronique Mimeault

sous la direction de Charles M. Morin, Ph.D.

LES ÉDITIONS DE
L'HOMME

À mon épouse, Paule,
et à mes deux enfants, Geneviève et Sébastien

Remerciements

Il est plutôt rare qu'un francophone publie un livre d'abord en anglais et par la suite en français. Sans l'aide d'un certain nombre de personnes, il m'aurait été difficile de produire cette traduction selon les échéanciers prévus. Je tiens donc à remercier vivement Véronique Mimeault, pour avoir produit la première version de la traduction française, et Guylaine Fontaine pour sa diligence et son expertise dans la correction du manuscrit. Je tiens également à souligner la contribution de Célyne Bastien dans la traduction de deux chapitres. Je suis très reconnaissant aux centaines de personnes souffrant d'insomnie avec qui j'ai eu l'opportunité de travailler en pratique clinique ou dans différentes recherches au fil des ans. En partageant leurs expériences et leurs souffrances, ces personnes m'ont énormément appris sur l'insomnie et son traitement. Je suis également très reconnaissant à un organisme américain, le National Institute of Mental Health, qui subventionne mes recherches sur l'insomnie depuis plus de dix ans. Enfin, je tiens à témoigner ma reconnaissance à mon épouse et à mes enfants pour leur support et leur compréhension pendant la période de rédaction de ce livre.

Introduction

Si vous éprouvez des difficultés à dormir la nuit, il y a de fortes chances que vous ayez aussi des difficultés à fonctionner durant la journée. Et vous n'êtes pas seul. L'insomnie est l'une des plaintes les plus couramment entendues dans le domaine de la santé. Presque tout le monde traverse des périodes occasionnelles d'insomnie alors qu'un bon nombre de gens sont aux prises avec des difficultés de sommeil chroniques. L'insomnie n'est pas un problème sans importance; elle peut grandement détériorer la qualité de vie d'une personne — causant fatigue, détresse émotionnelle, malaise social et une diminution de la productivité. Au cours de mes 12 années de recherches et de pratique clinique auprès de personnes souffrant d'insomnie, j'ai été confronté à deux paradoxes. Bien que l'insomnie soit un trouble fréquent du sommeil, très peu d'individus reçoivent un traitement adéquat; et lorsque la personne décide d'entreprendre un traitement, c'est souvent uniquement après des mois ou même des années de combat contre ses nuits d'insomnie.

Tout cela entraîne une souffrance considérable et inutile puisque l'insomnie est une condition dont le traitement est tout à fait possible. Cependant, plusieurs insomniaques sont découragés par le manque de ressources disponibles sur les troubles du sommeil. D'autres souffrent en silence, ne se sentant pas à l'aise d'en discuter avec leur médecin étant donné l'impression répandue que l'insomnie n'est pas un problème de santé réel. Lorsque les patients consultent leur médecin, celui-ci leur prescrit souvent des somnifères; d'ailleurs, trop souvent, c'est la seule recommandation qui leur est faite. Les experts du sommeil s'entendent sur le fait que les médicaments ne devraient pas être la première ligne d'intervention puisqu'ils ne ciblent pas les causes sous-jacentes du problème. De plus, la plupart des patients préfèrent ne pas utiliser de médicaments. Des recherches cliniques récentes ont démontré que l'insomnie peut être traitée de façon efficace à l'aide de changements relativement simples dans les modes de vie, les habitudes et les attitudes qui interfèrent avec une bonne nuit de sommeil. Plusieurs des méthodes de traitement contre l'insomnie peuvent être appliquées avec un minimum d'aide professionnelle. Ce guide d'autotraitement a été conçu avec l'idée que l'information est souvent bien plus utile qu'une prescription. J'espère qu'il vous procurera toutes les connaissances nécessaires afin de redécouvrir le plaisir d'une bonne nuit de sommeil.

Vaincre les ennemis du sommeil expose une approche thérapeutique dont l'efficacité clinique a été prouvée par plusieurs recherches scientifiques. Ce guide d'autotraitement décrit des méthodes simples et pratiques permettant d'obtenir une bonne nuit de sommeil sans médicaments. Ainsi, l'accent est mis sur l'approche psychologique plutôt que pharmacologique. C'est aussi un guide de référence procurant de l'information pratique concernant le sommeil normal et plusieurs des troubles autres que l'insomnie qui peuvent le perturber.

Le livre est divisé en trois sections générales. Le premier chapitre présente un survol des cycles du sommeil et répond à des questions clés concernant les différents types de sommeil, la quantité de sommeil nécessaire, et la façon dont le sommeil se modifie avec l'âge. Le second chapitre décrit les différents types d'insomnie, les facteurs de risque, les symptômes et les conséquences de l'insomnie. Les chapitres 3 et 4 évoquent plusieurs causes possibles de l'insomnie, physiques et psychologiques, qui doivent être traitées par un professionnel. Ils expliquent ensuite à quoi vous attendre lorsque vous vous présentez dans une clinique du sommeil.

La seconde section expose en détail une approche de gestion personnelle pour vaincre l'insomnie. Chaque chapitre couvre un volet différent du problème et décrit des stratégies utiles pour: changer les mauvaises habitudes de sommeil; réviser certaines croyances et attitudes à propos de l'insomnie; apprendre à gérer le stress pendant le jour et les inquiétudes au coucher; et enfin rendre votre chambre à coucher plus propice au sommeil. Un chapitre traite de l'utilisation des somnifères, des situations où ils peuvent être utiles et de celles où ils doivent être évités; on y présente un programme de sevrage pour les personnes dépendantes des somnifères souhaitant briser cette habitude.

La dernière section décrit des méthodes pour combattre les effets du décalage horaire et pour composer avec le travail posté, c'est-à-dire à horaires variables. De plus, on y décrit d'autres troubles du sommeil tels que l'apnée, la narcolepsie, les cauchemars et bien d'autres. On en expose les principaux symptômes afin de vous aider à les reconnaître et à évaluer votre besoin de consulter un spécialiste du sommeil. Le chapitre 13 évoque les problèmes de sommeil les plus courants chez les enfants; on y propose des solutions pratiques aux parents aux prises avec de telles difficultés. Le dernier chapitre expose quelques stratégies à utiliser afin de maintenir une bonne qualité de sommeil chez les aînés. Une liste d'organisations professionnelles et de groupes de support pour les patients atteints de troubles du sommeil et leur famille est fournie en appendice.

Écrit dans un langage accessible, ce livre s'adresse au grand public. Il constituera une excellente source d'information pour vous ou un proche en ce qui concerne le traitement non pharmacologique de l'insomnie. Il intéressera aussi les personnes désirant en apprendre davantage sur le sommeil et les principaux symptômes de ses nombreux troubles. Bien qu'il ne vise pas à remplacer le traitement professionnel, plusieurs personnes considéreront que ce guide leur fournit l'information nécessaire pour surmonter leur insomnie alors que d'autres trouveront qu'il est un outil complémentaire aux recommandations de traitement proposées par les professionnels de la santé.

CHARLES M. MORIN, PH.D.

1

Quelques notions de base sur le sommeil

Pour la plupart des gens, une bonne nuit de sommeil est une expérience merveilleuse et énergisante. C'est un peu comme prendre de petites vacances afin de refaire le plein d'énergie physique et psychologique. Vous ressortez de cet état altéré de conscience revitalisé, avec un regard positif sur la vie et mieux préparé pour accomplir les tâches quotidiennes. Une bonne nuit de sommeil est quelque chose de tout à fait naturel que l'on tient souvent pour acquis. Par contre, ceux qui ne dorment pas bien viennent à parler du sommeil comme quelqu'un parle du manque de nourriture, d'eau ou de sexe.

Si vous avez des difficultés à dormir, vous êtes en bonne compagnie. Plus d'une personne adulte sur trois se plaint d'insomnie, tandis que plusieurs autres souffrent en silence. Heureusement, l'étude des troubles du sommeil est une discipline qui évolue rapidement et de nouveaux traitements sont maintenant disponibles pour contrer la plupart de ces troubles. Ce livre commence par une révision de quelques notions de base sur la nature du sommeil, ses différents stades et ses fonctions; on y traite également des changements normaux qui se produisent, au cours de la vie, dans les cycles du sommeil, ainsi que des relations du sommeil avec notre activité diurne, notre humeur et notre santé. Comme le principal objet de ce livre est d'exposer des solutions pratiques pour combattre l'insomnie, il va de soi que nous devons d'abord avoir une compréhension de base du sommeil normal.

Le passage de l'état de veille au sommeil

Même s'il occupe le tiers de notre vie, le sommeil a longtemps été un mystère pour les chercheurs et les cliniciens. Pendant des années, il a été considéré comme un état passif durant lequel l'esprit et le corps étaient complètement inactifs et coupés du monde extérieur. Ce n'est que récemment que les scientifiques ont commencé à explorer ses mystères. Les experts s'entendent sur le fait que le sommeil est un état altéré de conscience dans lequel plusieurs fonctions physiques et mentales continuent d'opérer, dans un monde différent, même en l'absence de stimulations environnementales. Quand vous éteignez les lumières et que vous laissez libre cours à vos pensées, vous entrez dans un nouveau monde. Vos paupières se ferment, vos pupilles rétrécissent, votre respiration devient plus lente, la température de votre corps ainsi que le rythme des battements de votre cœur diminuent. Votre corps entre dans un état profond de relaxation qui est accompagné d'un tracé alpha des ondes cérébrales; votre esprit dérive en combinant des images bizarres, des pensées et différents monologues. Ce passage de l'éveil à la somnolence puis au sommeil représente une sorte d'état hypnagogique. Au moment précis de l'endormissement, il est souvent accompagné d'un sursaut brusque et d'une impression de tomber dans le vide, d'où l'expression «tomber endormi». Vous perdez conscience pendant un certain temps, mais au début de la nuit, tout peut vous ramener à l'état de veille — un bruit, une inquiétude ou encore les mouvements de votre conjoint. L'endormissement est un processus graduel: d'abord, le sommeil est très léger; il devient plus profond par la suite. Il n'y a pas un interrupteur qui vous fait passer directement de l'état de veille au sommeil. La durée de cette phase transitoire de l'éveil à l'endormissement puis au sommeil, ainsi que le plaisir qu'elle apporte, peuvent varier d'une personne à l'autre. Si vous êtes en bonne santé, libre de toute inquiétude et bon dormeur, cette expérience est habituellement brève mais très agréable. Mais si vous souffrez d'insomnie, il est fort probable que cette période soit une expérience plutôt frustrante.

Deux types de sommeil, deux mondes à part

Il existe deux types de sommeil: le sommeil REM (de l'anglais, *rapid-eye movements*), celui des mouvements oculaires rapides, aussi appelé sommeil paradoxal, et le sommeil NREM (de l'anglais, *non rapid-eye movements*), soit celui où il n'y a pas de mouvements rapides des yeux, aussi appelé sommeil à ondes lentes.

Le sommeil NREM comporte quatre stades allant d'un sommeil très léger et devenant progressivement plus profond. Chaque stade est caractérisé par une activité électroencéphalographique (EEG) différente (voir figure 1.1). Lorsque vous vous endormez et entrez en stade 1, vos pensées dérivent et vous pouvez avoir l'impression d'osciller entre la conscience et l'inconscience, une sensation semblable à celle d'être dans la lune. Il y a un mouvement lent de la cavité oculaire, la respiration devient plus lente également et les muscles sont plus relâchés. Le stade 1, souvent appelé sommeil léger, est une phase transitoire qui dure seulement quelques minutes et qui fait le pont entre l'éveil et le vrai sommeil qu'est le stade 2. Dans ce stade, l'activité (EEG) est caractérisée par des fuseaux de sommeil et des complexes K (voir figure 1.1), une onde cérébrale momentanée caractérisée par un pic négatif suivi d'un pic positif. Le stade 2 représente environ 50 p. 100 du temps total de sommeil.

Les stades 3 et 4, souvent groupés ensemble, sont les stades de sommeil les plus profonds et les plus reposants. Les ondes cérébrales sont plus lentes et plus prononcées. C'est la période où il est le plus difficile de réveiller quelqu'un et il peut même y avoir une courte période de confusion à l'éveil. Selon l'âge de la personne, les stades 3-4 représentent de 5 à 20 p. 100 du temps total de sommeil, mais il arrive que nous n'atteignions pas ce stade profond lors de certaines nuits perturbées. Les stades 3 et 4 sont aussi appelés sommeil delta à cause des ondes électriques qui sont plus lentes et d'amplitude plus élevée pendant ce stade. Dans son ensemble, le sommeil lent ou NREM reflète un état où le cerveau est au ralenti, mais où le corps peut bouger; l'esprit est essentiellement endormi, mais les fonctions biologiques demeurent fonctionnelles même si elles sont plus lentes.

À l'inverse, pendant le sommeil paradoxal, une activité mentale considérable est observée; d'ailleurs, on peut remarquer à la figure 1.1 que les tracés EEG du sommeil paradoxal et de l'état de veille sont très semblables. Nos rêves sont originaires de cette phase qui occupe 20 à 25 p. 100 d'une nuit de sommeil typique. Nous rêvons tous pendant le sommeil paradoxal, même si plusieurs n'arrivent pas à se souvenir de leurs rêves le lendemain. À moins de se réveiller pendant ou immédiatement après une période de sommeil paradoxal, il y a peu de chances qu'on se souvienne de ses rêves. Les études démontrent qu'environ 85 p. 100 des sujets réveillés en sommeil paradoxal se rappellent un rêve et peuvent le raconter clairement; ils évoquent souvent des émotions intenses. L'imagerie en sommeil paradoxal est vive, parfois bizarre, les sons et couleurs sont souvent incorporés. Par contre, seulement 15 à 20 p. 100 des gens affirment avoir rêvé lorsqu'ils sont réveillés en sommeil NREM. Dans ce cas, l'imagerie est habituellement caractérisée par une pensée, une image ou une situation incorporant les éléments de l'environnement immédiat.

En plus des rêves, plusieurs autres changements accompagnent le sommeil paradoxal. Premièrement, il y a une augmentation périodique de mouvements oculaires rapides (lesquels donnent son nom à ce stade de sommeil); les battements de cœur s'accélèrent et le rythme cardiaque devient plus variable; la pression sanguine fluctue, la consommation d'oxygène ainsi que la circulation sanguine du cerveau sont plus élevées que durant l'éveil. Chez les hommes en santé, de l'enfance à l'âge adulte avancé, on observe une érection pendant le sommeil paradoxal; les femmes démontrent un engorgement clitoridien. Pendant le sommeil paradoxal, la température de notre corps n'est plus régularisée. Les changements dans la température ambiante ne provoquent ni sueur ni frisson. Étrangement, le corps est essentiellement paralysé pendant cette phase du sommeil, peut-être dans le but d'empêcher l'actualisation des rêves. À l'exception de quelques secousses périodiques des muscles, la plupart des mouvements volontaires sont impossibles. En dépit de cette paralysie du sommeil paradoxal, plusieurs changements de positions se produisent au cours de la nuit, ces derniers accompagnant les changements de stades de sommeil. Même s'il peut sembler qu'à l'occasion nous nous endormions et nous réveillions dans la même position, nous avons sûrement changé de position — et nous sommes éveillés — à plusieurs reprises pendant la nuit sans pour autant nous en souvenir le lendemain matin.

Figure 1.1 Tracés de l'activité cérébrale associés à un état d'éveil alerte, à un état de relaxation et à différents stades du sommeil. Les ondes bêta sont associées à un état très alerte. Le rythme alpha (8 à 12 cycles par seconde) est typique de l'état de relaxation (les yeux fermés) précédant le début du sommeil. Les ondes thêta sont caractéristiques d'un sommeil léger alors que le rythme delta (0,5 à 2 cycles par seconde) est enregistré durant les stades de sommeil profond (3-4).

Les cycles du sommeil pendant la nuit

La qualité et la durée du sommeil varient avec l'âge, la santé et le style de vie de chacun. Par contre, la séquence des différents stades de sommeil au cours de la nuit est très stable chez les bons dormeurs qui maintiennent un horaire d'éveil-sommeil régulier. Au cours d'une nuit typique (tel que démontré dans la figure 1.2), nous alternons d'un stade à l'autre, passant graduellement d'un sommeil léger (stade 1) à un sommeil profond (stades 3-4), suivi d'un premier épisode de sommeil paradoxal. Habituellement, l'adulte commence la nuit par les stades de sommeil NREM et le premier épisode de sommeil REM apparaît 70 à 90 minutes après l'endormissement initial. En moyenne, nous complétons cinq cycles de sommeil NREM-REM. Les quatre ou cinq épisodes de sommeil REM augmentent en durée et en intensité à mesure que la nuit progresse. La première période dure habituellement 15 à 20 minutes alors que la dernière période, soit tôt le matin, est plus intense et peut durer 30 à 60 minutes. Le dernier tiers de la nuit est dominé par le sommeil REM tandis que le sommeil profond (stades 3-4) prédomine au début de la nuit.

Figure 1.2 Cette figure illustre une nuit de sommeil typique d'un jeune adulte n'éprouvant pas de difficultés à dormir.

Quelle est la quantité de sommeil nécessaire?

Les besoins individuels de sommeil semblent déterminés biologiquement, selon l'âge de chacun. Les nouveau-nés dorment en moyenne 16 à 18 heures par jour et les jeunes enfants dorment 10 à 12 heures par nuit en plus d'une à deux heures le jour. Vers l'âge de cinq ans, le sommeil nocturne des enfants diminue aux alentours de 9 à 10 heures et la sieste devient de moins en moins fréquente. Les adolescents ont besoin d'environ 9,5 heures de sommeil pour être alertes durant la journée, mais ils les obtiennent rarement. Les adultes ne se plaignant pas de problèmes de sommeil dorment de 7 à 8,5 heures durant la nuit. Les aînés dorment en moyenne 6,5 heures la nuit et peuvent ajouter une heure de sieste l'après-midi.

Malgré la croyance populaire voulant que tout adulte devrait dormir 8 heures par nuit, les besoins en sommeil varient d'une personne à l'autre. Certaines ont besoin d'aussi peu que 5 à 6 heures par nuit sans pour autant être considérées insomniaques, alors que d'autres ont besoin de 9 à 10 heures. Comment déterminer votre besoin de sommeil? La façon la plus simple est d'expérimenter différentes durées de sommeil et de surveiller votre niveau de vigilance et de fonctionnement le jour suivant. Si vous êtes constamment fatigué et que vous somnolez à des moments ou à des endroits inappropriés, cela signifie que vous n'avez pas eu la quantité adéquate de sommeil la nuit précédente. Habituellement, une personne bien reposée restera vigilante même dans une pièce surchauffée en écoutant une conférence peu intéressante à la suite d'un repas copieux. Par contre, la personne en manque de sommeil risque fort de s'endormir, non seulement dans de telles circonstances, mais aussi pendant un film intéressant ou même une réunion importante. Idéalement, vous devriez dormir aussi longtemps que cela est nécessaire afin de vous sentir frais et dispos le matin et de demeurer alerte tout au long de la journée.

Évidemment, la plupart des adultes n'obtiennent pas le sommeil dont ils ont besoin. La majorité, particulièrement les jeunes adultes, dorment moins de 8 heures pendant les nuits de la semaine, la plupart n'obtenant que 6 à 7 heures de sommeil. En revanche, plusieurs excèdent 8 heures de sommeil pendant la fin de semaine, ce qui tend à confirmer que la quantité de sommeil en semaine est insuffisante. Même s'il est possible de fonctionner temporairement avec moins de sommeil que notre besoin réel, ce manque de sommeil finira éventuellement par nous nuire. C'est comme essayer de porter un chandail de grandeur moyenne quand vous avez vraiment besoin d'une grande taille. Plusieurs personnes qui sont en manque chronique accumulent une dette de sommeil pendant la semaine. Quelques-unes sont capables de se rattraper en faisant la grasse matinée durant le week-end alors que plusieurs autres ne peuvent se permettre ce luxe en raison de responsabilités familiales ou d'un deuxième emploi. Même légère, la privation de sommeil chronique peut déranger le fonctionnement diurne, l'humeur et la vigilance. Nous reviendrons sur les effets de la privation de sommeil plus tard dans ce chapitre.

Le sommeil est un besoin de plus en plus difficile à combler. Au cours des quelques dernières décennies, la durée moyenne de notre sommeil nocturne a été réduite d'environ une heure par nuit. En effet, cette durée était de 7 à 8,5 heures par nuit au début des années soixante alors qu'aujourd'hui environ 50 p. 100 de la population affirme dormir moins de 7 heures par nuit la semaine. Il n'y a pas tellement longtemps, tout s'arrêtait à la tombée de la nuit. Aujourd'hui, plusieurs personnes ont un deuxième emploi le soir ou travaillent de nuit. Les magasins et les usines sont ouverts plus longtemps et la télévision diffuse presque 24 heures sur 24. Ce menu d'activités entre donc en compétition avec le sommeil et contribue à alimenter un manque quasi chronique de sommeil.

Les changements dans les cycles du sommeil au cours de la vie

L'âge est le facteur le plus important affectant la quantité et la qualité de notre sommeil. Nous venons de voir que le temps de sommeil approximatif, sur une période de 24 heures, passe de 16 à 18 heures pour les bébés, à 7 à 8,5 heures pour un jeune adulte et à environ 6,5 heures pour les aînés. En ajoutant les siestes, une pratique courante à la retraite, la quantité totale de sommeil par période de 24 heures demeure relativement stable de l'âge moyen jusqu'à l'âge avancé. Ce qui semble changer avec l'âge, ce n'est pas tellement la durée mais bien l'efficacité et la qualité du sommeil. Les gens plus âgés doivent souvent passer plus de temps au lit que les plus jeunes afin d'obtenir la même quantité de sommeil. Avec le vieillissement, on note aussi une diminution du sommeil profond (stades 3-4) et une augmentation correspondante du sommeil léger (stade 1). Par conséquent, la personne âgée est plus facilement réveillée par un bruit ou les mouvements du conjoint, ce qui peut expliquer l'augmentation des plaintes d'insomnie avec le vieillissement.

Les changements les plus importants dans les cycles de sommeil ont lieu au cours de l'enfance et de l'adolescence, une période marquée par de nombreux autres changements développementaux. Par exemple, il existe une relation étroite entre la quantité de sommeil paradoxal et la maturation du cerveau. Ainsi, environ 80 p. 100 du sommeil du fœtus est constitué de sommeil paradoxal et le nouveau-né passe environ 50 p. 100 de son sommeil dans ce stade. Vous pouvez probablement déterminer, même sans équipement sophistiqué, les moments où votre enfant est en sommeil paradoxal. En plus des mouvements oculaires rapides, on observe des pincements faciaux périodiques, des sourires et une respiration souvent saccadée. La proportion de sommeil paradoxal décline graduellement, passant de 50 p. 100 à la naissance à environ 35 p. 100 à l'âge de 3 ans; la réduction continue de l'enfance à l'adolescence, puis la proportion se stabilise chez le jeune adulte. Une personne de 25 ans passe environ 20 à 25 p. 100 de la nuit en sommeil paradoxal; on peut noter un léger déclin quand l'adulte atteint les 60 ou 70 ans.

Pourquoi avons-nous besoin de dormir?

Si une personne reste éveillée suffisamment longtemps, la somnolence surpassera à un moment donné tout désir de prolonger l'éveil. Vous avez probablement fait une telle expérience si vous avez dû passer une nuit blanche à veiller un enfant malade ou pour compléter un travail afin de respecter une échéance. Une seule nuit blanche est suffisante pour convaincre n'importe qui que le sommeil est essentiel, une nécessité biologique comparable aux besoins de nourriture, d'eau et de sexe. La raison exacte pour laquelle nous avons besoin de passer un tiers de notre vie à dormir demeure une énigme pour plusieurs scientifiques. Certains croient que le sommeil a une fonction protectrice contre les prédateurs nocturnes. D'autres pensent qu'il préserve le niveau d'énergie en abaissant le métabolisme. Enfin, pour certains, le sommeil paradoxal est une forme d'expression inconsciente des désirs refoulés, des besoins, des peurs et des frustrations. Bien qu'intéressantes, ces théories sont difficiles sinon impossibles à valider. Néanmoins, les connaissances acquises jusqu'à présent sur les fonctions du sommeil proviennent des expériences de privation de sommeil. Dans ce genre d'expérience, des sujets volontaires sont invités à passer une ou plusieurs nuits en laboratoire. Chaque fois qu'un sujet entre dans un stade particulier de sommeil, un technicien le réveille à l'aide d'un bruit. À mesure que la nuit progresse, il devient de plus en plus difficile d'empêcher le dormeur d'entrer dans un stade de sommeil spécifique. Le dormeur devient aussi plus irritable et les efforts du technicien ou l'intensité du bruit doivent augmenter substantiellement pour réussir à le réveiller.

À partir de ces recherches, nous avons appris que lorsqu'une personne est privée d'un stade de sommeil spécifique, il y a un rebond naturel de ce stade pendant la période de récupération. Par exemple, si, au cours d'une nuit donnée, on empêche une personne d'atteindre le sommeil profond (stades 3-4), elle passera plus de temps dans ce stade de sommeil pendant la nuit suivante. Un phénomène similaire se produit dans le sommeil d'une personne qui utilise certains antidépresseurs. Cette classe de médicaments diminue la quantité de sommeil paradoxal. Quand la personne cesse la médication, on assiste à une augmentation temporaire de ce stade, parfois expérimenté sous forme de cauchemars. Ces observations indiquent que ce n'est pas un type de sommeil en particulier qui est nécessaire: tous les stades de sommeil sont essentiels pour être en santé.

D'autres expériences ont amené les chercheurs à conclure que le sommeil à ondes lentes est surtout nécessaire à la restauration de l'énergie physique tandis que le sommeil paradoxal joue un rôle important dans l'apprentissage et la résolution de problèmes. Les fonctions récupératrices du sommeil à ondes lentes sont suggérées par deux observations. Premièrement, une personne qui est privée des stades 3-4 a tendance à se plaindre de douleurs et raideurs musculaires le matin suivant. Deuxièmement, l'exercice aérobique régulier tend à augmenter le temps passé en sommeil profond. Ces observations suggèrent donc que le sommeil à ondes lentes joue un rôle principalement dans la restauration de l'énergie physique. D'autres études suggèrent que le sommeil paradoxal assume deux fonctions importantes dans le traitement de l'information. Premièrement, il permet de consolider les informations nouvellement apprises, et deuxièmement, il contribue à maintenir l'équilibre psychologique. Par exemple, un cours intensif d'apprentissage d'une langue seconde augmente la quantité de temps passé en sommeil paradoxal. D'un autre côté, la privation sélective de ce stade pendant ce type d'apprentissage interfère avec la rétention et la consolidation mnémonique de nouveaux matériels. Ces observations confirment que le sommeil paradoxal joue un rôle prépondérant dans le traitement, l'emmagasinage et la récupération de nouvelles informations.

Les psychothérapeutes se sont longtemps intéressés à l'analyse du rêve comme porte d'entrée potentielle sur l'inconscient. Plus récemment, des études effectuées par la Dr Rosalyn Cartwright, psychologue au Rush-Presbyterian-St. Luke's Medical Center à Chicago, nous ont éclairé sur l'effet de nos expériences diurnes sur le sommeil paradoxal. Elle a examiné le contenu des rêves de gens récemment divorcés et a découvert que ceux-ci variaient selon que les participants étaient dépressifs ou transigeaient bien avec cette crise. Les rêves des participants dépressifs étaient plus pessimistes, reflétant des sentiments de culpabilité et d'incompétence ainsi qu'une faible estime de soi. Les gens qui composaient bien pendant la journée avec ce changement de vie important faisaient des rêves reflétant aussi une meilleure adaptation émotionnelle à leur nouvelle situation. Le contenu de leurs rêves suggérait un meilleur sens de contrôle et une image de soi plus positive. Apparemment, le sommeil paradoxal joue un rôle important non seulement dans le traitement d'information factuelle mais aussi dans le traitement du matériel émotionnel. Nos rêves incorporent donc les hauts et les bas de nos expériences quotidiennes et reflètent peut-être notre état d'âme du moment.

Une horloge biologique régularisant notre sommeil

Le sommeil est un comportement qui apparaît à des intervalles très réguliers; toutefois, son horaire varie chez les différentes espèces animales. Même si les humains dorment principalement la nuit, plusieurs animaux dorment surtout le jour. Chez les dauphins, c'est seulement un hémisphère du cerveau à la fois qui dort alors que l'autre reste éveillé, un peu comme pour faire le guet. Tous les organismes vivants, les humains, les animaux et les plantes, fonctionnent selon un cycle régulier comprenant une période d'activités et une période de repos. La durée de ce cycle (activités-repos) chez l'humain suit un rythme circadien relativement stable (environ une journée). L'horaire du cycle veille-sommeil chez l'humain est largement déterminé par le cycle des jours et des nuits, lui-même régi par la rotation de la terre sur une période de 24 heures.

Les neuroscientifiques ont identifié une petite structure dans le cerveau qui sert d'horloge biologique régularisant le cycle d'éveil-sommeil. De la grosseur d'une tête d'épingle, cet ensemble de plus de 10 000 neurones est situé dans l'hypothalamus à la base du cerveau. Il sert en quelque sorte à mesurer le degré d'exposition à la lumière du jour et par le fait même détermine le moment des épisodes de sommeil et d'éveil. La lumière pénètre l'œil à travers la rétine et l'influx nerveux est transmis à l'hypothalamus. Chez les personnes aveugles, la ligne de communication entre l'exposition à la lumière du jour et le centre de contrôle du sommeil est court-circuitée; cela entraîne une désynchronisation de l'horaire éveil-sommeil de telle sorte que la personne aveugle peut aussi bien se sentir très somnolente à 19 h et tout à fait éveillée à 3 h du matin.

En plus de l'exposition à la lumière du jour, d'autres facteurs jouent un rôle important dans la régularisation de la périodicité du cycle éveil-sommeil. Parmi ceux-ci, nous retrouvons les réveille-matin, les horaires de travail, les heures de repas et les contacts sociaux. Ces marqueurs de temps servent de signaux environnementaux pour maintenir l'organisme ou l'horloge biologique en synchronisme avec le monde extérieur.

Plusieurs fonctions biologiques sont étroitement liées au cycle d'éveil-sommeil et sont donc régies par une périodicité circadienne.

La mélatonine, une hormone naturelle produite par la glande pinéale, est relâchée exclusivement pendant la nuit. C'est pourquoi des gens ont mis sur le marché récemment, aux États-Unis, un produit de mélatonine synthétique présenté comme une pilule soi-disant de sommeil naturel. Malheureusement, comme nous le verrons au chapitre 11, il est trop tôt pour dire si ce produit sera d'une aide quelconque pour améliorer le sommeil. L'hormone de croissance, quant à elle, est relâchée quand une personne entre en stades 3-4 de sommeil. Sa concentration est très élevée chez un enfant en pleine croissance et diminue progressivement en même temps qu'il y a réduction du sommeil profond avec le vieillissement.

De toutes les fonctions biologiques suivant un rythme circadien, la température du corps est une des plus constantes. Elle fluctue d'environ un degré Celsius sur une période de 24 heures et est en étroite corrélation avec notre niveau de vigilance. Après avoir atteint son plus bas niveau vers 4 h le matin, elle commence à augmenter juste avant l'éveil matinal vers 6 h le matin, atteint un maximum en début de soirée et recommence à descendre vers 23 h. La vigilance est à son maximum le matin quand la température corporelle est sur une pente ascendante, alors que la somnolence devient plus intense à mesure que la température diminue. Ainsi, il est très difficile de rester éveillé vers 4 h le matin, même si cela passe inaperçu chez la plupart des gens puisqu'ils dorment déjà à ce moment. Par contre, les travailleurs de nuit courent un risque beaucoup plus élevé d'accidents au travail ou d'endormissement au volant pendant cette période particulière plutôt qu'à n'importe quel autre moment de la nuit. Plusieurs accidents de la route impliquant des chauffeurs de camion se produisent vers les petites heures du matin. La circulation est moins dense à ce moment, mais la propension à s'endormir au volant est beaucoup plus élevée. On note également une faible baisse de température vers le milieu de l'après-midi, une autre période où nous sommes plus enclins à somnoler. Cette observation suggère que la baisse de vigilance notée après le repas de midi est reliée à une faible diminution de la température plutôt qu'au fait que l'on vienne juste de manger.

Existe-t-il une substance hypnotique naturelle?

Mises à part sa nécessité et sa nature cyclique, nous savons très peu de choses sur le sommeil et sur les mécanismes contrôlant l'alternance du cycle éveil-sommeil. Les scientifiques ont longtemps supposé qu'une substance hypnotique s'accumulait dans le cerveau pendant l'éveil. Selon cette hypothèse, plus une personne resterait éveillée longtemps, plus la concentration de cette substance deviendrait élevée. Lorsque celle-ci aurait atteint un seuil critique, le besoin de dormir deviendrait assez important pour induire le sommeil rapidement. Avec l'endormissement, cette substance serait graduellement relâchée et ce n'est qu'avec la prochaine période d'éveil que le processus d'accumulation serait remis en branle. Rejoignant cette hypothèse, le Dr Alan Hobson et le Dr Robert McCarley, chercheurs à l'université Harvard, ont démontré que la concentration et les niveaux d'activités de certaines substances neurochimiques du cerveau fluctuent de l'éveil au sommeil et également du sommeil à ondes lentes au sommeil paradoxal. Nous avons vu que le sommeil à ondes lentes est relativement tranquille comparativement au sommeil paradoxal. Hobson et McCarley ont trouvé que certains neurotransmetteurs (les cellules du cerveau, les neurones) sont plutôt inactifs et d'autres actifs pendant l'éveil et les deux types de sommeil. Par exemple, les neurotransmetteurs tels que la sérotonine et la norépinéphrine sont plus actifs en sommeil à ondes lentes tandis que l'acétylcholine, qui est inactive pendant cette période, devient particulièrement active pendant l'éveil et le sommeil paradoxal. Ces neurotransmetteurs sont des substances chimiques du cerveau et leur niveau d'activité se modifie selon la vigilance, le sommeil et l'humeur.

Sommeil, santé et maladie

Le sommeil est très sensible aux problèmes physiques et psychologiques. L'insomnie est souvent la première séquelle ressentie pendant les périodes de maladie ou de tourments émotionnels. Presque tous les désordres médicaux et psychologiques entraînent des perturbations du sommeil. De plus, les difficultés de sommeil peuvent aussi aggraver les problèmes médicaux ou psychologiques sous-jacents et même interférer avec la guérison.

Sommeil et douleur

Presque toutes les conditions médicales occasionnant de la douleur peuvent interférer avec le sommeil. Une douleur aiguë provenant d'une blessure ou une douleur chronique causée par de l'arthrite peut retarder l'endormissement initial ou engendrer des réveils nocturnes. Après une mauvaise nuit de sommeil, la douleur peut sembler plus intense et désagréable et l'humeur est souvent affectée. Naturellement, les émotions négatives ressenties pendant la journée peuvent également aggraver les difficultés de sommeil la nuit suivante.

Le Dr Harvey Moldofsky, de l'université de Toronto, étudie depuis plusieurs années le sommeil des personnes souffrant de fibromyalgie, une condition caractérisée par des douleurs musculosquelettales. Ces personnes ont un sommeil très perturbé et se lèvent le matin avec des douleurs et raideurs musculaires. Leurs nuits sont caractérisées par une condition nommée sommeil alpha-delta. Le rythme alpha, un type d'ondes cérébrales associées à la relaxation mentale, apparaît habituellement juste avant l'endormissement et est relativement peu fréquent par la suite chez les individus ne souffrant pas de douleur. Par contre, chez les personnes connaissant des douleurs fibromyalgiques, il y a intrusion du rythme alpha pendant le sommeil à ondes lentes (stades 3-4), aussi appelé sommeil delta. Il en résulte une diminution marquée de la qualité du sommeil. Parce que le sommeil delta est parsemé d'ondes alpha pendant toute la nuit, la personne se lève le matin avec une sensation d'avoir été dans un état de demi-veille, demi-sommeil, sans jamais avoir atteint un sommeil profond.

Le sommeil et le système immunitaire

Le manque de sommeil peut nuire aux fonctions immunitaires et ainsi augmenter la vulnérabilité à certaines maladies physiques. Il peut même prolonger la période de rétablissement. Chaque année, plusieurs d'entre nous souffrons d'infections virales. La grippe est communément associée à des plaintes de fatigue, de somnolence et de malaise général. Naturellement, la cure la plus fréquemment prescrite est le repos et le sommeil. Ce n'est que récemment que les chercheurs ont commencé à étudier la relation entre le sommeil et les fonctions immunitaires. Les chercheurs de l'Institut national de santé mentale des États-Unis ont découvert que les rats privés de sommeil sont plus vulnérables aux infections virales et prennent plus de temps à se rétablir que ceux à qui il était permis de dormir sans restriction. D'autres études portant sur des humains ont indiqué que la privation de sommeil pourrait réduire l'efficacité de certaines cellules qui ont comme fonction de combattre les ennemis du système immunitaire. Ces résultats préliminaires suggèrent que le sommeil est important pour notre système de défense et pour accélérer la récupération face à certaines maladies. Cependant, on n'a pas encore clairement établi si les effets observés sur les fonctions immunitaires sont causés par la privation de sommeil en soi ou par le stress engendré à la suite des difficultés à dormir. L'insomnie en elle-même cause une détresse émotionnelle qui pourrait affecter le système immunitaire.

La durée du sommeil et l'espérance de vie

Selon un sondage de grande envergure portant sur la santé et les habitudes de vie de plus d'un million d'Américains parrainé par la Société américaine du cancer, les gens ayant une durée très courte (4 heures ou moins) ou une durée très longue (plus de 10 heures) de sommeil auraient un taux de mortalité plus élevé que ceux qui ont une durée moyenne de sommeil se situant entre 7 et 8 heures. La plus longue espérance de vie serait associée à une durée de 7 à 7,9 heures de sommeil. Les personnes utilisant des médicaments pour dormir auraient un taux de mortalité de 1,5 fois plus élevé que ceux qui n'ont jamais consommé de tels médicaments. Même si ces données suggèrent un lien entre la durée du sommeil et la longévité, nous devons être prudents avant de tirer des conclusions puisque les gens qui ont un sommeil très court ou très long ou encore qui utilisent des médicaments pour dormir souffrent souvent de problèmes cardiaques, de diabète ou d'autres conditions médicales qui sont elles-mêmes associées à une espérance de vie moins longue.

Le sommeil et la dépression

Plusieurs conditions psychologiques peuvent causer des difficultés à dormir. La plupart de celles-ci sont traitées au chapitre 3, mais on peut dire que presque tous ceux qui ont vécu une dépression sont plus enclins à souffrir de difficultés de sommeil concomitantes et à se réveiller habituellement trop tôt le matin. En plus de ce symptôme classique, plusieurs autres changements distincts dans les cycles du sommeil apparaissent pendant un épisode de dépression majeure. Précédemment, nous avons vu que les jeunes adultes en santé entrent dans leur premier épisode de sommeil paradoxal de 70 à 90 minutes après l'endormissement initial et que les épisodes de sommeil paradoxal augmentent en durée et en intensité au cours de la nuit. Le Dr David Kupfer et le Dr Charles Reynolds, de la Western Psychiatric Institute and Clinics de Pittsburgh, étudient le sommeil chez les patients dépressifs depuis plus de deux décennies. Ils ont découvert que les individus souffrant de dépression endogène, c'est-à-dire qui n'est pas le résultat direct d'un événement de la vie, entrent en sommeil paradoxal beaucoup plus rapidement (15 à 20 minutes) après l'endormissement initial et passent plus de temps dans ce stade au début de la nuit que les sujets ne souffrant pas de dépression. Leur sommeil paradoxal est également plus intense et on note une baisse correspondante du sommeil à ondes lentes au début de la nuit. Ces caractéristiques d'une entrée plus rapide et d'une quantité plus élevée de sommeil paradoxal peuvent représenter des marqueurs biologiques de la dépression.

Dans une autre avenue de recherche sur le sommeil et la dépression, il a été démontré que la privation de sommeil produit une amélioration temporaire de l'humeur chez une personne souffrant de dépression sévère. Cet effet, qui est obtenu à l'aide d'une privation totale ou sélective de sommeil paradoxal, contraste avec les perturbations typiques de l'humeur observées chez les personnes souffrant de difficultés de sommeil moins sévères mais plus chroniques.

Ces quelques exemples illustrent bien comment le sommeil est en relation étroite avec le corps et l'esprit. Même si personne n'est complètement à l'abri de problèmes de sommeil, un esprit sain dans un corps sain augmente les chances d'avoir un sommeil réparateur, de même qu'un sommeil de qualité peut assurer une certaine protection contre des problèmes de santé physique et mentale.

Privation de sommeil, performance et sécurité publique

La privation de sommeil, qu'elle soit volontaire ou causée par un désordre sous-jacent, peut interférer avec votre travail et vos relations familiales et sociales et peut même mettre votre vie ou celle des autres en danger. La sévérité de ces effets dépend en partie du fait que la privation de sommeil soit partielle ou totale et du fait qu'elle soit de nature temporaire ou chronique. Le manque temporaire de sommeil cause de la fatigue et diminue la motivation, l'initiative et la créativité. Ses effets sur l'accomplissement de tâches motrices simples et répétitives sont plutôt limités. Par exemple, il peut être difficile, à la suite d'une nuit blanche, de vous concentrer suffisamment pour mettre sur pied un plan d'affaires pour votre compagnie ou pour bien rédiger un article pour une revue. Par contre, vous pouvez quand même effectuer d'autres tâches manuelles telles qu'écrire des mémos à votre ordinateur. Alors que la première tâche demande un effort mental, la seconde peut être effectuée de façon plus automatique.

Une privation prolongée de sommeil entraîne une accumulation de somnolence diurne et une aggravation de tous les autres déficits. La capacité d'attention est réduite, la concentration est déficiente et le temps de réaction est prolongé. Le jugement et les habiletés de résolution de problèmes sont également perturbés. La conséquence la plus sérieuse est la somnolence diurne, provoquant souvent des épisodes de micro-sommeil. Par définition, ces épisodes ne durent que quelques secondes, mais ils peuvent se produire à tout moment de la journée sans même que l'individu ne s'en rende compte. Si vous êtes à la maison à regarder la télévision ou à lire le journal, il n'est pas très grave de tomber endormi. Par contre, somnoler dans un endroit public peut causer de l'embarras, et au travail, cela peut même mettre votre emploi en péril. Le manque de sommeil et ses conséquences peuvent également poser de sérieux problèmes de santé et de sécurité publique. Le Département américain des transports estime que chaque année, environ 200 000 accidents de circulation sont reliés à la fatigue et à la somnolence et que 20 p. 100 de tous les conducteurs ont somnolé au moins une fois derrière le volant. Plus de la moitié des travailleurs de nuit affirment s'être endormis au moins une fois à leur travail. Ce facteur humain a contribué à plusieurs accidents industriels majeurs qui se sont produits au milieu de la nuit. Parmi ceux qui ont fait les manchettes, nous retrouvons l'explosion de réacteurs nucléaires de Tchernobyl en Ukraine, la fuite de gaz survenue à Bhopâl, en Inde, et l'échouement du transporteur d'huile *Exxon Valdez* sur la côte de l'Alaska.

La privation de sommeil, qu'elle soit imposée volontairement ou causée par un désordre sous-jacent, est à même de perturber la performance et la vigilance. Elle ne mène pas à des changements majeurs dans la personnalité, mais comme nous le verrons dans le chapitre suivant, l'insomnie chronique peut causer une grande détresse personnelle et diminuer la qualité de la vie.

En résumé, nous avons besoin de dormir à des intervalles réguliers et nous avons besoin de tous les types de sommeil. Celui-ci possède deux fonctions — physique et psychologique. Le sommeil à ondes lentes (stades 3-4) est principalement important pour la récupération et la restauration de l'énergie physique et pour la protection de l'organisme contre certaines maladies. Le sommeil REM, ou paradoxal, facilite la consolidation de nouveaux apprentissages, la résolution de problèmes et l'adaptation aux expériences émotionnelles quotidiennes. La périodicité des états de veille et de sommeil est régularisée par une horloge biologique qui est elle-même en synchronisme avec l'exposition à la lumière du jour et des marqueurs de temps environnementaux. Les effets de la privation de sommeil sont nombreux et affectent notre fonctionnement diurne, notre humeur, notre qualité de vie et la sécurité publique.

2

Qu'est-ce que l'insomnie?

Il est 1 h du matin et il y a maintenant deux heures que Marie essaie désespérément de s'endormir. Que ce soit l'échéance importante du lendemain ou ce qu'elle pourrait bien porter à la soirée de samedi prochain, le même film de pensées anxieuses mélangé à des événements banals se déroule sans arrêt dans sa tête. Elle a essayé de compter des moutons, de se concentrer sur sa respiration ou simplement de faire le vide dans son esprit, mais aucune technique ne semble efficace pour la débarrasser de toutes ces pensées indésirables. Au contraire, elle devient plus anxieuse, agitée, se tournant et se retournant pour trouver une position confortable. Elle ne veut pas ouvrir les yeux, mais elle n'arrive pas à résister à la tentation de jeter un regard à l'horloge pour voir combien de temps il lui reste avant de devoir se lever pour aller travailler. Finalement, complètement épuisée, elle s'endort à 1 h 30 et dort profondément jusqu'au matin.

Claude n'a pas de difficulté à s'endormir. Il est si épuisé lorsqu'il se couche, vers 22 h 30, qu'il s'endort habituellement en 5 ou 10 minutes. Son problème est qu'il ne reste pas endormi. Il se réveille une, deux ou trois fois par nuit, sans raison apparente, et éprouve de la difficulté à se rendormir. Il fait très attention de ne rien faire qui pourrait le garder éveillé, mais il ne peut résister à l'envie de jeter un coup d'œil à l'horloge. Il se met alors à penser au travail qu'il n'a pas terminé au bureau ou à ce qu'il doit faire le lendemain. À un moment donné, il se rendort, uniquement pour se réveiller environ une heure plus tard. Même si auparavant il ne considérait pas cela comme un problème, il commence à en avoir assez de ces réveils nocturnes. Claude en est venu à s'attendre à demeurer éveillé de 15 à 60 minutes chaque fois qu'il se réveille pendant la nuit. Il devient souvent en colère contre lui-même lorsqu'il est complètement éveillé au milieu de la nuit alors que tout le monde dort profondément dans la maison.

Contrairement à Marie et à Claude, Sylvie peut s'endormir facilement et rester endormie pendant un bon cinq à six heures. Son principal problème est qu'elle se réveille trop tôt le matin, habituellement vers 4 h ou 5 h, et qu'elle n'arrive pas à retrouver le sommeil. Elle va à la salle de bain et retourne rapidement se coucher, espérant se rendormir encore un peu avant le lever du soleil. Cela fonctionne rarement. Alors, elle reste au lit et se tracasse à propos de tout — de problèmes avec les enfants, de sa vie en général et même de son incapacité à obtenir un meilleur contrôle sur son sommeil. Quand le réveille-matin se fait finalement entendre, elle doit faire un effort surhumain pour sortir du lit.

————————

Les différentes formes d'insomnie

Ces scénarios illustrent trois types différents d'insomnie. Il peut y avoir un problème à s'endormir à l'heure du coucher (Marie), appelé insomnie initiale, des réveils nocturnes fréquents ou prolongés (Claude), ou un réveil prématuré le matin avec incapacité de retrouver le sommeil (Sylvie). Les difficultés à tomber endormi et à le rester ne sont pas indépendantes l'une de l'autre et une même personne peut souffrir d'un mélange de ces deux types d'ennuis. La nature du problème peut aussi changer avec le temps de telle sorte qu'une personne peut souffrir d'insomnie initiale et, après un certain temps, voir son problème se transformer en réveils prématurés le matin. Bien que certaines personnes ne correspondent pas précisément à l'une de ces catégories, une plainte subjective d'insomnie reflète généralement une durée ou une qualité de sommeil insatisfaisante. Parfois, il peut ne pas y avoir de problème particulier à tomber endormi ou à le rester, mais le sommeil est perçu comme étant léger, non reposant ou non réparateur. Demeurer dans un état mi-endormi ou mi-éveillé pendant la majeure partie de la nuit peut être une expérience très frustrante et épuisante; c'est comme si nous demeurions conscients de notre environnement et du passage du temps et que des pensées indésirables nous accablaient pendant toute la nuit, empêchant ainsi la progression naturelle vers un sommeil plus profond.

Il n'existe pas de définition unique de l'insomnie. Les experts s'entendent toutefois pour dire que prendre plus de 30 minutes pour s'endormir ou passer plus de 30 minutes éveillé au milieu de la nuit, avec une durée de sommeil inférieure à 6,5 heures par nuit, représente un problème d'insomnie. Une efficacité de sommeil de 85 p. 100 est un bon indice pour distinguer le sommeil normal de l'insomnie clinique. L'efficacité du sommeil correspond au ratio entre le temps passé endormi, divisé par le temps passé au lit, multiplié par 100. Par exemple, si vous passez en moyenne huit heures au lit par nuit et dormez uniquement six de ces heures, votre efficacité de sommeil est de 75 p. 100 (6/8 = 0,75 X 100 = 75 p. 100). Même si la plupart des bons dormeurs s'endorment en 10 ou 15 minutes, il n'y a pas lieu de s'inquiéter si vous avez besoin de 15 à 30 minutes pour trouver le sommeil. À l'opposé, ceux qui s'endorment en moins de cinq minutes sont probablement en manque de sommeil et auraient intérêt à dormir davantage. En raison de différences individuelles dans les besoins de sommeil, une réduction de la durée du sommeil à elle seule n'est pas nécessairement indicatrice d'insomnie. Si vous dormez six ou sept heures par nuit et que vous vous sentez reposé et alerte le jour suivant, vous ne souffrez pas d'insomnie. Cependant, si vous avez de la difficulté à vous endormir ou à rester endormi trois nuits ou plus par semaine et que ce problème persiste depuis quelques semaines, vous faites probablement de l'insomnie. Les critères utilisés pour diagnostiquer l'insomnie sont décrits au tableau 2.1.

TABLEAU 2.1
Critères diagnostiques de l'insomnie

- Plainte subjective d'insomnie;
- Temps requis pour s'endormir ou temps passé éveillé après le début du sommeil supérieur à 30 minutes; durée totale de sommeil inférieure à 6,5 heures ou efficacité du sommeil inférieure à 85 p. 100;
- Difficultés à dormir présentes trois nuits ou plus par semaine;
- Durée de l'insomnie supérieure à un mois;
- Détresse psychologique et/ou difficultés de fonctionnement (social, familial ou occupationnel) causées par l'insomnie.

L'insomnie est une expérience subjective et, de façon analogue à la douleur chronique, peut être difficile à décrire et encore plus à quantifier. La perception subjective du sommeil ne correspond pas toujours au sommeil physiologique réel tel que mesuré par l'enregistrement électroencéphalographique (EEG) des ondes du cerveau. Les études comparant les évaluations de différents paramètres de sommeil d'une personne démontrent souvent des différences importantes entre les évaluations subjectives et les enregistrements objectifs du sommeil. Par exemple, les insomniaques ont tendance à surestimer le temps qu'ils prennent pour s'endormir et à sous-estimer leur durée totale de sommeil, comparativement aux critères de l'EEG.

Dans le chapitre précédent, nous avons discuté des différents stades du sommeil et de la progression graduelle d'un sommeil léger vers un sommeil plus profond au cours de la nuit. Lorsque les insomniaques sont réveillés au stade de sommeil léger (stade 1), ils affirment souvent qu'ils étaient éveillés alors que les bons dormeurs sont plus susceptibles de dire qu'ils dormaient ou sont alors tout simplement incertains de leur état à ce moment précis. Ce n'est pas que les mauvais dormeurs exagèrent leurs problèmes, mais il se pourrait plutôt que l'exactitude de notre perception du temps soit affectée par le caractère agréable ou pénible d'une situation. Par exemple, dans les expériences de privation sensorielle, alors que le sujet flotte dans une énorme cuve d'eau salée et est coupé de toute stimulation visuelle ou sensorielle, on observe une tendance à sous-estimer le temps écoulé par rapport au temps réel. En raison de la nature plaisante ou apaisante de cette situation, le temps semble passer plus rapidement qu'on le perçoit. À l'opposé, être éveillé pendant une ou deux heures au milieu de la nuit peut être une expérience pénible et désagréable, amenant la personne à surestimer le temps requis pour s'endormir. Donc, les chances sont que vous vous endormiez un peu plus rapidement que vous le percevez et que vous dormiez un peu plus longtemps que vous le pensez. Néanmoins, si vous considérez que votre sommeil est inadéquat, vous faites de l'insomnie.

Problèmes de sommeil occasionnels et chroniques

La durée d'un problème de sommeil est une autre dimension importante à considérer lors de l'évaluation du besoin d'un traitement. Presque tout le monde traverse des périodes occasionnelles d'insomnie, habituellement provoquées par un stress, un malaise physique ou un décalage horaire. Ce type d'insomnie aiguë ne dure habituellement pas plus de quelques jours et il n'y a aucune raison de s'en alarmer. Quand la vie reprend son cours normal, le sommeil en fait de même. Il arrive cependant que les difficultés de sommeil persistent quelques semaines (insomnie à court terme), voire quelques mois ou même des années (insomnie chronique). L'insomnie passagère est souvent associée à des facteurs stressants plus persistants tels que des problèmes familiaux, des préoccupations reliées au travail ou aux études ou des difficultés interpersonnelles. Encore là, la plupart des gens retrouvent leur sommeil habituel lorsque ces problèmes s'estompent. Pour certaines personnes, cependant, l'insomnie peut devenir chronique. Il est possible que les événements ayant précipité le début de l'insomnie — problèmes familiaux ou stress au travail — aient persisté. Il se peut aussi que l'insomnie ait continué son cours même après que les événements déclencheurs sont disparus ou que vous vous êtes adapté à leur présence plutôt permanente. Quelle que soit leur origine, quand les difficultés de sommeil persistent plus de quelques semaines, il est temps de faire quelque chose pour remédier à la situation.

L'insomnie a parfois une évolution intermittente. Il est possible que vous dormiez bien à la maison, mais que votre sommeil soit perturbé lorsque vous voyagez. Plusieurs étudiants éprouvent des difficultés à dormir durant l'année scolaire et leurs difficultés disparaissent durant les vacances. Certaines femmes vivent des épisodes brefs mais récurrents de sommeil agité pendant les menstruations ou la période les précédant.

«L'insomnie du dimanche soir» est une autre forme d'insomnie passagère mais récurrente souvent causée par le fait de dormir tard les fins de semaine, une pratique fort répandue parmi les mauvais et les bons dormeurs. Certaines personnes dorment tard pour le seul plaisir de ne pas avoir à se réveiller au son d'un réveille-matin. D'autres désirent ainsi récupérer pour la dette de sommeil qu'ils ont accumulée durant la semaine, résultant de longues heures de travail. Enfin, certains tentent de compenser pour les nuits d'insomnie. Quelle que soit la raison, il est naturel d'essayer de récupérer en dormant un peu plus tard le matin ou en faisant la sieste durant la journée. Quelques heures supplémentaires de sommeil pendant la fin de semaine peuvent être suffisantes pour revitaliser le corps et l'esprit. Cependant, le danger est que vous ne serez peut-être pas somnolent à votre heure habituelle de coucher le dimanche soir. Il n'y a pas lieu de s'inquiéter de l'insomnie du dimanche soir, dans la mesure où vous, votre famille et vos collègues de travail pouvez affronter le cafard du lundi matin. Si vous avez de jeunes enfants ou toute autre obligation lors de vos journées de congé, vous ne pouvez probablement pas vous offrir le luxe de ces quelques heures supplémentaires de sommeil pendant les fins de semaine. Vous êtes en quelque sorte mieux immunisé contre l'insomnie du dimanche soir. Faire la grasse matinée le week-end, une pratique saine pour les bons dormeurs, est généralement déconseillé pour ceux qui sont vulnérables à l'insomnie. Les personnes qui appréhendent le retour à un emploi stressant le lundi matin sont particulièrement vulnérables à l'insomnie du dimanche soir. Nous reviendrons sur cet aspect dans le chapitre 6.

Prévalence de l'insomnie

Pratiquement tout le monde est affecté par des problèmes de sommeil à une période ou l'autre de sa vie. Les sondages révèlent que l'insomnie touche plus du tiers de la population, incluant les hommes et les femmes de tout âge. Par exemple, un sondage Gallup récent, effectué auprès de 2000 adultes, indique que 27 p. 100 des individus affirment souffrir d'insomnie occasionnelle. Un 9 p. 100 additionnel est aux prises avec une insomnie chronique, s'efforçant de dormir nuit après nuit et ce, depuis des semaines, des mois ou même des années. Les plaintes d'insomnie sont deux fois plus fréquentes chez les femmes que chez les hommes. Il n'est pas encore établi si les femmes sont plus à risque de souffrir de difficultés à dormir ou simplement plus enclines à les divulguer. Étant donné que l'insomnie est perçue par certains comme un signe de faiblesse ou de diminution de contrôle de soi, certains hommes pourraient très bien souffrir en silence. De façon intéressante, les évaluations objectives effectuées en laboratoire montrent que le sommeil des hommes, particulièrement les hommes plus âgés, tend à être plus perturbé que celui des femmes.

L'incidence des problèmes de sommeil augmente avec l'âge et la nature de la plainte se modifie aussi. Plus de 20 p. 100 des personnes âgées de 60 ans et plus rapportent de sérieuses difficultés à dormir la nuit. Avec le vieillissement, le sommeil devient plus léger et la personne passe moins de temps en stades de sommeil plus profonds. Par conséquent, les réveils nocturnes sont particulièrement fréquents et incommodants chez les aînés alors que les difficultés d'endormissement à l'heure du coucher ou le manque de sommeil proprement dit sont plus communs chez les plus jeunes. Bien que l'âge en soi produise des changements dans le sommeil et que les problèmes de santé puissent aussi troubler le sommeil, il est important pour les aînés de se rendre compte que l'insomnie n'est pas une conséquence inévitable du vieillissement. Plusieurs personnes âgées éprouvent des difficultés à dormir au-delà de ce qui peut être attribuable aux effets de l'âge et de la santé et elles pourraient bénéficier de simples changements dans leurs habitudes et horaires de sommeil. Nous discuterons de ceci plus en détail dans le chapitre 14.

L'insomnie est de loin le plus commun de tous les troubles du sommeil. Avec la grippe et la douleur, les plaintes concernant le sommeil figurent parmi les problèmes de santé les plus fréquemment soumis aux médecins. Paradoxalement et bien que la moitié des insomniaques considèrent leur problème de sommeil suffisamment sérieux pour consulter un professionnel de la santé, en réalité, seulement une petite minorité font une démarche et reçoivent un traitement. Dans le sondage Gallup mentionné ci-dessus, moins de 5 p. 100 des insomniaques chroniques indiquaient qu'ils en avaient déjà parlé à leur médecin, un autre 28 p. 100 des personnes interrogées affirmaient en avoir discuté, mais seulement dans le contexte d'une visite pour un autre motif de consultation, et 67 p. 100 n'avaient jamais abordé la question de leur problème de sommeil avec leur médecin. Même si plusieurs de ces personnes qui souffrent en silence pourraient bénéficier d'une aide professionnelle, il semble que certaines en soient venues à penser que l'insomnie n'est pas un vrai problème clinique, que rien ne peut être entrepris pour les soulager ou que les pilules pour dormir sont le seul traitement disponible. Sincèrement, je crois que le manque de formation de la plupart des médecins et des autres professionnels de la santé pour reconnaître et traiter efficacement l'insomnie est en bonne partie responsable de cette «épidémie» de personnes qui souffrent dans leur coin. Ne sachant comment intervenir autrement qu'en prescrivant des médicaments pour dormir, le médecin peut être tenté de ne pas tenir compte de la plainte d'insomnie ou de l'attribuer au stress ou au vieillissement. Combien de fois vous a-t-on dit de ne pas vous tracasser à ce sujet, que cela passera? Bien qu'il y ait un fond de vérité dans ce conseil, cela ne permet pas d'aborder directement le problème et peut s'avérer très frustrant pour la personne qui doit lutter contre l'insomnie.

Quels sont les facteurs de risque?

Il n'y a pas de profil «type» de personnalité caractérisant tous les individus qui souffrent d'insomnie. Cependant, un certain nombre de caractéristiques ou de traits psychologiques semblent prédisposer certains individus à faire de l'insomnie. L'hyperexcitabilité est une des caractéristiques les plus importantes. Ce terme décrit un état d'agitation mentale ou de tension musculaire qui persiste, en quelque sorte, jour et nuit. Dans la première vignette clinique, l'exemple de Marie reflète bien cette réalité. Elle est dans un état mental de suractivation. Les pensées se bousculent et elle ne peut faire le vide. L'état physiologique qui l'accompagne est le suivant: tension musculaire, battements cardiaques rapides et température corporelle plus élevée. Alors que certaines personnes tirent avantage d'un niveau élevé d'activation physique et mentale durant la journée, pouvant se traduire par un niveau d'énergie plus élevé et une plus grande productivité, elles peuvent éprouver des difficultés à se détendre à l'heure du coucher; elles demeurent «surexcitées». La tendance à s'inquiéter un peu de tout et de rien est une autre caractéristique commune chez les insomniaques. Chez certains, un mode de penser obsessionnel et une tendance à ruminer constituent d'autres éléments prédisposant à l'insomnie. Les gens possédant ces caractéristiques sont souvent anxieux ou hypervigilants et n'arrivent pas à décompresser à l'heure du coucher.

TABLEAU 2.2
Quelques facteurs de risque de l'insomnie

- Hyperactivité mentale et physiologique
- Mode de penser obsessionnel
- Tendance à refouler ses émotions
- Problèmes médicaux et psychologiques
- Sexe féminin
- Vieillissement
- Histoire familiale d'insomnie

La tendance à refouler ses émotions peut se traduire en problèmes d'ordre somatique incluant l'insomnie. Bien que tout le monde ait à faire face à des embêtements quotidiens, les gens qui n'expriment pas leurs émotions durant la journée ont tendance à traîner leurs problèmes au lit. Inévitablement, ils s'inquiètent et leurs efforts pour se débarrasser de pensées indésirables fonctionnent rarement. Si certains de ces traits sont caractéristiques de votre personnalité, vous pouvez être prédisposé à faire de l'insomnie.

Comme le sommeil est très sensible aux problèmes psychologiques et médicaux, les individus souffrant de l'une ou l'autre de ces difficultés sont plus susceptibles d'avoir un sommeil perturbé que ceux qui jouissent d'une bonne santé mentale et physique. En plus de l'augmentation des problèmes médicaux et de l'utilisation de médicaments chez les personnes âgées, le vieillissement du cerveau accroît les risques de développer un trouble du sommeil.

En général, les femmes semblent plus prédisposées à l'insomnie alors que les hommes sont plus sujets à d'autres troubles tels que l'apnée du sommeil. La raison pouvant expliquer la plus grande prédisposition des femmes à l'insomnie n'est pas bien établie, mais les changements hormonaux se produisant durant la ménopause peuvent accroître ce risque.

Une histoire familiale d'insomnie constitue aussi un facteur de risque, bien qu'il ne soit pas clair si cela résulte d'une contribution génétique ou de mauvaises habitudes de sommeil empruntées des parents. La narcolepsie, un trouble du sommeil caractérisé par des attaques de sommeil soudaines et inattendues, possède une composante génétique identifiée. Une telle composante génétique n'a pas été établie pour l'insomnie.

Il importe de préciser que la présence de ces facteurs de risque ne signifient pas obligatoirement que vous développerez de l'insomnie. Même si vous vous reconnaissez dans certaines de ces caractéristiques, il est tout à fait possible d'améliorer votre sommeil sans pour autant procéder à un changement complet de votre personnalité.

L'impact de l'insomnie chronique

Le manque de sommeil est susceptible d'entraîner des effets néfastes sur la performance au travail, le bien-être psychologique, la qualité de la vie et même la santé physique. Dans le chapitre précédent, nous avons soulevé certains effets du manque de sommeil observés lors d'études expérimentales sur la privation de sommeil. Maintenant, nous nous attarderons aux effets de l'insomnie chronique; ces séquelles sont souvent plus subtiles et plus difficiles à mesurer objectivement. Néanmoins, celles-ci sont tout aussi importantes, puisque ce sont souvent ces conséquences tant redoutées ou ces effets néfastes, plutôt que le manque de sommeil proprement dit, qui incitent les insomniaques à consulter une ressource professionnelle.

Marie-Michèle, une analyste de 42 ans, souffre d'insomnie chronique depuis les années où elle étudiait au niveau collégial. Dans son témoignage présenté devant les membres de la Commission nationale de recherche sur les troubles du sommeil, réunis au Capitol Hill à Washington, D.C., elle décrit avec éloquence les effets associés à sa longue bataille contre l'insomnie:

Mes nuits d'insomnie ont été vraiment nuisibles à ma performance au travail, à ma stabilité émotive et à mon bien-être physique. Au fil des ans, j'ai perdu l'envie de relever de nouveaux défis et même les tâches les plus simples de la vie de tous les jours me semblent accablantes. Souvent, je suis si faible durant la journée qu'il m'est difficile de me concentrer sur des tâches complexes pendant de longues périodes de temps. J'ai beaucoup de difficulté à me motiver à entreprendre de nouveaux projets ou à compléter des projets déjà en cours. Chaque jour, je redoute de me rendre au travail parce que je dois mener une bataille constante uniquement pour rester éveillée à mon bureau. Les effets émotionnels de l'insomnie et de la fatigue chronique ont été vraiment accablants dans ma vie personnelle et professionnelle. Lorsque je reviens à la maison, je n'ai plus d'énergie pour entretenir des amitiés et pas d'intérêt pour en développer de nouvelles. J'ai fréquemment ressenti un sentiment de désespoir et d'impuissance. Au cours des cinq dernières années, j'ai souffert d'infections chroniques des sinus et des bronches qui m'ont contrainte à prendre 8 à 10 jours de congés de maladie chaque année. Je crois que le manque de sommeil et la fatigue chronique m'ont rendue plus sensible à ces infections.

Ce témoignage illustre clairement les effets dévastateurs des problèmes de sommeil chroniques sur la vie personnelle et professionnelle de Marie-Michèle. Examinons plus en détail les conséquences communément associées à l'insomnie chronique.

Fatigue diurne et performance

La fatigue diurne est extrêmement courante parmi les personnes qui souffrent d'insomnie chronique. Cela se traduit souvent par une léthargie mentale et des problèmes de concentration et de mémoire. Cet état ralentit notre capacité d'absorber et de traiter de l'information. La motivation est aussi diminuée et un grand effort est requis pour accomplir ce qui est habituellement une tâche simple et routinière. La maladresse physique peut aussi vous rendre plus vulnérable aux accidents à la suite d'une nuit d'insomnie. Les moments d'inattention peuvent vous amener à égarer des objets ou à vous demander si vous avez déjà effectué quelque chose que vous aviez prévu faire. Dans le pire des cas, le manque d'attention en conduisant votre automobile peut être fatal, pour vous-même ou pour quelqu'un d'autre sur la route.

De façon surprenante, la somnolence diurne n'est pas une séquelle très répandue même chez les insomniaques sévères. Ceux qui souffrent d'insomnie sont habituellement surexcités, le jour comme la nuit. Dans le Test itératif de latence d'endormissement, on demande au patient souffrant de troubles du sommeil de faire cinq siestes de 20 minutes à des intervalles de deux heures durant la journée. La vitesse avec laquelle la personne s'endort fournit une mesure objective de la somnolence. Alors que les personnes souffrant de narcolepsie et d'apnée du sommeil s'endorment en moins de 5 minutes, ce qui est considéré comme un degré pathologique de somnolence, les insomniaques, eux, peuvent prendre 12 à 15 minutes ou ne pas s'endormir du tout. Ainsi, malgré des signes distincts de fatigue et de léthargie mentale, l'insomniaque typique ne souffre pas de somnolence physiologique excessive.

Bien-être psychologique

L'insomnie aiguë peut causer une détresse émotionnelle considérable, surtout si vous la percevez comme un signe de perte de contrôle. Parfois, les patients qui traversent une série de nuits blanches se présentent à notre clinique en état de panique. Ils ont peur de ne jamais pouvoir dormir à nouveau. Ils vivent une anxiété excessive et craignent le pire pour leur santé mentale et physique s'ils n'arrivent pas à regagner le contrôle sur ce qui était auparavant un acquis. Bien sûr, ce n'est pas tout le monde qui s'inquiète à ce point à propos de problèmes de sommeil, surtout lorsque le problème est situationnel. Par contre, ceux qui luttent chaque nuit contre ce genre de difficultés deviennent souvent plus irritables, tendus et déprimés. Les gens souffrant de problèmes de sommeil chroniques peuvent aussi développer un sentiment d'impuissance. Quoi qu'ils fassent, rien ne semble faciliter leur sommeil ou le rendre plus prévisible. Alors, il n'est pas étonnant qu'une personne soit plus vulnérable à une dépression lorsque l'insomnie persiste plus d'un an avant d'être traitée adéquatement.

L'insomnie peut aussi réduire la capacité d'une personne à tirer plaisir de ses relations interpersonnelles — familiales et sociales. Il est plus difficile de composer avec les irritations mineures après une mauvaise nuit de sommeil. Les interactions avec les amis, les membres de la famille ou les collègues sont moins agréables. Occasionnellement, les individus peuvent ressentir un certain malaise social, étant même facilement intimidés ou irrités par les autres. Cela peut aller jusqu'au retrait social et à l'évitement des gens.

Santé physique

Les effets de l'insomnie sur la santé physique ne sont pas aussi clairs que ses effets sur le bien-être psychologique bien que les insomniaques expriment beaucoup de soucis et de peurs concernant l'impact négatif des problèmes de sommeil sur leur santé. Comme cela était clairement illustré dans le témoignage de Marie-Michèle, certaines personnes sentent que leur système immunitaire s'affaiblit et qu'elles sont plus susceptibles de contracter une grippe, une diarrhée ou des infections dues à l'insomnie chronique. Ces effets ont été documentés dans les études sur les animaux, mais il n'y a actuellement pas de lien direct de cause à effet suggérant que l'insomnie chez les humains ait des conséquences durables sur la santé physique. Ce qui est clair, toutefois, c'est que le réveil après une mauvaise nuit de sommeil est souvent pénible et douloureux. Occasionnellement, votre corps entier peut s'en ressentir, mais il demeure difficile de déterminer précisément si cela est attribuable au manque de sommeil ou à la détresse psychologique qui accompagne souvent l'insomnie. Encore là, il est important de se rappeler que bien que l'efficacité et la qualité du sommeil puissent être détériorées, la quantité réelle de sommeil perdu est habituellement modeste pour la plupart des insomniaques.

Coûts économiques

La Commission nationale de recherche sur les troubles du sommeil estime que les Américains déboursent environ 392 millions de dollars pour obtenir des médicaments prescrits pour le sommeil et encore 84 millions de dollars pour des aides au sommeil disponibles sans ordonnance médicale. Les dépenses annuelles associées aux visites chez les médecins et les professionnels en santé mentale pour l'insomnie sont estimées à environ 500 millions de dollars. Les gens souffrant d'insomnie sont généralement plus préoccupés par leur santé et tendent à utiliser les services de santé plus fréquemment que les bons dormeurs, imposant davantage de coûts au système de soins de santé. Les coûts indirects des congés de maladie, de la diminution de la productivité au travail et même des accidents industriels et de véhicules motorisés résultant de troubles du sommeil sont énormes. Tous ces coûts directs et indirects, combinés à la souffrance humaine et à la diminution de la qualité de la vie, sont astronomiques.

Souffrez-vous d'insomnie?

Maintenant que vous connaissez la nature de l'insomnie, ses différentes formes et son impact, voyons si vous souffrez d'insomnie. Il est également temps de déterminer si vous devez entreprendre le programme d'autotraitement décrit dans cet ouvrage. Prenez quelques minutes pour compléter le bref questionnaire sur l'insomnie présenté au tableau 2.3 et comparez vos réponses avec les critères diagnostiques décrits au tableau 2.1. Si la plupart de ces cinq critères s'appliquent à votre cas, vous devriez essayer ce programme de traitement de l'insomnie. Même si votre situation ne correspond pas à tous les critères, vous pouvez quand même tirer avantage de ce programme et peut-être prévenir le développement de difficultés de sommeil plus sévères et plus chroniques. Vous remarquerez que certaines questions portent sur l'utilisation de substances pour dormir; nous examinerons ce sujet plus en détail au chapitre 11. Cependant, si vous utilisez actuellement des pilules pour dormir, avec ou sans ordonnance, ou encore si vous prenez de l'alcool spécifiquement pour dormir, cela peut masquer un problème de sommeil sous-jacent. Ces aides sont recommandées uniquement pour une utilisation à court terme. Ainsi, si vous utilisez un somnifère pour dormir depuis plus de quelques semaines, il est temps de considérer un traitement alternatif; vous pouvez aussi bénéficier des stratégies recommandées dans ce livre.

Si vous répondez oui à l'une ou l'autre des questions de la dernière section, les causes possibles de l'insomnie, assurez-vous de lire les chapitres 3 et 12 qui décrivent plusieurs conditions pouvant contribuer à votre insomnie et qui requièrent une attention médicale avant d'entreprendre ce programme.

TABLEAU 2.3
Souffrez-vous d'insomnie?

Quel type de problème de sommeil vous affecte-t-il?

Avez-vous de la difficulté à vous endormir?

Vous réveillez-vous au milieu de la nuit sans pouvoir vous rendormir facilement?

Vous réveillez-vous trop tôt le matin sans arriver à vous rendormir?

Avez-vous l'impression que votre sommeil est léger et non réparateur?

Insomnie occasionnelle ou chronique

Combien de nuits par semaine éprouvez-vous des difficultés à dormir?
   Est-ce que ces difficultés surviennent pendant certaines nuits?

Depuis combien de temps avez-vous des difficultés à dormir?

Comment l'insomnie vous affecte-t-elle durant la journée?

Est-ce que votre énergie dans la journée est diminuée par un mauvais sommeil la nuit (êtes-vous fatigué, épuisé, exténué)?

Avez-vous de la difficulté à fonctionner durant la journée à cause d'un mauvais sommeil (connaissez-vous des problèmes de concentration et de mémoire)?

Est-ce que votre humeur est affectée par l'insomnie (êtes-vous irritable, tendu, déprimé, confus)?

Êtes-vous inquiet à propos de l'insomnie ou à propos de la façon dont cela vous affecte durant la journée?

Utilisation d'aide pour dormir

Utilisez-vous une médication prescrite pour le sommeil? Utilisez-vous une médication sans ordonnance pour le sommeil?

Prenez-vous de l'alcool pour vous aider à dormir?

Causes possibles de l'insomnie

Souffrez-vous d'un trouble médical ou émotionnel?

Est-ce que votre conjoint a remarqué que vous ronflez ou que vous cessez de respirer pendant votre sommeil?

Est-ce que vos jambes sont agitées à l'heure du coucher?

Est-ce que votre conjoint a remarqué que vous avez des secousses ou des tics dans les jambes pendant votre sommeil?

3

Les causes multiples de l'insomnie

Les experts du sommeil ont identifié une foule de facteurs pouvant causer l'insomnie — psychologiques, médicaux, pharmacologiques, environnementaux et bien d'autres. Les deux plus importants sont les facteurs psychologiques et médicaux. Comme le sommeil est très sensible à tout changement dans l'état émotionnel ou physique d'une personne, l'insomnie est souvent un des premiers symptômes qui se manifestent en période de crise émotionnelle ou de maladie physique. L'insomnie peut être induite par l'utilisation excessive de caféine, de nicotine, d'alcool ou même de pilules pour dormir. Certaines médications, prescrites ou disponibles sans ordonnance, peuvent aussi perturber le sommeil. Certains troubles du sommeil cachés peuvent être à l'origine d'un problème d'insomnie. Les décalages horaires et les horaires rotatifs peuvent désynchroniser notre horloge biologique, produisant ainsi un état de somnolence lorsque tout le monde est éveillé et de l'insomnie alors que tout le monde dort. Parce que l'insomnie peut être un symptôme de plusieurs conditions différentes, une évaluation détaillée est souvent nécessaire afin d'en préciser les principales causes. Il importe également de garder à l'esprit que l'insomnie est rarement causée par un seul facteur; c'est souvent le résultat d'une combinaison de facteurs qui perturbent le sommeil. Attardons-nous maintenant à chacun de ces facteurs.

Les causes psychologiques

Le stress, l'anxiété et la dépression sont sans aucun doute les causes les plus communes de l'insomnie. Pratiquement tout le monde doit faire face, du moins périodiquement, à des stress mineurs, à des irritations ou à des embêtements — à la maison, au travail ou en se déplaçant entre ces endroits. Il peut s'agir d'un conflit avec un employeur ou un collègue, de problèmes relationnels ou de désaccords avec les proches et les membres de la famille, ou même d'un énervement causé par de constants bouchons dans la circulation. Les gens réagissent différemment à ces stresseurs et irritants quotidiens. Certains sont munis de stratégies efficaces pour y faire face alors que d'autres arrivent tout simplement à mettre de côté tracas et inquiétudes à l'heure du coucher et dorment tout à fait normalement, quels que soient les événements qui se sont produits durant la journée. Enfin, d'autres gens plus sensibles à ces mêmes irritations quotidiennes n'arrivent pas à décompresser et, inévitablement, éprouvent des difficultés à dormir.

Peu importe le tempérament d'une personne, certains événements majeurs interfèrent avec le sommeil, du moins temporairement. Le décès d'un proche, une séparation, la perte d'un emploi ou une chirurgie imminente déclencheront presque toujours des problèmes de sommeil, même pour les gens qui n'éprouvent habituellement aucune difficulté à dormir. En présence de telles circonstances, l'insomnie est une réponse naturelle faisant partie d'un processus de deuil, d'un épisode dépressif ou de l'anxiété concernant une situation de vie menaçante. Le sommeil revient habituellement à la normale — bien que ce ne soit pas toujours le cas — lorsque le stress disparaît ou lorsque la personne s'adapte à sa présence plutôt permanente.

Les problèmes de sommeil peuvent aussi être associés à un trouble psychologique plus profondément enraciné. À titre d'exemple, l'insomnie est un symptôme de plusieurs troubles dépressifs et anxieux. L'insomnie initiale est particulièrement fréquente chez les individus souffrant de troubles anxieux alors que les difficultés à maintenir le sommeil, surtout les réveils matinaux prématurés, constituent une plainte classique des personnes déprimées. La nature des problèmes de sommeil peut varier d'une personne à l'autre et peut même fluctuer avec le temps selon le trouble sous-jacent. Afin de bien distinguer insomnie primaire et insomnie secondaire à un trouble psychologique, révisons brièvement les principaux symptômes d'anxiété et de dépression.

Les gens qui souffrent du *trouble d'anxiété généralisée* s'inquiètent de façon excessive et chronique, pas seulement à propos du sommeil, mais aussi au sujet de circonstances de vie telles que la santé, la famille, le travail, les finances. Bien qu'il n'y ait pas de raison apparente justifiant ces inquiétudes, les gens souffrant de cette condition ont tendance à toujours anticiper le pire d'une situation donnée. L'inquiétude est incontrôlable. L'anxiété généralisée est aussi caractérisée par des symptômes tels que l'agitation, une fatigue généralisée, des difficultés de concentration, la tension musculaire et, dans la plupart des cas, des problèmes de sommeil. Les gens qui sont atteints du *trouble obsessionnel compulsif* sont envahis par des pensées obsessionnelles et des comportements rituels et répétitifs. Par exemple, une personne peut être convaincue qu'elle est en danger de contamination lors de tout contact avec le monde extérieur. Elle pourra donc passer plusieurs heures chaque jour à laver et à nettoyer son environnement dans le but de réduire ou de neutraliser son anxiété. Bien que les gens souffrant de ce trouble reconnaissent que leurs peurs ne sont pas justifiées, les comportements rituels servent à réduire l'anxiété sous-jacente.

D'autres gens souffrent du *trouble panique*. Les attaques de panique sont des épisodes circonscrits de peur excessive et d'anxiété qui se produisent spontanément en l'absence de menace réelle. Une personne peut, soudainement et sans raison apparente, craindre de mourir, de s'évanouir ou simplement de perdre le contrôle. C'est souvent après avoir noté certains changements physiologiques — accélération du rythme cardiaque, serrement à la poitrine, transpiration — que l'individu interprète la situation comme dangereuse. Lorsqu'une attaque de panique survient dans un endroit public, l'individu va généralement réagir en fuyant cette situation et éventuellement, évitera complètement toute situation similaire. Les attaques de panique surviennent habituellement le jour. Par contre, elles peuvent aussi se produire la nuit et souvent elles sont alors plus intenses. Il importe, toutefois, de bien distinguer les vraies attaques de panique diurnes des attaques de panique ou d'anxiété nocturnes résultant de l'insomnie et de la peur de ne pas être capable de fonctionner le jour suivant.

Les individus souffrant du *trouble de stress post-traumatique* causé par un traumatisme psychologique majeur vont souvent revivre l'événement traumatisant sous forme de *flash-backs* récurrents accompagnés de détresse psychologique intense, d'appréhension et de difficultés de sommeil comme l'insomnie, les cauchemars ou des terreurs nocturnes. Ce désordre est particulièrement fréquent parmi les vétérans de la guerre, les victimes d'agression physique ou de viol et les individus exposés aux désastres naturels. Les sondages effectués auprès des habitants de la région de San Francisco à la suite du tremblement de terre de 1989 révèlent une prévalence accrue de cauchemars et de rêves pénibles. De même, des taux élevés de problèmes de sommeil et de cauchemars accompagnés d'une augmentation de la peur, de l'appréhension et du stress ont été observés parmi les habitants d'Israël pendant et à la suite de la guerre du Golfe de 1991. On peut s'attendre à des conséquences semblables parmi les résidants du Saguenay victimes des inondations survenues à l'été 1996.

L'insomnie peut aussi être le signe d'une dépression sous-jacente. Il existe différentes formes de dépression variant en intensité et en durée. Les symptômes typiques de la dépression comprennent la tristesse, la perte d'intérêt pour les gens, l'incapacité de tirer plaisir des activités qui étaient agréables auparavant, la fatigue et une diminution d'énergie, une faible estime de soi et le sentiment d'être sans valeur, des pensées suicidaires, une diminution de l'appétit et des problèmes de sommeil. Les épisodes de dépression majeure durent habituellement quelques semaines ou quelques mois. Parfois, les symptômes dépressifs sont moins intenses, mais de nature plus chronique, une condition nommée dysthymie. Dans un cas comme dans l'autre, les difficultés à dormir sont presque toujours présentes. Cela peut impliquer des difficultés à s'endormir ou à rester endormi ou même ces deux types de problèmes. Typiquement, une personne souffrant de dépression majeure se réveille prématurément le matin et ne peut se rendormir. L'insomnie peut aussi faire partie d'une *psychose maniaco-dépressive*; il s'agit d'une maladie où les épisodes de dépression majeure alternent avec des périodes maniaques ou hypomaniaques. Lors de ces périodes, le niveau d'énergie et d'activité de la personne est extrêmement élevé et elle est affectée d'idées de grandeur. Une diminution marquée du besoin de sommeil est observable, sans pour autant que la personne se plaigne d'insomnie. Dans de tels cas, une personne peut dormir de façon excessive durant l'épisode dépressif et dormir très peu durant l'épisode maniaque.

Si vous pensez souffrir de l'une de ces conditions d'anxiété ou de dépression, vous devriez consulter un professionnel de la santé mentale. Habituellement, mais pas toujours, le sommeil s'améliore lorsque le trouble d'anxiété ou d'humeur est traité à l'aide d'une psychothérapie, de médicaments ou d'une combinaison des deux. Lorsque l'anxiété ou la dépression sont suffisamment sévères, le traitement devrait d'abord cibler ces conditions sous-jacentes à l'insomnie. Il est fort possible aussi que vous ressentiez certains des symptômes décrits précédemment mais moins intensément. Pour les gens qui souffrent de troubles du sommeil et pour ceux qui les traitent, un dilemme survient lorsqu'il s'agit de déterminer lequel, du problème psychologique ou de sommeil, est apparu en premier — la fameuse question de l'œuf et de la poule. Bien qu'il existe une relation très étroite entre le sommeil et les difficultés émotionnelles, il n'est pas toujours facile de déterminer ce qui est cause et ce qui est conséquence. Il est clair, toutefois, qu'un sommeil perturbé de façon chronique cause de la détresse psychologique chez certains individus; et chez ceux qui sont déjà affligés de problèmes émotionnels, l'insomnie peut très bien aggraver ces difficultés. L'essentiel à retenir est que si vous souffrez de difficultés psychologiques ou de troubles de sommeil qui interfèrent avec votre qualité de vie, il faut en parler à un professionnel — un psychologue, un psychiatre, un médecin de famille. Vous n'avez pas à souffrir.

Les causes médicales

Plusieurs maladies physiques peuvent perturber le sommeil en raison des symptômes sous-jacents (douleur), des procédures médicales ou chirurgicales utilisées pour soulager ces symptômes ou de la détresse émotionnelle engendrée par la maladie.

L'insuffisance cardiaque et les maladies obstructives pulmonaires chroniques (par exemple l'emphysème) troublent le sommeil de façon presque inévitable en raison de la diminution de l'apport sanguin, de la difficulté à respirer et d'une diminution de l'oxygène. L'anxiété et la peur de mourir pouvant accompagner les maladies cardio-vasculaires et pulmonaires peuvent aggraver les problèmes de sommeil. Certaines conditions endocrines telles que l'hyperthyroïdie — une glande thyroïde trop productive — peuvent causer l'insomnie. Une thérapie appropriée pour corriger cette condition élimine habituellement les difficultés à dormir. Les troubles gastro-intestinaux tels que le reflux gastro-œsophagien, la hernie hiatale ou l'ulcère peptique peuvent produire des difficultés d'endormissement ou causer des réveils nocturnes résultant de la régurgitation acide ou de brûlures d'estomac. Modifier la diète, élever la tête du lit et utiliser une médication antiacide peut favoriser la réduction de ces symptômes. Le diabète et l'insuffisance rénale peuvent aussi causer des problèmes de sommeil dus à la diminution de la circulation sanguine dans les extrémités. Le syndrome des jambes agitées et les mouvements périodiques des jambes, deux problèmes communs parmi les patients diabétiques et les patients en dialyse, peuvent causer de sérieuses difficultés à dormir. Ces deux conditions sont décrites au chapitre 12.

Comme le centre de contrôle du sommeil et de l'éveil est situé dans le cerveau, toute maladie neurologique ou traumatisme cérébral risque d'endommager le cycle normal de veille-sommeil. Tout dépendant de la sévérité de la condition et du site spécifique impliqué dans le cerveau, les problèmes neurologiques peuvent causer de l'insomnie le soir et de la somnolence excessive durant le jour. Les patients atteints de la maladie d'Alzheimer, une maladie dégénérative du cerveau, ont un sommeil très perturbé qui est caractérisé par de courtes périodes de sommeil survenant à toute heure du jour de même que par des périodes prolongées d'éveil interférant avec le sommeil nocturne. Ces difficultés sont compliquées davantage par la confusion et le vagabondage nocturne du patient, imposant ainsi un lourd fardeau aux personnes qui en prennent soin.

Lorsqu'ils deviennent trop sévères, ces symptômes mènent souvent à l'institutionnalisation de la personne atteinte de la maladie d'Alzheimer.

Presque toute condition produisant de la douleur ou de l'inconfort physique est susceptible de perturber le sommeil. Plus de la moitié des individus souffrant de douleurs chroniques associées à l'arthrite, à l'ostéoporose, à la fibrose ou à des maux de dos affirment que la douleur interfère avec leur sommeil. Pour plusieurs de ces personnes, la douleur chronique est synonyme de problèmes de sommeil chroniques. De plus, après une mauvaise nuit, la douleur est souvent perçue de façon plus intense et plus désagréable. Il n'est donc pas étonnant que l'insomnie soit, pour beaucoup de ces individus, la conséquence la plus nuisible de la douleur chronique.

Pour certaines femmes souffrant du syndrome prémenstruel (SPM), la qualité et la durée du sommeil peuvent fluctuer avec le cycle menstruel. Le sommeil est de moins bonne qualité et de plus courte durée dans les quelques jours précédant le début des menstruations. Il s'améliore peu de temps plus tard et demeure normal durant le reste du cycle menstruel. Certaines femmes peuvent souffrir d'hypersomnie plutôt que d'insomnie. Elles se sentent excessivement somnolentes durant la journée. Les femmes aux prises avec des symptômes du SPM tels que l'irritabilité, la dépression et/ou une humeur anxieuse sont particulièrement vulnérables aux difficultés périodiques de sommeil.

La ménopause peut également affecter le sommeil. Les changements hormonaux qui se produisent durant cette période de la vie sont souvent des facteurs précipitant les difficultés à dormir. Les bouffées de chaleur constituent la cause la plus fréquente des réveils nocturnes chez les femmes ménopausées. L'augmentation de la température du corps amène la personne à se réveiller avec des sueurs nocturnes. Les thérapies à l'œstrogène sont utiles afin de corriger ce problème. Il arrive parfois que les suppléments d'hormones puissent éliminer les bouffées de chaleur sans pour autant résoudre les difficultés de sommeil. Les inquiétudes concernant la ménopause ou encore l'appréhension de ne pas dormir sont souvent impliquées dans le maintien de ces ennuis. Dans notre clinique du sommeil, il n'est pas rare que les femmes affirment avoir connu leur premier épisode d'insomnie durant la ménopause. Même lorsque les autres symptômes de la ménopause ont été contrôlés à l'aide d'un supplément hormonal, l'insomnie a persisté.

Les allergies de même que toute infection affectant la respiration peuvent troubler le sommeil même chez les bons dormeurs ou empirer l'insomnie chez les personnes qui en souffrent déjà. Les difficultés de sommeil de cette nature sont particulièrement communes au printemps, lorsque le pollen est relâché. Les problèmes de sinus et de respiration causés par les allergies sont habituellement temporaires et sont traités à l'aide d'antihistaminiques.

Médicaments, alcool et autres substances

Il n'est pas inhabituel qu'une médication soit efficace pour traiter un problème particulier, mais puisse produire un autre type de problème comme effet secondaire. Plusieurs médicaments prescrits pour des conditions médicales ou psychiatriques peuvent causer de l'insomnie, particulièrement lorsqu'ils sont pris à l'heure du coucher. Certains bêtabloquants utilisés pour l'hypertension peuvent produire ce type d'effet. Par exemple, le propanolol (Indéral) et la clonidine sont souvent associés à l'insomnie et aux cauchemars. Les diurétiques peuvent induire un besoin d'uriner fréquemment pendant la nuit et ainsi interférer avec le sommeil. Certains bronchodilatateurs utilisés pour le traitement de l'asthme (par exemple le theodur) ont un effet stimulant et retardent l'endormissement lorsqu'ils sont pris à l'heure du coucher. La plupart des médicaments contenant des stéroïdes (par exemple le prednisone) prescrits pour certains types de douleur inflammatoire peuvent perturber le sommeil. Les médicaments pour la thyroïde peuvent causer de l'insomnie, particulièrement lorsque la dose n'est pas exactement la bonne; une dose trop élevée pour un problème d'hypothyroïdie peut occasionner de l'hyperthyroïdie et de l'insomnie.

Certains antidépresseurs ont des propriétés sédatives et sont parfois prescrits en petites doses pour contrer l'insomnie. Cependant, d'autres antidépresseurs ont un effet plus énergisant et peuvent perturber le sommeil lorsqu'ils sont pris à l'heure du coucher. Parmi ceux-ci se retrouvent certains médicaments populaires tels que la fluoxetine (Prozac) et d'autres antidépresseurs plus anciens comme l'imipramine (Tofranil) et le protriptyline (Vivactil). Les médicaments les plus fréquemment utilisés pour contrôler l'anxiété durant la journée et pour induire le sommeil la nuit font partie de la classe des benzodiazépines. Bien que les somnifères puissent être utiles à court terme, une utilisation quotidienne prolongée peut devenir partie intégrante du problème. Le sommeil induit par un somnifère n'est pas de la même qualité que le sommeil naturel. La plupart de ces pilules pour dormir prolongent la durée totale du sommeil, mais diminuent la quantité de sommeil profond et donc la qualité du sommeil. Aussi, l'utilisation régulière de somnifères mène éventuellement à la tolérance et à la dépendance. Ce type d'insomnie, causée par la dépendance aux somnifères, est aussi reconnu comme de l'insomnie iatrogénique, une maladie causée par son propre traitement. Le sevrage des somnifères ou des médicaments pour l'anxiété peut causer une insomnie de rebond, c'est-à-dire des difficultés de sommeil souvent plus sévères que celles qui ont mené à la prise de médication. Nous reviendrons à ce problème et vous apprendrez comment le résoudre au chapitre 11.

Une variété de médicaments disponibles sans ordonnance peuvent produire de l'insomnie. Par exemple, la plupart des substances qui suppriment l'appétit contiennent un stimulant incompatible avec le sommeil. Les remèdes contre la grippe contiennent un antihistaminique et produisent de la somnolence chez la plupart des gens. Toutefois, certaines personnes ont une réaction paradoxale et deviennent surexcitées, ce qui les empêche de trouver le sommeil. L'insomnie est donc un effet secondaire de plusieurs médicaments. Cependant, ce n'est pas nécessairement tout le monde qui en souffrira. C'est une bonne habitude à prendre de discuter des effets secondaires potentiels de toute médication avec votre médecin et votre pharmacien. Il est souvent possible de changer un médicament pour un autre de la même classe ou de changer l'horaire d'administration afin de minimiser l'interférence avec votre sommeil.

Les substances telles que la caféine ou la nicotine sont des stimulants du système nerveux central et perturbent le sommeil même chez les personnes qui prétendent que cela n'a pas d'effet. Les études effectuées en laboratoire montrent que les personnes utilisant de la caféine peu de temps avant l'heure du coucher prennent plus de temps à s'endormir et que leur sommeil est plus léger et fragmenté. Des résultats similaires sont obtenus pour les fumeurs. Contrairement à la caféine et à la nicotine, l'alcool est un dépresseur du système nerveux central; on pourrait donc s'attendre à ce qu'il améliore le sommeil. Une boisson alcoolisée prise à l'heure du coucher peut en effet faciliter l'endormissement chez une personne tendue; cela produit aussi un sommeil plus profond au cours de la première partie de la nuit. Par contre, un inconvénient majeur est que le sommeil devient plus fragmenté et plus souvent interrompu à mesure que l'alcool est métabolisé durant la seconde partie de la nuit. Les réveils prématurés le matin accompagnés d'une incapacité à se rendormir sont aussi fréquents. En plus de ses effets néfastes sur la santé en général, l'abus d'alcool détériore considérablement la qualité du sommeil. L'alcoolique n'est habituellement pas conscient des problèmes de sommeil lors d'une période de consommation excessive, mais devient pleinement conscient de son insomnie et de ses cauchemars durant la période de sevrage. Les difficultés résiduelles de sommeil persistent souvent pendant des semaines et même des mois après que la personne est redevenue sobre. Malheureusement, cela peut devenir tellement nuisible et pénible que la personne consommera de l'alcool afin d'arriver à dormir un peu et provoquera ainsi une rechute. Le prix à payer est que lors du prochain sevrage, le sommeil sera aussi perturbé qu'il l'était avant la rechute.

Conditions environnementales

De nombreux facteurs environnementaux peuvent occasionner l'insomnie: le bruit, la lumière, une température excessive, un matelas inconfortable ou les mouvements du conjoint. Presque tout le monde a été tenu éveillé la nuit par la circulation bruyante, de la musique forte ou le chien du voisin qui aboie. Un conjoint qui ronfle ou qui est agité est une autre source de perturbation du sommeil. Parfois, cela peut entraîner un déménagement dans une autre pièce de la maison.

Une étude intéressante effectuée par le psychologue britannique Jim Horne a démontré que les gens partageant le même lit connaissent plus d'interruptions de leur sommeil que ceux qui dorment seuls. À peu près la moitié des fois qu'un des partenaires bouge, il ou elle provoque un mouvement de la part de l'autre partenaire dans les secondes qui suivent. Ces mouvements affectent plus le sommeil des jeunes couples que celui des personnes qui dorment ensemble depuis plusieurs années. Bien que la plupart des participants pensent mieux dormir avec leur partenaire à leurs côtés parce qu'ils se sentent plus en sécurité, dans les faits, ils dorment plus longtemps et avec moins d'interruptions lorsqu'ils sont seuls. Les couples qui partagent le même lit depuis des années deviennent habitués aux mouvements de l'autre. Les nouveaux partenaires, d'un autre côté, semblent avoir besoin d'une certaine période d'adaptation pour s'ajuster aux mouvements de l'autre et, possiblement, au ronflement. Dormir dans un grand lit peut faire une énorme différence.

À moins d'avoir des rideaux très opaques, la lumière du jour peut être gênante pour le travailleur de nuit qui essaie de dormir le jour. Une température ambiante trop chaude ou trop froide interfère aussi avec le sommeil. L'insomnie chez les patients hospitalisés est peut-être l'exemple le plus courant de l'insomnie induite par l'environnement. Le bruit, la lumière et les interruptions dues aux différentes procédures médicales peuvent nuire au sommeil même chez les gens qui n'ont habituellement aucun problème à dormir. Les personnes âgées ont un sommeil plus léger et peuvent être plus vulnérables aux causes environnementales de l'insomnie.

Autres troubles du sommeil et troubles circadiens

L'insomnie est parfois le symptôme le plus apparent d'un autre trouble du sommeil — l'apnée du sommeil, le syndrome des jambes agitées ou les mouvements périodiques des jambes, le décalage horaire, le travail à horaires rotatifs, les parasomnies. Vous trouverez des renseignements sur ces troubles et leurs principaux symptômes dans les chapitres 10 et 12.

Comment des problèmes de sommeil occasionnels se transforment-ils en insomnie chronique?

Jusqu'à maintenant, nous avons vu qu'il existe plusieurs sources de perturbation du sommeil — psychiatriques, médicales, pharmacologiques, environnementales et ainsi de suite. Bien que certaines personnes soient plus vulnérables, pratiquement tout le monde développe des difficultés à dormir en présence de conditions stressantes. Heureusement, une telle insomnie est habituellement situationnelle et limitée dans le temps. Le sommeil retourne habituellement à la normale lorsque le facteur précipitant est disparu ou que la personne s'est adaptée à sa présence plus permanente. Toutefois, chez un bon nombre de personnes, les difficultés à dormir persistent même après la disparition du facteur ayant déclenché l'insomnie. L'insomnie développe ainsi son propre cours et devient indépendante de ce qui l'a provoquée en premier lieu. C'est ici que les facteurs psychologiques jouent un rôle majeur dans le développement de l'insomnie chronique.

Le terme *facteurs psychologiques* désigne spécifiquement les comportements (les habitudes de sommeil) et les façons de penser (croyances et attitudes concernant le sommeil). Durant la phase initiale des difficultés, les gens plus vulnérables à l'insomnie peuvent développer des réactions conditionnées qui sont incompatibles avec le sommeil. Par exemple, après quelques nuits d'insomnie, une personne peut en venir à associer certains stimuli ou indices temporels (routine avant le coucher) et contextuels (l'environnement de la chambre à coucher) à l'appréhension, à l'inquiétude et à la peur d'être incapable de s'endormir. Alors qu'auparavant les activités telles que de mettre son pyjama, se brosser les dents et se mettre au lit étaient associées à la somnolence, ces mêmes rituels sont maintenant devenus associés à l'insomnie. À long terme, ces associations négatives produisent tension musculaire, inquiétudes et encore plus de difficultés à dormir. La personne peut devenir excessivement préoccupée par son incapacité à dormir («Suis-je en train de perdre le contrôle?») et par les conséquences possibles de l'insomnie («Comment serai-je capable de fonctionner?»). Certaines personnes développent alors de mauvaises habitudes de sommeil (par exemple: temps excessif passé au lit, horaire irrégulier de veille-sommeil, siestes durant la journée) qui, bien qu'utiles à court terme, deviennent partie intégrante du problème à long terme. Le résultat de cette réaction en chaîne est un cercle vicieux de l'insomnie, de la peur de ne pas dormir, d'une aggravation des problèmes de sommeil et d'augmentation de la détresse émotionnelle.

Figure 3.1 Le cercle vicieux de l'anxiété de performance et de l'insomnie

Le cercle vicieux de l'anxiété de performance et de l'insomnie

L'anxiété de performance est une des plus importantes causes de l'insomnie. Ce type d'anxiété survient lorsque le désir trop fort de contrôler ou de réussir quelque chose échoue et diminue la performance. Par exemple, lorsque vous essayez de contrôler le sommeil, peut-être parce que vous craignez les séquelles possibles le jour suivant, vous ne faites qu'ajouter de la pression et, par le fait même, vous restez éveillé plus longtemps. Essayer de dormir est ainsi la pire erreur que vous puissiez faire. Vous ne pouvez tout simplement pas forcer le sommeil même s'il est possible de lutter pour rester éveillé.

Ce type d'anxiété de performance se retrouve aussi parmi les couples ayant des problèmes sexuels. Les hommes ne peuvent produire une érection sur demande tout comme les femmes ne peuvent devenir orgasmiques sur commande. Essayer trop fort de contrôler l'excitation et l'orgasme mène presque inévitablement à l'échec, produisant des dysfonctions sexuelles causées strictement par l'anxiété de performance. La seule chose que vous puissiez vraiment faire pour faciliter l'atteinte de l'orgasme dans cette situation est de changer votre façon de penser, vos attitudes et vos comportements. De même, pour briser le cercle vicieux de l'insomnie, vous aurez besoin de modifier votre façon de penser (croyances et attitudes) et certains modes de fonctionnement (habitudes).

Comme nous l'avons vu dans ce chapitre, l'insomnie peut être un symptôme d'une multitude de troubles sous-jacents, ou elle peut être un problème en soi. Ce qui complique les choses, c'est que les causes multiples de l'insomnie ne sont pas mutuellement exclusives. En fait, peu de gens souffrent d'insomnie pouvant être attribuée à une cause unique. Pour cette raison, une évaluation détaillée est essentielle afin de poser un diagnostic exact. Dans le prochain chapitre, nous discuterons des différentes composantes lors d'une évaluation dans une clinique des troubles du sommeil.

4

Pourquoi aller dans une clinique du sommeil ?

Le programme d'autotraitement décrit dans les chapitres suivants s'adresse principalement aux personnes qui souffrent d'insomnie dans sa forme la plus courante. Comme nous l'avons vu, toutefois, l'insomnie est souvent compliquée par un certain nombre de troubles médicaux ou psychologiques qui peuvent nécessiter une attention professionnelle avant que la personne atteinte puisse entreprendre ce programme. De plus, il existe plusieurs autres troubles du sommeil qui peuvent être diagnostiqués et traités uniquement par des spécialistes du sommeil. Dans ce chapitre, nous décrivons certains symptômes qui devraient être portés à l'attention de professionnels; nous donnons aussi quelques indications pouvant nécessiter une évaluation de votre sommeil dans un centre spécialisé. Nous exposons aussi les principales étapes d'une évaluation dans une clinique du sommeil; enfin, nous expliquons la façon dont le sommeil est mesuré.

Ce que vous pouvez attendre d'une clinique des troubles du sommeil

Les procédures spécifiques de chaque clinique du sommeil peuvent varier, mais elles impliquent généralement certaines des étapes suivantes. Après que vous aurez été référé par votre médecin de famille ou que vous aurez pris vous-même rendez-vous, on vous enverra quelques questionnaires et inventaires de symptômes, de même qu'un journal de bord de votre sommeil à compléter pendant une semaine ou deux avant la date prévue du rendez-vous. Au cours de votre visite initiale au bureau, le spécialiste du sommeil (médecin, psychologue ou les deux) révisera cette information avec vous afin d'identifier les principaux symptômes et d'obtenir une histoire détaillée du problème. En plus de l'histoire médicale et d'un examen physique, certains tests peuvent aussi être exigés. Si le problème soupçonné est l'insomnie, une évaluation psychologique peut aussi être effectuée afin de déterminer dans quelle mesure l'anxiété, la dépression ou tout autre facteur psychologique contribuent au problème de sommeil. Cela aidera à établir un diagnostic préliminaire et à déterminer si une évaluation du sommeil en laboratoire est nécessaire.

Les centres d'étude des troubles du sommeil possèdent quelques chambres à coucher privées disponibles pour effectuer une investigation du sommeil pendant une nuit entière. Une attention spéciale est portée à leur organisation afin que ces chambres soient aussi tranquilles que possible et ressemblent à des chambres d'hôtel plutôt qu'à des chambres d'hôpital. Dans la mesure du possible, il est important que l'environnement soit similaire à celui de la maison. Ainsi, la plupart des chambres possèdent une télévision, une radio et une salle de bain privée. Dans notre clinique, nous encourageons aussi le patient à apporter son propre oreiller puisque c'est un objet très personnel. Mis à part cela, vous avez uniquement besoin d'apporter votre pyjama, un peu de lecture si vous le désirez et toute médication utilisée à la maison pour l'hypertension, l'arthrite ou toute autre maladie. Si vous utilisez des médicaments pour dormir, il faut discuter avec votre médecin des procédures à suivre concernant leur utilisation lors de votre évaluation en laboratoire. Certains préféreront que vous cessiez graduellement votre médication une ou deux semaines avant l'évaluation. Cependant, si vous vous sentez dépendant de vos pilules pour dormir et êtes effrayé à l'idée de ne pas dormir du tout durant le test, il est préférable de ne pas cesser de les prendre immédiatement. Dans notre clinique, le patient continue d'utiliser ses médicaments comme à l'habitude lors du test en laboratoire; ce n'est que par la suite que nous concevons un plan de sevrage pour cesser la médication sur une période de plusieurs semaines.

La nuit de l'évaluation en laboratoire, on vous demandera d'arriver à la clinique quelques heures avant votre heure habituelle de coucher. Le technicien aura besoin d'environ une heure pour vous préparer, vous et les autres patients, pour la nuit en laboratoire. Lorsque l'application des électrodes sera complétée, on vous permettra de vous relaxer quelque temps, de lire ou de regarder la télévision. Encore là, les procédures de chaque clinique varient, mais les évaluations du sommeil sont habituellement considérées comme étant un service de consultation externe et la médication, la nourriture et les articles de toilette ne sont pas fournis. Ainsi, soyez assuré de vérifier au préalable ces aspects avec le coordonnateur de votre clinique du sommeil. Après avoir calibré les appareils et éteint les lumières, le technicien observe l'enregistrement de votre sommeil à partir d'une salle de contrôle adjacente. En plus d'un système d'interphone permettant la communication entre patient et technicien, un système de caméra en circuit fermé permet aussi d'observer tout comportement inhabituel pendant le sommeil.

Comment le sommeil est-il mesuré?

Le sommeil est mesuré à l'aide de trois types de signaux électriques: l'électroencéphalogramme (EEG) enregistre l'activité des ondes du cerveau, l'électro-oculogramme (EOG) mesure les mouvements des yeux et l'électromyogramme (EMG) enregistre la tension musculaire. Les signaux sont captés à l'aide de petites électrodes (récepteurs) collées au cuir chevelu (EEG) ou à la peau (EMG, EOG). Les signaux sont amplifiés, filtrés et transmis simultanément pour être enregistrés sur papier ou sur bande magnétique. Tous ces signaux sont enregistrés pendant toute la nuit et peuvent être visualisés par le technicien soit sur papier ou sur un écran d'ordinateur situé dans la salle de contrôle. Ces trois signaux (transmis par sept ou huit électrodes) sont suffisants pour identifier les différents stades du sommeil pendant toute la durée de la nuit. Plusieurs récepteurs additionnels peuvent aussi être utilisés pour enregistrer la respiration, l'électrocardio-gramme et les mouvements des jambes. Ces derniers signaux sont importants lorsque la présence de troubles du sommeil autres que l'insomnie est suspectée, tels que l'apnée du sommeil ou les mouvements périodiques des membres.

Cet enregistrement en laboratoire n'est pas aussi compliqué qu'il en a l'air. À l'exception de quelques irritations mineures de la peau résultant de l'application et de l'enlèvement des électrodes, l'enregistrement du sommeil n'est pas une procédure douloureuse. Les signaux sont envoyés à partir de votre cerveau et de votre corps jusqu'au polygraphe et non l'inverse, de telle sorte que vous n'avez pas à craindre des chocs électriques pouvant être administrés par inadvertance. Une question fréquemment posée est de savoir comment il est possible de dormir avec tous ces fils et dans des conditions aussi étranges. Dormir en laboratoire n'est évidemment pas comme dormir à la maison dans votre propre lit sans la mécanique de l'enregistrement. Toutefois, vous pouvez quand même bouger librement et si vous avez besoin d'aller à la salle de bain durant la nuit, le test peut être facilement interrompu momentanément. Naturellement, parce que vous êtes dans un environnement étranger, il est possible que vous preniez plus de temps à vous endormir. Mais de façon surprenante, certains insomniaques s'endorment plus rapidement parce que les indices qui les gardent éveillés à la maison ne sont pas présents dans le laboratoire du sommeil. D'autres, qui ont tendance à être anxieux ou craintifs à la maison, peuvent se laisser aller plus facilement. Les patients souffrant

Figure 4.1 Le sommeil est mesuré à l'aide de trois signaux physiologiques: l'EEG enregistre l'activité des ondes du cerveau, l'EOG mesure les mouvements des yeux et l'EMG enregistre la tension musculaire.

d'apnée du sommeil ou de narcolepsie n'ont habituellement aucune difficulté à dormir dans un laboratoire de sommeil. La somnolence excessive pendant la période de préparation est le principal problème dans leur cas.

Une évaluation du sommeil, appelée polysomnographie, dure entre six et huit heures. Dans la mesure du possible, la plupart des laboratoires tentent de respecter votre horaire habituel de coucher et de lever de même que votre durée habituelle de sommeil. Après vous avoir réveillé à l'heure désirée, le technicien n'a besoin que de quelques minutes pour enlever les électrodes; vous pouvez alors prendre une douche et retourner à la maison ou vous rendre directement au travail. Alors que les techniciens de nuit partent pour aller dormir, d'autres arrivent pour codifier l'enregistrement de votre sommeil.

L'étude d'une nuit de huit heures produira environ 1000 pages ou 1200 à 1500 pieds de papier. Chaque page de papier représente 30 secondes d'enregistrement. Avec la technologie moderne, il est aussi possible d'effectuer une étude du sommeil sans papier et d'enregistrer toutes les informations sur ordinateur, bandes magnétiques, cédéroms, etc. Il est également possible d'effectuer des enregistrements ambulatoires, c'est-à-dire à partir de la maison du patient. Les signaux sont enregistrés sur cassette ou transmis directement au laboratoire via les lignes téléphoniques. Le technicien de jour code toutes les données, page par page, selon des critères standard. Une fois cette tâche complétée, un rapport sommaire est préparé faisant le bilan du temps passé dans les différents stades du sommeil et notant toute anomalie dans la respiration et les mouvements des jambes. Les résultats du test sont analysés par un spécialiste qui les révise ensuite avec vous et votre médecin de famille. On vous propose par la suite différentes options de traitement.

Devriez-vous obtenir une évaluation du sommeil en laboratoire?

Par définition, le sommeil nous empêche d'être conscient de plusieurs anomalies qui peuvent survenir lors de cet état altéré de la conscience. Par conséquent, la polysomnographie est essentielle afin de diagnostiquer plusieurs troubles du sommeil cachés et de vérifier leur sévérité. Nous verrons brièvement ici certains des symptômes les plus communs suggérant la présence d'un trouble du sommeil (voir chapitre 12 pour plus de renseignements sur ces troubles) pour lequel vous devriez consulter un centre spécialisé d'étude des troubles du sommeil.

Si votre problème principal est l'hypersomnie (somnolence durant la journée) plutôt que l'insomnie, vous devriez sans conteste consulter une clinique du sommeil puisque ce symptôme peut être une indication de plusieurs troubles du sommeil potentiellement dangereux tels que l'apnée du sommeil et la narcolepsie.

Si votre conjoint se plaint de vos ronflements bruyants, a remarqué des pauses respiratoires durant votre sommeil et si vous vous réveillez le matin avec des maux de tête, tous ces symptômes peuvent suggérer un trouble d'apnée du sommeil. Une personne souffrant d'apnée du sommeil peut cesser de respirer jusqu'à 200 ou 300 fois au cours d'une seule nuit tout en étant tout à fait inconsciente de ces anomalies. La conséquence la plus directe de l'apnée du sommeil est une fragmentation chronique du sommeil menant à de la somnolence diurne sévère.

Si vous vous réveillez avec des crampes dans les mollets la nuit ou que votre conjoint a observé des secousses dans vos jambes durant votre sommeil, vous souffrez peut-être d'un problème appelé mouvements périodiques des jambes. La présence de ces contractions musculaires peut causer plusieurs périodes de micro-éveil la nuit sans que vous puissiez vous en souvenir le lendemain. Ce problème, aussi appelé myoclonie nocturne, peut causer des réveils nocturnes ou diminuer votre capacité à rester éveillé durant le jour. Il s'accompagne souvent d'impatience musculaire au coucher, aussi appelée «syndrome des jambes agitées»: la personne sent un inconfort dans les mollets et une envie irrésistible de bouger les jambes.

L'évaluation du sommeil en laboratoire procure également une source d'information précieuse pour les personnes souffrant d'insomnie. Cependant, une certaine controverse divise les experts à propos de la nécessité et de l'utilité clinique d'une évaluation en laboratoire pour ceux qui souffrent d'insomnie. Bien qu'une nuit d'évaluation en laboratoire puisse être une expérience intéressante et procurer une évaluation complète de vos difficultés de sommeil, cela n'est pas toujours nécessaire. D'un autre côté, après avoir respecté avec diligence le programme de traitement décrit dans ce livre, si vous éprouvez encore des problèmes à dormir la nuit, il est possible que vous soyez atteint d'un autre trouble du sommeil qui peut être détecté uniquement lors d'une nuit d'évaluation en laboratoire.

Il existe plusieurs autres troubles, tels que les cauchemars chroniques et les terreurs nocturnes, qui ne nécessitent pas absolument une évaluation en laboratoire. Ces troubles devraient quand même être portés à l'attention d'un spécialiste des troubles du sommeil. Si vous ou un membre de votre famille soupçonnez la présence d'un trouble du sommeil quel qu'il soit, vous devriez en parler à votre médecin de famille ou appeler directement un centre spécialisé des troubles du sommeil pour obtenir une évaluation approfondie.

Comment trouver une clinique du sommeil

La médecine des troubles du sommeil est une discipline relativement nouvelle. Les laboratoires de recherche sur le sommeil existent depuis plusieurs années, mais ce n'est que récemment que des cliniques spécialisées ont été mises sur pied afin de répondre aux besoins des milliers de personnes souffrant de troubles reliés au sommeil. Alors que, il y a 10 à 15 ans, seuls les grands hôpitaux universitaires possédaient des centres d'étude des troubles du sommeil, aujourd'hui, presque chaque hôpital (aux États-Unis) possède une telle clinique. Il existe présentement plus de 300 centres des troubles du sommeil aux États-Unis et au moins une vingtaine au Canada. Pour obtenir plus de renseignements à propos de ces centres, vous pouvez communiquer avec un des organismes énumérés en appendice (p. 251). Bien que plusieurs cliniques spécialisées exigent une référence de votre médecin, vous pouvez peut-être obtenir un rendez-vous directement.

L'insomnie est de loin la plainte la plus répandue. Paradoxalement, la majorité des centres d'étude des troubles du sommeil se spécialisent dans l'évaluation et le traitement de troubles reliés à l'hypersomnie tels que l'apnée du sommeil. La justification de ce paradoxe est principalement économique. La plupart des compagnies d'assurances privées couvrent les frais de tests de laboratoire pour des troubles médicaux qui représentent une menace potentielle pour la vie tels que l'apnée du sommeil ou la narcolepsie. Les compagnies sont toutefois réticentes à rembourser une étude en laboratoire effectuée pour traiter l'insomnie, un trouble qui ne tue pas même s'il affecte considérablement la qualité de la vie.

Peu de professionnels de la santé possèdent l'expertise nécessaire pour traiter l'insomnie, surtout à l'aide de méthodes non pharmacologiques. Ainsi, si votre principal problème est l'insomnie, vérifiez s'il existe des professionnels faisant partie du personnel de la clinique qui se spécialisent dans son traitement. Cependant, avant de poser votre propre diagnostic, il peut s'avérer très utile sinon indispensable de vous soumettre à une évaluation détaillée de votre sommeil. Les spécialistes du sommeil sont formés pour évaluer plusieurs conditions. Si l'insomnie est le principal diagnostic et qu'une expertise appropriée pour la traiter n'est pas disponible sur place, vous serez dirigé vers une autre ressource pour le traitement.

5

L'approche de gestion personnelle

Dans les chapitres suivants, vous apprendrez diverses stratégies pour combattre l'insomnie et retrouver le contrôle de votre sommeil. Avant d'entrer dans les détails de ces méthodes, nous réviserons dans ce chapitre la philosophie de base de l'approche de gestion personnelle et exposerons certaines grandes règles afin de maximiser l'efficacité de ce programme de traitement. Le présent chapitre donne aussi un bref aperçu de chaque composante du traitement et procède à une étude de l'efficacité du programme.

La relation corps-esprit et le sommeil

Notre style de vie joue un rôle vital dans la durée et la qualité de celle-ci. Ce que nous mangeons, ce que nous buvons et la fréquence avec laquelle nous faisons de l'exercice physique sont autant d'habitudes de vie qui influencent notre santé physique bien au-delà des facteurs héréditaires. Notre personnalité, nos habiletés de gestion personnelle, nos façons de penser et nos réactions émotionnelles sont d'autres facteurs qui jouent un rôle important dans cette équation de la longévité et de la qualité de la vie. Les recherches portant sur les liens existant entre le corps et l'esprit démontrent de plus en plus que le stress, l'anxiété et la dépression peuvent rendre les gens plus vulnérables à certaines maladies et même retarder leur guérison. À l'opposé, les gens possédant des habiletés de gestion personnelle plus efficaces, ceux qui recherchent de l'information et qui adoptent une approche de résolution de problèmes, guérissent souvent plus rapidement ou vivent plus longtemps, même lorsqu'ils sont aux prises avec une maladie terminale.

Le sommeil est un bon exemple témoignant de la relation qui existe entre notre corps et notre esprit. La qualité de notre sommeil est intimement liée à notre bien-être émotionnel et physique. Bien qu'il y ait plusieurs causes potentielles à l'insomnie, autant médicales que psychologiques (voir chapitre 3), c'est souvent notre interprétation des difficultés initiales qui détermine si le problème sera temporaire ou s'il deviendra chronique. La perception d'efficacité personnelle, c'est-à-dire la croyance de posséder un certain degré de contrôle sur un problème particulier et ses conséquences, est un aspect des plus importants dans la résolution de problèmes. Pour l'insomniaque, la croyance erronée que le sommeil est perturbé par quelque chose qui est hors de son contrôle, tel qu'un déséquilibre hormonal, mène inévitablement à un sentiment de désespoir et d'impuissance aggravant davantage les difficultés de sommeil.

La philosophie de base de l'approche de gestion personnelle préconisée dans ce programme est que vous pouvez surmonter l'insomnie en adoptant un rôle actif dans le processus de traitement. Un objectif essentiel est d'abandonner l'idée que vous êtes victime d'un problème de sommeil et d'adopter une vision des choses selon laquelle vous êtes capable de résoudre le problème ou, à tout le moins, de composer avec celui-ci. Une meilleure connaissance de l'insomnie et de ses causes vous aidera à clarifier ce que vous pouvez et ne pouvez changer. Ainsi, vous développerez des habiletés de gestion personnelle pour modifier vos comportements, vos attitudes, vos croyances et vos habitudes de vie qui interfèrent avec un bon sommeil.

Prendre le contrôle de sa destinée

Les insomniaques qui se sentent sans ressource et sans contrôle commencent souvent à consommer des médicaments pour dormir dans une tentative désespérée de remédier à leur problème. Pourtant, ils s'aperçoivent que la médication mène à des sentiments de dépendance ou même à une aggravation de l'insomnie. D'autres insomniaques résistent à la tentation de prendre des médicaments pour dormir, craignant les effets secondaires ou la nature éphémère de leur efficacité. Quelle que soit leur position, les individus souffrant d'insomnie chronique se disent souvent à eux-mêmes des choses telles que: «Personne ne peut résoudre mon insomnie» ou «J'ai tout essayé et rien ne semble m'aider». En fait, le sentiment d'être différent des autres et d'être incapable de contrôler ce besoin essentiel qu'est le sommeil peut être très alarmant. Ce programme de traitement offre une façon de briser ce cercle vicieux d'impuissance et de désespoir.

En quoi cette approche diffère-t-elle des autres types de traitement de l'insomnie? Si vous avez déjà reçu un traitement pour l'insomnie, il est fort probable que l'on vous ait prescrit un somnifère dans l'espoir de «guérir» le problème. Cependant, la médication pour dormir est seulement une solution temporaire. Parfois, il peut s'agir de la seule option possible, mais un fait demeure: ce type de traitement ne s'attarde pas à découvrir les causes sous-jacentes de l'insomnie. L'individu finit par se sentir impuissant face au sommeil, ce qui mène uniquement à une aggravation du problème.

L'approche de gestion personnelle préconise l'idée que chaque personne est responsable de sa propre destinée. Vous ne devez pas être une victime. Cette approche est orientée vers une reprise de contrôle: elle vous enseigne des habiletés servant à surmonter l'insomnie ou à composer avec celle-ci. L'accent n'est pas mis sur le fait de «guérir» l'insomnie puisqu'une mauvaise nuit de sommeil de temps à autre est la norme plutôt que l'exception. Croire que vous ne subirez plus jamais une mauvaise nuit de sommeil est une attente irréaliste contribuant au maintien de l'insomnie. Le principal objectif de ce traitement est donc de vous enseigner des habiletés permettant de minimiser les difficultés à dormir et de vous permettre de mieux composer avec de telles difficultés auxquelles nous sommes tous confrontés à un moment ou l'autre de notre vie.

Les grandes règles
de l'approche de gestion personnelle

Les étapes suivantes sont primordiales dans ce type de programme:

1. Engagement et effort

Ce programme de thérapie du sommeil est très structuré et exige des efforts et de la discipline. Même si les procédures semblent au départ relativement simples, une participation soutenue à tout le programme est la clé du succès. Pour commencer, vous devez prévoir un certain délai avant d'obtenir des résultats tangibles. La réussite de ce programme nécessite 6 à 10 semaines, selon la durée et la sévérité de votre insomnie, la présence d'autres problèmes médicaux ou psychologiques et votre propre motivation. Ne vous attendez pas à une «guérison complète et immédiate». D'ailleurs, il est préférable d'être sceptique à l'égard des recettes miracles pour enrayer l'insomnie. Votre problème de sommeil persiste probablement depuis un certain temps et il faudra du temps pour regagner le contrôle de votre sommeil. Un engagement de quelques semaines est en fait bien peu en comparaison avec toute la souffrance que vous avez déjà endurée.

2. Support

Il est utile aussi d'obtenir le support de personnes importantes dans votre vie. Ce traitement exigera que vous procédiez à des changements dans vos habitudes de sommeil et dans votre mode de vie. Ces changements n'affecteront pas seulement vous-même mais aussi votre conjoint ou d'autres membres de votre famille. Le fait de les aider à comprendre ces changements réduira toute résistance de leur part et pourra s'avérer très utile pour favoriser votre propre adhésion au traitement. Par exemple, plusieurs couples aiment lire ou regarder la télévision dans leur lit avant d'éteindre les lumières pour la nuit. Éliminer une telle habitude peut être difficile au départ pour votre conjoint. Cependant, si vous lui expliquez pourquoi il est important de changer cette pratique, votre partenaire sera probablement plus coopératif. Votre conjoint ou un autre membre de la famille peut aussi vous être utile pour suivre certaines procédures. Par exemple, les gens qui ont de la difficulté à rester éveillés durant la soirée lorsqu'ils sont installés dans un fauteuil confortable auraient avantage à ce qu'un membre de leur famille leur donne un petit coup de coude pour leur rappeler de rester éveillés. Finalement, vous aurez besoin du support et de l'encouragement des personnes qui vous sont chères si vous utilisez des médicaments pour dormir et qu'un de vos buts est de briser cette habitude.

3. Développez une attitude scientifique

L'approche scientifique est basée sur l'observation et l'expérimentation. Pour évaluer l'efficacité d'un traitement particulier, il faut s'appuyer sur des résultats. Avec le traitement proposé ici, il sera important d'appliquer les procédures fidèlement avant de conclure qu'elles fonctionnent ou non pour vous. Les procédures recommandées dans ce programme ont été soigneusement évaluées dans des études cliniques. Donnez-leur une chance honnête. Après une certaine période de temps, évaluez si elles fonctionnent ou pas pour vous. Soyez curieux, tout comme un scientifique peut l'être. Essayez de comprendre quels facteurs interfèrent avec votre sommeil. Examinez ce que vous faites, pensez ou ressentez avant une mauvaise nuit et en quoi cela diffère d'avant une bonne nuit. Apprenez à bien connaître les bonnes habitudes de sommeil. Vérifiez les effets d'un mode de penser négatif sur votre sommeil. Ne laissez pas l'inertie ou les croyances erronées nuire à votre capacité de dormir.

4. Établissez des objectifs réalistes

Que voulez-vous améliorer à propos de votre sommeil? Voulez-vous vous endormir plus rapidement, vous réveiller moins fréquemment ou pour une durée plus courte ou bien dormir plus longtemps? Ou encore, êtes-vous plutôt préoccupé par des réveils qui surviennent trop tôt le matin ou par le manque d'énergie durant la journée? Voulez-vous cesser de prendre des médicaments pour dormir? Ce qu'il est important de retenir est qu'une bonne nuit de sommeil peut avoir des significations différentes selon les personnes. L'établissement d'objectifs peut vous aider à définir plus clairement quel est votre problème actuel et quels changements vous recherchez.

Avant d'établir des objectifs de traitement, vous devez évaluer la sévérité de votre insomnie actuelle. C'est pourquoi vous devez remplir quotidiennement un agenda du sommeil pendant au moins une semaine, de préférence deux, avant de commencer le traitement. Par la suite, vous pourrez remplir la feuille des objectifs (tableau 5.1). En utilisant les données de vos deux semaines d'enregistrement du sommeil, complétez les renseignements demandés à la section «Mon sommeil actuel». Ensuite, déterminez votre «Sommeil désiré», soit celui que vous souhaitez obtenir à la fin du traitement. Demeurez réaliste lorsque vous vous fixez des objectifs. Établir des buts qui sont irréalistes ou trop stricts tels que de vouloir s'endormir «aussitôt que votre tête touche l'oreiller» ou «dormir huit heures chaque nuit» peut mener à la frustration et à la déception lorsque vous réalisez que ces objectifs ne peuvent être atteints. Aussi, assurez-vous que les objectifs que vous vous fixez soient les vôtres et non ceux d'une autre personne. Finalement, rappelez-vous que dans ce programme, l'accent n'est pas mis sur la «guérison totale» de l'insomnie, mais plutôt sur l'amélioration de votre sommeil et le développement de meilleures habiletés pour gérer des difficultés occasionnelles dans le futur.

5. *Auto-enregistrement du sommeil*

Un élément essentiel de ce traitement est de conserver un agenda de votre sommeil. Il s'agit simplement d'un petit journal de bord (voir tableau 5.2) dans lequel vous notez quotidiennement différentes données sur vos habitudes de sommeil. Il y a trois utilités à l'agenda du sommeil. Premièrement, il vous permet de compiler des renseignements précieux concernant l'intensité et la fréquence de votre insomnie. Ainsi, après une ou deux semaines d'auto-enregistrement, vous remarquerez peut-être que votre sommeil n'est pas aussi perturbé que vous le pensiez. Deuxièmement, il vous aidera à identifier certains facteurs associés à une mauvaise ou à une bonne nuit de sommeil. Troisièmement, les données de l'agenda du sommeil sont essentielles afin d'évaluer périodiquement vos progrès ou l'absence de progrès, selon le cas. Vous trouverez un agenda du sommeil vierge aux p. 82 et 83. Puisque vous aurez besoin d'un agenda pour chaque semaine, vous devriez en faire une dizaine de copies.

Afin de mieux comprendre votre problème d'insomnie et d'évaluer vos progrès au cours du traitement, vous aurez besoin de recueillir certains renseignements importants concernant votre horaire de sommeil. Peu après vous être levé le matin, répondez aux 10 questions de l'agenda du sommeil. Il est important que vous complétiez cet agenda

TABLEAU 5.1
Objectifs de traitement

Mon sommeil actuel (avant le traitement)

En vous basant sur une nuit de sommeil habituelle (c.-à-d. les deux dernières semaines), combien de temps est-ce que cela vous prend pour vous endormir après avoir éteint les lumières? _____ minutes

Combien de fois vous réveillez-vous au milieu de la nuit? _____ fois

Habituellement, combien de temps passez-vous éveillé au milieu de la nuit (durée totale pour tous les réveils combinés)? _____ minutes

Normalement, combien d'heures dormez-vous au cours d'une nuit? _____ heures

Combien de nuits par semaine utilisez-vous une aide pour dormir? _____ nuits

Sommeil désiré (après avoir complété le traitement)

Après avoir éteint les lumières, j'aimerais m'endormir en moins de... _____ minutes

Si je me réveille encore au milieu de la nuit après le traitement, je ne voudrais pas me réveiller plus de... _____ fois

Si je me réveille encore au milieu de la nuit après le traite-ment, j'aimerais ne pas être réveillé pendant plus de... _____ minutes

Si je me réveille encore trop tôt le matin, j'aimerais me réveiller pas plus de _____ minutes avant l'heure désirée. _____ minutes

J'ai besoin de _____ heures de sommeil pour me sen-tir reposé et bien fonctionner durant la journée. _____ heures

J'aimerais utiliser une aide pour dormir pas plus de _____ nuits par semaine _____ nuits

chaque matin. Il peut être difficile d'estimer certains paramètres comme le temps requis pour s'endormir ou la durée des réveils nocturnes. L'important n'est pas de fournir des données tout à fait précises mais bien vos meilleures estimations. Plusieurs personnes s'inquiètent de l'exactitude de leur jugement et regardent l'horloge afin de pouvoir fournir les données à la minute près. Évidemment, cette obsession pour le temps ne fait qu'aggraver les difficultés de sommeil.

Il n'est donc pas nécessaire de regarder l'horloge pour compléter votre agenda du sommeil. Le plus important est de compléter votre agenda tous les jours et pendant toute la durée du programme. Si vous oubliez de le remplir une journée, vous n'avez pas besoin de retourner en arrière; passez au jour suivant. Il est préférable de le compléter le matin peu après vous être levé. Les données seront alors plus fidèles que celles compilées plus tard dans la journée. Faites la meilleure estimation possible des variables et ne vous tracassez pas en voulant être exact. Des études démontrent que même si la perception subjective des temps requis pour s'endormir n'est pas complètement juste, il existe une relation adéquate entre les mesures subjectives et les mesures objectives provenant d'enregistrements du sommeil en laboratoire. Vous trouverez ci-dessous un guide pour vous aider à répondre à chacune des questions de l'agenda du sommeil. Un exemple est aussi fourni dans l'agenda.

1. *Siestes*. Écrire le début et la fin de chaque moment passé à faire une sieste le jour précédent. Cela devrait inclure toutes les siestes même si celles-ci n'étaient pas intentionnelles (vous vous assoupissez devant la télévision pendant 10 minutes).

2. *Aides pour dormir*. Inclure autant les médicaments prescrits que ceux qui sont disponibles en vente libre ainsi que l'alcool que vous consommez pour vous aider à dormir.

3. *Heure du coucher*. Noter l'heure à laquelle vous vous êtes couché la nuit précédente. Si vous vous couchez à 23 h 30, lisez 15 minutes et éteignez les lumières à 23 h 45, vous devriez inscrire ces deux heures dans l'espace correspondant.

4. *Temps d'endormissement*. Fournir votre meilleure *estimation* du temps que vous avez pris pour vous endormir après avoir éteint les lumières et eu l'intention de vous endormir. Si vous êtes sorti du lit parce que vous étiez incapable de vous endormir et que vous y êtes

retourné par la suite pour vous endormir plus tard, considérez le temps d'endormissement comme étant le temps écoulé entre la première fois que vous avez éteint les lumières et le moment où vous vous êtes finalement endormi. Par exemple, admettons que vous avez éteint les lumières à 23 h 15. Incapable de dormir, vous vous êtes levé à 23 h 30 et êtes resté debout 30 minutes. Vous êtes alors revenu au lit et vous vous êtes endormi en 15 minutes. Le temps d'endormissement total serait de 60 minutes (de 23 h 15 à 00 h 15).

5. *Nombre d'éveils.* Inscrire le nombre de fois que vous vous êtes réveillé après vous être endormi.

6. *Durée des périodes d'éveil.* Estimer combien de temps vous avez passé éveillé pendant chaque période d'éveil. Cela signifie que si votre sommeil a été interrompu trois fois, vous devriez avoir trois chiffres différents dans la case 6. S'il s'avère impossible d'estimer la durée de chacun des éveils, alors estimez le nombre de minutes où vous étiez éveillé pendant toutes les périodes d'éveil additionnées. Cela ne devrait pas inclure votre dernier réveil du matin.

7. *Réveil du matin.* Noter l'heure à laquelle vous vous êtes réveillé la dernière fois le matin. Si vous vous êtes réveillé à 5 h, mais que vous vous êtes rendormi pendant un bref instant (par exemple entre 6 h et 6 h 20), alors votre dernier réveil serait 6 h 20.

8. *Heure du lever.* Noter l'heure à laquelle vous vous êtes levé pour la journée.

9. *État physique au lever.* Évaluer jusqu'à quel point vous vous sentez reposé le matin, en utilisant l'échelle à 5 points suivante: 1 = Épuisé, 2 = Fatigué, 3 = Moyen, 4 = Plutôt reposé, 5 = Très reposé.

10. *Qualité du sommeil.* Évaluer la qualité de l'ensemble de votre sommeil en utilisant l'échelle à 5 points suivante: 1 = Très agité, 2 = Agité, 3 = De qualité moyenne, 4 = Profond, 5 = Très profond.

TABLEAU 5.2
Agenda du sommeil

Nom:_____

Semaine du _____ au _____

	Exemple
1. Hier, j'ai fait la sieste entre _____ et ___. (Notez l'heure de toutes les siestes.)	13 h 50 à 14 h 30
2. Hier, j'ai pris _____ mg de médicament et/ou _____ oz d'alcool pour dormir.	Halcion 0,125 mg
3. (a) Je me suis couché à _____ h et (b) j'ai éteint les lumières à ____ h.	23 h 30 23 h 45
4. Après avoir éteint les lumières, je me suis endormi en _____ min.	40 min
5. Mon sommeil a été interrompu ____ fois. (Spécifiez le nombre total d'éveils.)	3
6. Mon sommeil a été interrompu pendant ____ min. (Spécifiez la durée de chaque période d'éveil.)	10 5 45
7. Ce matin, je me suis réveillé à ____ h. (Notez l'heure du dernier réveil.)	6 h 15
8. Ce matin, je me suis levé à _____ h. (Spécifiez l'heure.)	6 h 30
9. J'évalue mon état physique au lever: 1 = épuisé, 2 = fatigué, 3 = moyen, 4 = plutôt reposé, 5 = très reposé	2
10. Dans l'ensemble, mon sommeil de la nuit dernière a été: 1 = très agité, 2 = agité, 3 = de qualité moyenne, 4 = profond, 5 = très profond	3

Lundi	Mardi	Mercredi	Jeudi	Vendredi	Samedi	Dimanche

À la fin d'une semaine de collecte de données, vous aurez besoin de résumer les renseignements contenus dans votre agenda. Une petite calculatrice sera pratique. Vous pouvez utiliser le tableau 5.3 «Résumés hebdomadaires des données de l'agenda du sommeil». Afin de calculer les données de chaque semaine, vous devez noter toutes les durées en minutes et non en heures. Commencez par noter les dates des journées correspondant au début et à la fin de la semaine. Ensuite, calculez une moyenne par nuit pour chacune des variables du sommeil.

Sous la colonne LS (latence du sommeil), enregistrez la moyenne de la latence du sommeil en minutes (c.-à-d. le temps d'endormissement) en additionnant les minutes de chacune des nuits (question n° 4) et en divisant ce nombre par le nombre de nuits (habituellement sept, à moins que vous sautiez une nuit ou plus d'enregistrement).

L'élément suivant fait le sommaire des données correspondant à la durée des éveils nocturnes (DEN). Ce chiffre s'obtient en additionnant toutes les durées de la question n° 6 de l'agenda et en les divisant par le nombre de nuits.

L'élément suivant, RM (réveil matinal), est déterminé par la différence en minutes entre le dernier réveil (question n° 7) et l'heure de lever (question n° 8). Additionnez ces chiffres pour la semaine et divisez le total par le nombre de nuits.

Le temps total éveillé (TTE) est obtenu en additionnant les moyennes de la LS, de la DEN et du RM pour chaque nuit. Pour déterminer le temps total de sommeil (TTS), vous devez d'abord trouver le TPL (temps passé au lit). Cela correspond au temps écoulé entre l'heure où vous êtes allé au lit et l'heure où vous en êtes sorti. Ainsi, si vous êtes allé au lit à 23 h 30 et vous êtes levé à 6 h 30, votre TPL pour cette nuit-là serait de 420 minutes (7 heures x 60 minutes). Écrivez ce nombre au bas de chaque colonne. Encore une fois, calculez la moyenne du TPL en additionnant le TPL pour chacune des nuits et divisez par le nombre de nuits enregistrées dans la semaine.

Maintenant, vous êtes prêt à calculer le temps total de sommeil (TTS) de chaque nuit. Prenez le TPL pour chacune des nuits et soustrayez le TTE de cette nuit (la somme de LS, DEN et RM pour cette nuit). Le résultat est le TTS pour cette nuit. Additionnez les TTS pour toutes les nuits et divisez le total par le nombre de nuits. Lorsque vous avez une moyenne hebdomadaire du TTS et du TPL, vous pouvez calculer l'ES (efficacité du sommeil) en divisant la moyenne du TTS par la moyenne du TPL et en multipliant le tout par 100. Cela vous indique quel pourcentage de votre temps au lit est réellement passé à dormir. Une efficacité du sommeil de 85 p. 100 et plus est considérée normale.

Inscrivez chacune des moyennes hebdomadaires des variables du sommeil expliquées ci-dessus dans votre résumé hebdomadaire de l'agenda du sommeil (tableau 5.3). Vous obtiendrez un rapport détaillé de votre sommeil que vous pourrez utiliser pour effectuer des comparaisons à mesure que vous progresserez dans le programme.

TABLEAU 5.3
Résumés hebdomadaires des données de l'agenda du sommeil

Semaine	Date	LS	DEN	RM	TTE	TPL	TTS	ES	NR	MED
Avant le traitement										
1.										
2										
Durant le traitement										
3.										
4										
5.										
6.										
7.										
8.										
9.										
10.										

Note: LS: latence du sommeil; DEN: durée des éveils nocturnes; RM: réveil matinal; TTE: temps total éveillé; TPL: temps passé au lit; TTS: temps total de sommeil; ES: Efficacité du sommeil; NR: nombre de réveils; MED: nombre de nuits où une médication est utilisée.

Survol du programme de traitement

Ce programme comporte cinq volets qui traitent chacun un aspect particulier de votre insomnie: (1) changer les mauvaises habitudes de sommeil; (2) réviser les attitudes et croyances erronées concernant le sommeil; (3) apprendre à gérer le stress quotidien; (4) maintenir une bonne hygiène du sommeil; et (5) éliminer ou réduire l'utilisation de somnifères.

À la suite de l'évaluation initiale du problème et de l'établissement de vos objectifs, la première composante thérapeutique consiste à changer les mauvaises habitudes de sommeil. Les insomniaques développent fréquemment des stratégies pour composer avec l'insomnie et ses effets néfastes sur le fonctionnement quotidien. Ils ont tendance à passer un temps excessif au lit dans le but de récupérer le sommeil perdu. Ils peuvent ainsi faire la grasse matinée, faire des siestes durant la journée ou aller au lit très tôt dans la soirée dans l'espoir de compenser pour les difficultés de sommeil. Bien qu'à court terme certaines de ces stratégies puissent être utiles pour composer avec l'insomnie, ces pratiques causent plus de tort que de bien à long terme. Dans le chapitre 6, nous aborderons une série de procédures visant à éliminer les activités incompatibles avec le sommeil et à maintenir un horaire d'éveil et de sommeil régulier. Vous serez amené à restreindre votre temps passé au lit afin de consolider votre sommeil sur une plus courte période de temps.

Des inquiétudes et préoccupations excessives peuvent engendrer de l'anxiété et une aggravation de l'insomnie. Il est essentiel d'avoir un état d'esprit calme pour espérer dormir paisiblement. Dans le chapitre 7, nous verrons comment évaluer vos croyances et attitudes concernant le sommeil et les conséquences de l'insomnie. Vous identifierez les croyances défaitistes qui provoquent l'anxiété aggravant, par le fait même, l'insomnie. Vous apprendrez à corriger certaines idées fausses concernant l'insomnie et ses conséquences. Vous découvrirez comment changer vos pensées non productives, qui contribuent à votre problème de sommeil, en des pensées et des croyances plus adaptées et plus saines.

Tableau 5.4

Les sept étapes pour une bonne nuit de sommeil

Étape 1: **Commencer par le commencement**
Auto-évaluation
Compléter un agenda du sommeil
Établir des objectifs réalistes

Étape 2: **Changer les mauvaises habitudes de sommeil**
Maintenir un rythme d'éveil et de sommeil régulier
Éliminer les activités incompatibles avec le sommeil
Réduire le temps passé au lit

Étape 3: **Envisager l'insomnie autrement**
Réviser les fausses croyances et attitudes concernant le sommeil
Attentes irréalistes, fausses attributions

Étape 4: **Composer avec le stress quotidien**
Apprendre à relaxer votre esprit et votre corps
Changer les situations stressantes

Étape 5: **Une bonne hygiène du sommeil**
Caféine, nicotine, alcool, exercice
Votre chambre à coucher: lumière, bruit, température de la pièce

Étape 6: **Briser l'habitude des médicaments pour dormir**
Un programme de sevrage graduel

Étape 7: **Maintenir les acquis**
Comment composer avec les rechutes
Prévenir les rechutes

Un autre aspect important du traitement de l'insomnie implique la gestion efficace du stress quotidien. Si le stress vous empêche de dormir la nuit, les procédures de gestion du stress décrites dans le chapitre 8 vous seront certes très utiles. Les techniques de relaxation physique et mentale telles que la relaxation progressive des muscles, la méditation et l'imagerie sont des méthodes très efficaces pour gérer le stress le jour et pour mieux dormir la nuit. D'autres méthodes telles que la gestion du temps, l'entraînement à l'affirmation de soi et le support social sont aussi utiles afin d'éviter que vos problèmes quotidiens ne vous causent des problèmes de sommeil la nuit.

Dans le chapitre 9, nous discuterons des principes d'une bonne hygiène du sommeil en examinant les facteurs reliés au style de vie tels que l'alimentation, la caféine et l'exercice physique, ainsi que les facteurs environnementaux tels que la chambre à coucher, le matelas, la lumière, le bruit et la température ambiante. Nous énumérerons une série de recommandations visant à minimiser l'interférence de ces facteurs avec le sommeil.

Le dernier volet exposera une démarche systématique de sevrage de somnifères. Bien qu'une pilule pour dormir prise de façon occasionnelle puisse être utile dans les périodes de détresse aiguë – par exemple, durant une crise ou une maladie sérieuse –, l'utilisation de somnifères à long terme est déconseillée. Malgré cela, plusieurs insomniaques sont dépendants des médicaments pour dormir. Ils ont bien essayé de mettre fin à cette médication, soit en raison du préjugé social qui leur est associé ou à cause de leurs effets secondaires, mais en vain. Les médicaments pour dormir perdent leur efficacité après une certaine période de temps et il est souvent nécessaire d'augmenter la dose afin de préserver l'effet thérapeutique. Toutefois, l'utilisation à long terme entraîne à nouveau l'habituation et la perte d'efficacité. Lorsqu'ils essaient d'effectuer le sevrage des somnifères, les insomniaques se rendent compte que leur insomnie s'aggrave et ils deviennent désespérés. Ils pensent alors qu'ils doivent recommencer à prendre des médicaments s'ils veulent arriver à dormir. Le chapitre 11 offre un programme structuré pour cesser graduellement l'utilisation de médicaments pour dormir. Cependant, il est important d'obtenir l'aide de votre médecin pour planifier un sevrage sécuritaire qui entraînera le moins de risques possibles de complications médicales.

Ces cinq composantes de traitement peuvent ne pas être toutes aussi pertinentes dans votre cas. Par exemple, si vous n'utilisez pas de médication pour dormir, vous pouvez passer le chapitre traitant de ce problème. En général, les deux modules concernant la modification des habitudes de sommeil et la révision des attitudes sont les plus importants pour les insomniaques. Vous pouvez aussi modifier l'ordre dans lequel vous appliquez chacune des composantes du traitement. Encore là, changer les habitudes de sommeil de même que les croyances et attitudes sont les étapes les plus importantes de l'ensemble du traitement de l'insomnie. Cependant, si vous êtes un grand consommateur de caféine, il pourrait être préférable, dans un premier temps, de vous attarder aux principes de l'hygiène du sommeil.

Est-ce que cette approche est faite pour vous?

Il existe plusieurs facteurs pouvant causer l'insomnie et certains nécessitent une attention médicale. Certains troubles du sommeil autres que l'insomnie peuvent aussi requérir une évaluation d'un spécialiste du sommeil. Si vous avez un doute quelconque ou si vous présentez des symptômes de certains des troubles décrits aux chapitres 4 et 12, il est nécessaire que vous subissiez une évaluation approfondie par un spécialiste des troubles du sommeil.

Si les symptômes mentionnés ci-dessus ne correspondent pas à votre cas et que votre problème ne semble pas compliqué par des troubles médicaux ou psychiatriques, vous êtes un bon candidat pour l'approche thérapeutique décrite dans cet ouvrage.

Alors, la prochaine question est l'évaluation de votre motivation. Tout programme d'autotraitement exige de la discipline. En fait, une bonne partie du traitement dépend de votre bonne volonté à suivre les directives. Si vous êtes du type qui a constamment besoin d'être secoué et poussé pour vous prendre en main, cette approche n'est peut-être pas pour vous. Elle requiert que vous preniez en main la charge de votre vie et le contrôle de votre propre destinée. Se fier aux autres pour vous surveiller et vous corriger sans arrêt va à l'encontre de la philosophie de ce programme. Cependant, le support social et l'encouragement sont des aspects importants de son succès. Si vous êtes déterminé à fournir des efforts constants, ce programme est pour vous. Il est également possible d'appliquer le programme avec l'aide d'un professionnel de la santé.

Ce traitement est-il efficace?

Ce programme de traitement a fait l'objet de plusieurs recherches dans notre clinique du sommeil de même que dans plusieurs autres centres à travers le monde. Il a été démontré qu'il est efficace pour surmonter l'insomnie chronique. Nous avons testé les procédures cliniques décrites dans ce programme auprès de plusieurs centaines de patients qui souffraient de différentes formes d'insomnie. Les résultats démontrent que 70 à 80 p. 100 des patients traités améliorent de façon substantielle la qualité et l'efficacité de leur sommeil. Un tiers des patients retrouvent un sommeil normal à la fin du traitement, alors qu'une proportion similaire obtiennent des améliorations notables de leur sommeil même si on ne peut les qualifier de «bons dormeurs». Avant le traitement, l'insomniaque typique prend en moyenne une heure pour s'endormir et passe environ une autre heure et demie éveillé après l'endormissement initial. À la fin du traitement, lequel durera en moyenne 6 semaines, la plupart des patients s'endorment en moins de 30 minutes et restent éveillés pendant moins de 30 minutes au milieu de la nuit. La qualité du sommeil est aussi améliorée et la plupart des patients en sont beaucoup plus satisfaits. Plus de 50 p. 100 des patients qui utilisent régulièrement des médicaments pour dormir avant de commencer notre traitement ont soit arrêté ou diminué considérablement leur consommation. À l'aide d'un traitement non pharmacologique semblable, d'autres experts très connus dans le domaine de l'insomnie, tels que le Dr Peter Hauri, de la clinique Mayo du Minnesota, et le Dr Collin Espie, de l'université de Glasgow en Écosse, ont obtenu des gains comparables pour leurs patients.

Un aspect important du traitement est le sentiment de contrôle sur votre sommeil que vous développerez tout en étant mieux outillé pour composer avec les difficultés de sommeil résiduelles que vous pourrez éprouver même après avoir complété le programme. Souvenez-vous que nous ne visons pas nécessairement l'augmentation de la durée totale de votre sommeil, celle-ci étant généralement prolongée uniquement d'environ une demi-heure. L'objectif principal est de rendre votre sommeil plus efficace par rapport au temps que vous passez dans votre lit. Cet objectif est atteint en réduisant le temps nécessaire pour vous endormir et le temps que vous passez éveillé durant la nuit; votre sommeil est ainsi plus reposant et satisfaisant. Rappelez-vous que ce programme est conçu pour être une solution alternative aux médicaments qui sont couramment utilisés pour traiter l'insomnie. Bien que les somnifères puissent produire des résultats plus rapides, les gains qu'ils permettent d'obtenir sont habituellement temporaires. Le traitement non pharmacologique proposé ici peut prendre un peu plus de temps avant de produire des résultats, mais ses effets sont beaucoup plus durables.

L'efficacité du traitement dépend surtout de votre façon d'observer les diverses recommandations. Puisqu'il est difficile de changer des habitudes qui sont ancrées depuis parfois des années, ce programme nécessite beaucoup de discipline de votre part. En plus d'une prise en charge personnelle, le support et l'encouragement de vos proches peuvent être d'une très grande aide dans l'application quotidienne des recommandations de ce programme pour vaincre votre insomnie.

6

Changer les habitudes de sommeil

La plupart des gens développent une routine bien particulière avant de se mettre au lit. Les enfants aiment se faire raconter des histoires et s'endorment uniquement en présence d'un objet fétiche — une poupée, un ourson en peluche, une couverture spéciale. Les adultes ont aussi leur rituel. Après les nouvelles de fin de soirée, on vérifie les portes, on jette un dernier coup d'œil aux enfants, on éteint les lampes et on passe à la salle de bain pour se laver le visage, se brosser les dents, enlever les verres de contact et ainsi de suite. Certains peuvent dormir uniquement d'un côté du lit, dans une position particulière et avec un type d'oreiller particulier. D'autres sont exigeants à propos de leur matelas et de leur chambre à coucher; enfin, certains arrivent à dormir uniquement avec des bouchons dans les oreilles, un masque sur les yeux et un léger bruit de fond. Pour la plupart des gens, cette routine avant l'heure du coucher et ces rituels sont effectués de façon automatique et représentent des indices signalant l'approche imminente du sommeil. Cependant, vient un temps où tous ces signaux sont devenus associés à l'appréhension, à la crainte et à l'insomnie. Dans ce chapitre, nous verrons comment les mauvaises habitudes de sommeil sont apprises et comment on peut les modifier afin de combattre l'insomnie.

Comment les mauvaises habitudes de sommeil sont apprises, comment elles peuvent être modifiées

L'insomnie chronique ne se développe pas en une seule nuit. Comme nous l'avons vu dans le chapitre 3, elle est souvent précédée de difficultés de sommeil occasionnelles pouvant être causées par le stress résultant de votre emploi, de votre relation conjugale, de vos finances ou de votre santé. Lorsque les facteurs de stress disparaissent, la plupart des gens retrouvent un sommeil normal alors que d'autres peuvent avoir développé des réactions négatives aux stimuli conduisant habituellement au sommeil (le lit, l'heure du coucher, la chambre à coucher). Ce qui était auparavant un endroit et un moment associés à la relaxation et au sommeil est maintenant relié à la frustration, à l'anxiété et à l'insomnie. Chez ces individus, un processus de conditionnement qui s'installe avec le temps mène au cercle vicieux de l'insomnie, à des inquiétudes et à encore plus de difficultés à dormir et ce, même lorsque les événements ayant précipité l'insomnie sont disparus.

Un bon nombre de mauvaises habitudes de sommeil peuvent alimenter le problème. Face aux difficultés éprouvées à dormir, il est tout naturel d'essayer de trouver des méthodes pour composer avec ce problème. Vous pouvez dormir tard le matin, faire des siestes ou passer plus de temps au lit dans le but de compenser pour les mauvaises nuits de sommeil. Bien que ces pratiques soient d'excellentes stratégies pour gérer les effets à court terme d'un sommeil perturbé, à long terme, ces mêmes habitudes peuvent transformer un problème de sommeil transitoire en un problème plus persistant.

À mesure que vous implanterez le programme de traitement de l'insomnie décrit dans cet ouvrage, vous devez garder en mémoire plusieurs principes. Premièrement, peu importe ce qui a déclenché votre insomnie, ce sont presque toujours des facteurs psychologiques et comportementaux qui contribuent à maintenir le problème dans le temps. Par exemple, même si vos difficultés à dormir ont été causées au départ par la douleur, il est très probable qu'avec le temps des pratiques telles que de rester au lit trop longtemps ou des inquiétudes concernant l'insomnie soient devenues des causes additionnelles d'insomnie. Deuxièmement, il est impératif de s'attaquer directement à ces comportements néfastes afin de briser le cercle vicieux de l'insomnie, même si d'autres facteurs tels que le stress, la douleur ou un déséquilibre hormonal peuvent aussi y contribuer. Troisiè-mement, la plupart de ces habitudes sont apprises et, par le fait même, peuvent être modifiées. Dans la section qui suit, nous décrirons com-ment vous pouvez devenir un bon dormeur en changeant certains modes de vie, certains comportements et certaines habitudes.

Huit stratégies efficaces pour vaincre l'insomnie

Il y a plusieurs étapes à suivre pour modifier vos habitudes de som-meil. Vous trouverez un résumé au tableau 6.1. Ces procédures proviennent de deux programmes de traitement très efficaces: la thérapie du contrôle par le stimulus développée par le Dr Richard Bootzin, psychologue clinicien à l'université de l'Arizona, et la thé-rapie de la restriction du sommeil développée par le Dr Art Spielman, du City College de New York. Ces thérapies comporte-mentales visent à atteindre trois objectifs:

1. permettre au sommeil de survenir lorsqu'il est désiré;
2. renforcer ou renouer l'association entre le sommeil et les stimuli qui y mènent — le lit, l'heure du coucher et la chambre à coucher; et
3. consolider le sommeil sur de plus courtes périodes de temps passé au lit.

Pour atteindre le premier objectif, préparez-vous adéquatement avant d'aller au lit. On ne peut espérer s'endormir lorsque notre corps et notre esprit sont encore survoltés. Il faut donc s'allouer une période de relaxation ou de décompression avant d'aller au lit. Le second objectif pourra être atteint si on élimine les activités incom-patibles avec le sommeil lorsqu'on se trouve dans la chambre à cou-cher. Les principes de base sont les mêmes que pour les gens qui ont un problème de poids. Les individus ayant un excès de poids peuvent avoir développé l'habitude de manger peu importe s'ils ressentent la faim ou non et quel que soit l'endroit où ils se trouvent. Une première étape dans le traitement de l'obésité implique donc de modifier certaines habitudes alimentaires; par exemple, on restreint la consommation de nourriture uniquement à l'heure des repas et à des endroits comme la cuisine ou la salle à manger. De la même façon, pour traiter l'insomnie, vous devez modifier la relation existant entre un comportement particulier (le sommeil) et les conditions qui le contrôlent (le lit, l'heure du coucher, la chambre à coucher). Puisque l'insomnie peut être aggravée par des horaires de sommeil irréguliers et par une trop grande quantité de temps passé au lit, le troisième objectif de ce programme consiste à maintenir un horaire d'éveil et de sommeil régulier et à restreindre la quantité de temps que vous passez au lit. Dans le reste de ce chapitre, nous décrirons chaque procédure de même que sa raison d'être. Vous y découvrirez les principaux obstacles pouvant être rencontrés au cours du programme et des solutions pratiques pour y remédier.

TABLEAU 6.1
Huit stratégies efficaces pour vaincre l'insomnie

1. Réservez au moins une heure pour vous détendre avant l'heure du coucher.

2. Développez un rituel avant d'aller au lit.

3. Allez au lit uniquement lorsque vous vous sentez somnolent.

4. Si vous êtes incapable de dormir, sortez du lit et quittez la chambre à coucher.

5. Levez-vous toujours à la même heure le matin.

6. Réservez votre lit uniquement au sommeil et aux activités sexuelles.

7. Ne faites pas de siestes durant la journée.

8. Limitez le temps que vous passez au lit à votre durée réelle de sommeil.

---

1. Réservez au moins une heure pour vous détendre
avant l'heure du coucher

Utilisez cette période transitoire pour lire, regarder la télévision, écouter de la musique ou bavarder avec votre conjoint. Lorsque l'heure du coucher approche, il est préférable de ne pas repenser à tous les événements de la journée ni de planifier l'horaire du lendemain, puisque cela peut créer une stimulation mentale. Établissez plutôt un autre moment de la journée ou le début de la soirée pour composer avec les inquiétudes et tenter de résoudre des problèmes. Si vous ne pouvez vous débarrasser de certaines inquiétudes ou préoccupations, il est souvent utile de les noter par écrit et de vous en préoccuper à un moment plus approprié.

Philippe vient juste d'obtenir un nouvel emploi comme représentant des ventes et ressent beaucoup de pression pour dénicher de nouveaux clients pour sa compagnie. Il revient du travail vers 18 h 30 et, après avoir mangé et passé un peu de temps avec sa famille, il s'installe à son ordinateur pour terminer ce qu'il n'a pu faire au bureau. Aux environs de 23 h, il est exténué et éprouve de la difficulté à se concentrer. Cependant, son esprit reste survolté pendant encore une bonne heure après s'être mis au lit, ce qui l'empêche évidemment de s'endormir dans un temps raisonnable.

Si vous êtes comme Philippe, continuellement pressé par des échéances et acharné au travail jusqu'à la dernière minute avant le coucher, vous auriez avantage à réorganiser votre temps. Nous aborderons cet aspect dans le chapitre 8. En attendant, réservez au moins une heure, de préférence deux, avant le coucher pour décompresser. Autrement, vous ne devez pas vous surprendre que votre esprit demeure au travail pendant un certain temps après que vous avez éteint les lumières. Malheureusement, il n'y a pas de commutateur que vous pouvez éteindre avant d'aller dormir pour mettre fin à toute activité mentale. L'endormissement est un processus graduel et le fait de ne pas vous réserver une période de transition avant le coucher est susceptible de produire un état d'activation mentale excessif, ce qui retarde le début du sommeil. Dans un sens, vous devez vous préparer pour une nuit de sommeil de la même façon que vous vous préparez pour un voyage.

2. Développez un rituel avant d'aller au lit

Il peut être utile d'effectuer la même routine chaque soir avant d'aller au lit. Cette routine peut impliquer d'enlever vos vêtements et de mettre votre pyjama, de vous brosser les dents, de vérifier les portes, d'éteindre les lampes ou de déplier les couvertures. Si vous l'utilisez régulièrement, cette routine précédant le coucher signale à votre esprit et à votre corps que vous vous installez pour la nuit et, par conséquent, vous vous préparez à dormir. Faites attention cependant de ne pas exagérer; le but n'est pas ici de devenir rigide au point où cela se transforme en un rituel compulsif.

Josée est si préoccupée par le fait de ne pouvoir s'endormir avant 22 h 30 que sa soirée entière est consacrée à se préparer pour aller dormir. Après être revenue du travail, avoir préparé le souper, aidé son fils à faire ses devoirs, elle prend un bain chaud et met son pyjama dès 20 h. Elle s'étend alors dans sa chambre avec un livre, attendant que le sommeil vienne. Naturellement, Josée consacre trop d'efforts à faciliter le sommeil et cela produit un effet contraire.

---

3. Allez au lit uniquement lorsque vous vous sentez somnolent

Les insomniaques commencent souvent à penser à l'heure du coucher immédiatement après le souper. Afin d'augmenter les chances d'être endormis à l'heure désirée (par exemple à 23 h) ou tout simplement par ennui, certains peuvent se mettre au lit dès 21 h. Bien qu'ils puissent être fatigués ou même épuisés, ils ne se sentent habituellement pas somnolents à cette heure. Ainsi, ils lisent, regardent la télévision, écoutent de la musique ou se reposent dans leur lit, en espérant que ces activités induisent le sommeil. Malheureusement, de telles pratiques ne facilitent pas nécessairement le sommeil. En s'engageant de façon répétitive dans ces activités à l'heure du coucher, ils associent le lit et la chambre à coucher à des signaux d'éveil plutôt qu'à des signaux de somnolence. Aussi, quand vous allez au lit trop tôt, vous avez plus de temps pour réfléchir aux événements de la journée, planifier l'horaire du lendemain et vous tracasser à propos de votre incapacité à vous endormir. Ces discours internes sont incompatibles avec la relaxation et le sommeil. Ils servent uniquement à augmenter l'appréhension à propos de celle-ci et à renforcer l'association négative existant entre la chambre à coucher et l'insomnie. Ainsi, vous devriez reporter ou retarder l'heure de votre coucher jusqu'à ce que vous soyez somnolent. Il importe de ne pas confondre la fatigue et la somnolence réelle. Apprenez à reconnaître ces signes (par exemple: bâillements, paupières lourdes) qui suggèrent que le sommeil est imminent.

4. Si vous êtes incapable de dormir, sortez du lit et quittez la chambre à coucher

Lorsque vous êtes incapable de vous endormir ou de vous rendormir à l'intérieur de 15 à 20 minutes, levez-vous, allez dans une autre pièce et consacrez-vous à une activité tranquille. Vous pouvez lire, écouter de la musique, regarder un film sur vidéocassette ou effectuer n'importe quelle autre activité non stimulante. Attendez jusqu'à ce que le sommeil soit imminent et retournez alors au lit. Ne dormez pas sur le divan puisque cela créera une association entre le sommeil et le divan et non entre le sommeil et votre lit. Au début, il est possible que vous deviez répéter cette routine plusieurs fois au cours de la nuit; il est important que vous le fassiez lorsque vous êtes incapable de vous endormir à l'heure du coucher et aussi lorsque vous vous réveillez la nuit et que vous ne pouvez pas vous rendormir. Il est souvent difficile et exigeant de suivre cette consigne. Cependant, le respect assidu de cette procédure vous aidera à associer votre lit et votre chambre à coucher avec un endormissement rapide.

Le fait de ne pas sortir de votre lit lorsque vous êtes incapable de vous endormir est un obstacle majeur pour surmonter l'insomnie. Si vous êtes comme la majorité des insomniaques, vous vous tournez et retournez et remettez continuellement votre sortie du lit à plus tard. La pensée qui se cache derrière ce comportement est que si vous continuez d'essayer, le sommeil viendra inévitablement. Vous croyez peut-être également que si vous sortez du lit, vous resterez éveillé pour le reste de la nuit. À la limite, la plupart d'entre nous préférons rester au lit en nous disant qu'au moins nous nous reposons un peu. Néanmoins, l'habitude de rester au lit tout en essayant intensément de s'endormir ne fait qu'aggraver l'anxiété de performance, la frustration et les difficultés à s'endormir. Si vous voulez vraiment briser ce cercle vicieux, vous devez vous lever. Vous n'avez pas besoin de regarder sans cesse l'horloge, puisque cela vous gardera éveillé. Quand environ 20 minutes se sont écoulées et que vous êtes encore éveillé, vous devriez vous lever. Vous pourriez vous surprendre à bâiller peu de temps après vous être levé.

Le piège pouvant survenir dans l'application de cette consigne est de retourner au lit trop rapidement. La plupart des gens sont impatients de retourner au lit, craignant de ne jamais pouvoir se rendormir s'ils restent debout trop longtemps. Mais souvenez-vous que plus vous restez debout, plus vous vous endormirez rapidement quand vous retournerez au lit. Des inquiétudes légitimes peuvent vous empêcher de suivre ce conseil. S'il fait trop froid l'hiver, laissez une couverture sur le divan. Vous pouvez craindre de réveiller votre conjoint en vous levant. Demandez-lui donc si vous l'avez déjà dérangé en vous levant au milieu de la nuit. Habituellement, il dort profondément et ne le remarque pas. Si cela cause vraiment un problème, vous pourriez déménager dans une autre chambre pour la durée d'application de ce programme.

5. Levez-vous toujours à la même heure le matin

Réglez le réveille-matin et sortez du lit approximativement à la même heure chaque matin, les jours de semaine ou de fin de semaine, quelle que soit votre heure de coucher ou la quantité de sommeil obtenue pendant la nuit. Bien qu'il puisse être tentant de rester au lit plus tard parce que vous avez mal dormi la nuit précédente, essayez de maintenir un horaire de sommeil régulier. Cela aidera à régulariser votre horloge biologique interne et à synchroniser votre rythme de sommeil et d'éveil. En fait, si l'on veut formuler une stratégie simple pour passer une bonne nuit de sommeil, il y a un fond de vérité dans le vieux dicton «couche-tôt, lève-tôt».

Récupérer le sommeil perdu les fins de semaine est une pratique très répandue afin de prévenir la privation de sommeil chronique. Tout comme les siestes, cela peut être une stratégie utile à court terme. Cependant, les insomniaques sont particulièrement vulnérables aux conséquences négatives de telles pratiques. Dormir trop longtemps la fin de semaine dérange les rythmes naturels du corps et amène souvent des difficultés à dormir le dimanche soir. Bien qu'il puisse être difficile de maintenir une heure de lever régulière et stricte les fins de semaine, surtout si vous appliquez la procédure de restriction du sommeil (règle 8), il existe plusieurs mesures que vous pouvez prendre pour faciliter cette procédure. La première étape consiste à utiliser un réveille-matin, même si vous vous réveillez habituellement avant l'heure désirée. Deuxièmement, prévoir des activités sociales ou des engagements familiaux tôt le matin peut augmenter votre motivation à vous lever tôt. Votre conjoint peut aussi vous encourager à respecter cette directive, bien que la responsabilité finale vous revienne.

6. *Réservez votre lit uniquement au sommeil et aux activités sexuelles*

Évitez de lire, de manger, de regarder la télévision, d'écouter la radio, de travailler ou de vous tracasser dans votre lit ou dans votre chambre à coucher, que ce soit le jour ou la nuit. (Les activités sexuelles, bien sûr, constituent la seule exception.) Lorsque vous vous engagez dans ces pratiques dans votre chambre à coucher, cet environnement devient associé avec l'éveil plutôt qu'avec la somnolence. Le fait d'éliminer ces activités de votre chambre à coucher renforcera les associations entre cet environnement et le sommeil. Vous pouvez déjà avoir développé de telles associations entre la cuisine et la sensation de faim ou entre un fauteuil particulier et la relaxation. Le principal objectif est ici de rétablir une forte association entre le sommeil et la chambre à coucher.

Pour plusieurs personnes, la chambre à coucher est comme un bureau ou un centre récréatif. Par choix ou par nécessité, elles ont tendance à organiser l'ensemble de leurs activités quotidiennes à cet endroit. Manger, lire, regarder la télévision, régler les factures et parler au téléphone ne sont que quelques exemples d'activités incompatibles avec le sommeil. Certains couples ont tendance à résoudre leurs problèmes sur l'oreiller; ils utilisent la chambre à coucher et l'heure du coucher pour discuter des difficultés conjugales, des problèmes sexuels ou de l'éducation des enfants. À cause d'un inconfort physique, certaines personnes âgées et des individus souffrant de maladies chroniques ont aussi tendance à effectuer des activités incompatibles avec le sommeil dans la chambre à coucher.

Le principal objectif est donc de laisser votre corps et votre esprit reconnaître que le lit et la chambre à coucher sont des signaux conduisant au sommeil. Vous direz peut-être que plusieurs personnes s'endorment en lisant au lit ou que plusieurs couples aiment bien regarder la télévision dans leur chambre à l'heure du coucher. Il importe toutefois de reconnaître que certaines personnes sont simplement plus vulnérables au processus de conditionnement qui s'installe avec le temps. Si vous êtes plus porté à faire de l'insomnie et que vous effectuez d'autres activités dans votre chambre, il est fortement recommandé de les éliminer complètement. Les étudiants qui vivent dans un dortoir ou les personnes habitant un studio peuvent utiliser un séparateur entre le lit et le reste de la chambre afin de minimiser l'influence de ce conditionnement.

7. Ne faites pas de siestes durant la journée

Il n'y a rien de néfaste au fait de faire des siestes en tant que tel. Une courte sieste peut avoir un effet revigorant et améliorer la performance. La sieste de l'après-midi est une coutume bien ancrée dans les pays méditerranéens et du sud. Les siestes sont aussi recommandées pour les individus souffrant d'un trouble du sommeil tel que la narcolepsie. Cependant, pour les insomniaques, les siestes ont généralement un effet nuisible. Elles dérangent le rythme naturel d'éveil et de sommeil et interfèrent avec le sommeil nocturne. Plus une personne demeure éveillée longtemps, plus elle s'endormira rapidement lorsque l'occasion se présentera. Ainsi, lorsque vous restez éveillé toute la journée, vous avez plus de chances d'être somnolent le soir venu.

Bien que les siestes soient souvent utilisées pour compenser une mauvaise nuit de sommeil, plusieurs insomniaques sont tout simplement incapables de faire la sieste durant le jour pour les mêmes raisons qu'ils n'arrivent pas à dormir la nuit. La seule exception peut survenir lorsque la personne n'essaie tout simplement pas de faire une

sieste. Les mauvais dormeurs s'endorment habituellement plus facilement lorsqu'ils n'essaient pas de le faire et lorsqu'ils ne sont pas
dans un environnement relié au sommeil. Par exemple, vous pouvez
vous assoupir dans un fauteuil confortable en lisant le journal ou en
regardant la télévision. Bien que vous puissiez vous réveiller reposé,
les siestes, planifiées ou non, affectent votre sommeil nocturne. Une
sieste faite tard en après-midi ou en soirée cause plus de tort à la nuit
de sommeil suivante qu'une sieste faite le matin. Rappelez-vous que,
tel qu'expliqué dans le chapitre premier, le sommeil profond (stades
3- 4) est concentré dans la première partie de la nuit alors que le sommeil REM domine dans la seconde partie. Une sieste faite tard en
après-midi ou en soirée contient plus de sommeil profond emprunté
au sommeil de la nuit suivante, alors qu'une sieste faite plus tôt est un
peu comme la continuité de la nuit précédente. Ainsi, une sieste faite
tard dans la journée peut être très revigorante, mais elle diminuera la
qualité du sommeil de la nuit suivante.

Toute règle a son exception. Premièrement, si vous appliquez
le programme de restriction du sommeil (voir la règle 8 ci-dessous),
une brève sieste est permise dans la première phase, surtout si
votre fenêtre de sommeil est limitée à cinq ou six heures par nuit.
À mesure que le temps passé au lit augmente, vous devriez éliminer graduellement cette option. Deuxièmement, certains insomniaques dorment apparemment mieux la nuit lorsqu'ils font une
sieste durant la journée, peut-être à cause d'une diminution de
leur anxiété de performance. Troisièmement, les siestes peuvent
ne pas interférer avec le sommeil des personnes âgées dans la
même mesure que dans le cas des personnes plus jeunes. Finalement, si vous devez conduire un véhicule motorisé ou utiliser de
l'équipement dangereux et que la somnolence diurne est accablante,
la sieste est évidemment utile. Pour ces quelques exceptions, une sieste
est permise dans la mesure où elle se limite à une durée d'une heure
ou moins et où elle est faite avant 15 h afin de minimiser l'interférence
avec le sommeil nocturne. Afin de renforcer l'association entre votre
chambre à coucher et le sommeil, il est préférable de faire la sieste
dans votre lit à des heures régulières. La sieste doit être interrompue
si le sommeil n'est pas survenu dans l'intervalle de 15 à 20 minutes suivant votre coucher.

8. Limitez le temps passé au lit à la durée réelle de sommeil

Cette procédure, connue sous le nom de restriction du sommeil, consiste à restreindre la quantité de temps passé au lit le plus près possible de la durée réelle de sommeil. Conçu par le psychologue Arthur Spielman, le traitement est basé sur l'observation que les insomniaques passent souvent trop de temps au lit. Ils peuvent se mettre au lit plus tôt simplement afin de s'assurer qu'ils seront endormis à l'heure désirée, rester au lit tard le matin pour compenser la perte de sommeil ou faire des siestes le jour dans le but d'obtenir la part de sommeil qui leur revient. Le repos au lit est une des stratégies les plus universelles pour composer avec l'insomnie temporaire et cela peut apporter un soulagement à court terme. Par contre, trop de temps passé au lit peut avoir des effets indésirables. À long terme, cette stratégie n'est pas efficace. Elle conduit à un sommeil de moindre qualité et contribue à maintenir l'insomnie. La restriction du sommeil a été conçue pour éliminer ces difficultés. Voici la démarche à suivre.

Premièrement, vous devez compléter un agenda du sommeil (tableau 5.2) pendant au moins une semaine, deux de préférence. Deuxièmement, faites une copie du tableau 5.3 afin de compléter une fiche de résumé. Calculez votre moyenne par nuit (a) du temps total de sommeil (TTS); (b) du temps passé au lit (TPL) qui est le temps écoulé à partir du moment où les lumières sont éteintes jusqu'au lever matinal; et (c) de l'efficacité du sommeil (ES). L'efficacité du sommeil est calculée selon la formule suivante:

$$\frac{\text{Temps Total de Sommeil (TTS)}}{\text{Temps Passé au Lit (TPL)}} \times 100 = \text{Efficacité du Sommeil (ES)}$$

Votre tâche est de restreindre la quantité de temps passé au lit le plus près possible de l'estimation de votre temps total de sommeil; par la suite, vous l'augmenterez graduellement jusqu'à ce que la durée de sommeil désirée soit atteinte. L'exemple suivant montre comment appliquer cette procédure.

Claude, un professeur de 47 ans, souffre d'insomnie depuis 10 ans. Il éprouve des difficultés à s'endormir et aussi à rester endormi. Son agenda du sommeil, complété pendant une semaine avant d'être évalué à notre clinique, indique une heure de coucher habituelle de 22 h 30 et une heure de lever aux environs de 6 h 30, pour une moyenne de huit heures passées au lit par nuit. Ceci peut ne pas sembler excessif. Toutefois, il prend en moyenne une heure pour s'endormir et demeure éveillé pendant une heure additionnelle au milieu de la nuit. Cela lui laisse uniquement six heures de sommeil sur huit heures passées au lit, pour une efficacité du sommeil globale de 75 p. 100 (c.-à-d. 6÷8 x 100). Cela est bien en bas de l'efficacité du sommeil habituelle de 85 à 90 p. 100 considérée comme étant la normale par la plupart des experts.

Dans cet exemple, Claude estime dormir en moyenne six heures par nuit sur huit heures passées au lit. Ainsi, la «fenêtre de sommeil» initiale (c.-à-d. à partir de l'heure du coucher jusqu'à l'heure du lever) est de six heures. Il n'a pas de raison de rester au lit plus longtemps puisqu'il est éveillé, d'une manière ou d'une autre. Ainsi, Claude décide qu'il restera debout jusqu'à minuit et qu'il se lèvera à 6 h le lendemain matin. Cette méthode produit une légère privation de sommeil et améliore rapidement le sommeil nocturne. Claude augmente graduellement le temps passé au lit selon l'efficacité du sommeil (ES). Il l'augmente de 15 à 20 minutes lorsque l'ES est supérieure à 85 p. 100 pour la semaine précédente, le diminue de la même durée lorsque l'ES est inférieure à 80 p. 100 et le garde constant lorsque l'ES se situe entre 80 et 85 p. 100. Il effectue ces ajustements périodiques jusqu'à ce qu'une durée de sommeil optimale soit atteinte. Idéalement, vous déterminerez la fenêtre de sommeil initiale et les changements subséquents dans la période de temps passée au lit à partir des données de l'agenda du sommeil que vous devriez compléter quotidiennement pendant la durée du programme. Cependant, en pratique, il n'est peut-être pas toujours possible ou souhaitable de suivre les règles de façon rigide. Les lignes directrices suivantes peuvent être utilisées lors de l'application de la restriction du sommeil:

a. Le temps passé au lit (TPL) ne devrait pas être diminué en dessous de cinq heures par nuit quelle que soit votre efficacité du sommeil. Bien que l'objectif soit de produire une légère privation de sommeil, une plus grande réduction peut détériorer votre performance au travail et causer une somnolence à des moments ou à des endroits inappropriés durant la journée. Si vous accomplissez un travail comportant un danger potentiel pour vous ou les autres, vous devez être prudent dans l'application de ces procédures. Ne les utilisez pas si vous êtes conducteur de camion et éprouvez des difficultés à rester éveillé au volant.

b. La restriction du sommeil implique une fenêtre de sommeil spécifique plutôt qu'une quantité de temps obligatoire à passer au lit. Même si cette fenêtre de sommeil est de six heures par nuit, le temps réel passé au lit peut être inférieur si vous devez respecter la règle de sortir du lit lorsque vous ne pouvez vous endormir dans l'intervalle de 20 minutes (règle 4).

c. Le critère spécifique d'ES utilisé pour modifier le TPL permis peut aussi être modifié selon les circonstances. Par exemple, au départ, si votre fenêtre de sommeil a été limitée au minimum (c.-à-d. à cinq heures) vous pouvez simplement ajouter 15 à 20 minutes sur une base hebdomadaire. Dans ce scénario, le TPL est graduellement augmenté peu importe si l'ES a atteint le critère requis la semaine précédente. Aussi, même si les changements dans votre fenêtre de sommeil sont habituellement effectués sur une base hebdomadaire, vous pouvez effectuer des changements plus fréquents si votre ES est régulièrement supérieure à 90 p. 100 pendant quelques jours consécutifs (cinq). Cependant, faites attention de ne pas augmenter votre TPL trop rapidement puisque cela pourrait tout simplement vous ramener à la case départ.

d. Vous choisissez de fixer votre heure de coucher ou de lever. Par exemple, si la fenêtre de sommeil est établie à cinq heures, vous pouvez choisir de vous mettre au lit à 23 h, à minuit ou à 1 h. Cependant, cet horaire détermine automatiquement votre heure de lever qui sera cinq heures plus tard si votre fenêtre de sommeil est de cinq heures (c.-à-d. 4 h, 5 h, ou 6 h). De façon générale, il est préférable de modifier l'heure du coucher et de garder votre heure de lever relativement stable.

e. Qu'arrive-t-il si vous ne pouvez demeurer éveillé jusqu'à l'heure prévue? C'est bon signe. Lorsque les directives du contrôle par le stimulus (règles 3-7) sont combinées avec la restriction du sommeil, un critère double s'applique. Vous devez repousser votre heure de coucher jusqu'à ce que vous vous sentiez somnolent, mais vous devez aussi suivre les règles reliées à la prescription de votre fenêtre de sommeil. Par exemple, si votre fenêtre de sommeil prescrit votre heure de coucher à minuit, vous ne devez pas vous mettre au lit avant cette heure même si vous vous sentez somnolent à 23 h. Paradoxalement, vous aurez parfois à combattre la somnolence afin de respecter votre fenêtre de sommeil. Occasionnellement, le retardement de votre heure de coucher peut échouer. Une personne peut être très somnolente à 23 h, mais se sentir plus éveillée à minuit, l'heure prescrite pour se coucher. Cela est habituellement un problème temporaire qui peut vous aider à reconnaître votre véritable état de somnolence.

L'idée de diminuer le temps passé au lit, alors que votre pratique habituelle était complètement à l'opposé, peut sembler une recommandation surprenante pour traiter l'insomnie. Vous vous demandez même si vous serez capable de rester éveillé jusqu'à l'heure de coucher prescrite par cette consigne. C'est exactement ce changement d'attention – essayer de demeurer éveillé alors que dans le passé vous tentiez de vous endormir – qui est susceptible d'éliminer l'anxiété de performance. Le paradoxe produit habituellement une inversion rapide de l'insomnie en somnolence.

La principale conséquence de cette procédure est de produire une légère privation de sommeil qui induit en retour un endormissement plus rapide, une amélioration de la continuité du sommeil et un sommeil plus profond. La durée du sommeil n'est pas nécessairement augmentée, mais son efficacité et sa qualité le sont. Un effet secondaire possible dans la phase initiale du traitement est la somnolence diurne. Ce problème est normal et temporaire. Vous pouvez aussi vous rendre compte qu'après une ou deux semaines vous fonctionnez tout aussi bien durant la journée et ce, même avec une diminution du temps passé au lit.

Intégrez le tout

Cette approche de gestion des habitudes de sommeil est un programme très structuré qui exige du temps, de la patience, des efforts et une pratique soutenue des recommandations proposées. Ces procédures sont relativement simples, du moins sur papier. Les mettre en pratique peut être plus difficile et il faut vous attendre à rencontrer certains obstacles. Un respect strict de toutes les directives est essentiel; vous ne pouvez pas choisir seulement celles qui semblent les plus faciles à appliquer parce que ces procédures fonctionnent ensemble. En début de traitement, la réduction initiale du temps passé au lit peut vous éviter d'avoir à appliquer certaines autres directives. Si la fenêtre de sommeil est considérablement réduite (par exemple: cinq heures), la somnolence sera suffisamment forte à l'heure du coucher pour qu'il ne vous soit pas nécessaire de sortir du lit. À mesure que le temps passé au lit augmente, le besoin de suivre les autres directives croît.

Il est possible que votre sommeil se détériore au cours des premières nuits de pratique ou que vous vous réveilliez le matin plus épuisé qu'à l'habitude. Ne vous découragez pas puisqu'il est normal que cela se produise en début de traitement. Les avantages deviendront plus manifestes avec le temps et avec une pratique soutenue de toutes les procédures. Le facteur le plus important pouvant prédire l'amélioration de votre sommeil repose sur l'assiduité avec laquelle vous respectez les directives. Les personnes qui suivent soigneusement ces recommandations commencent habituellement à noter une amélioration marquée de leur sommeil après quatre ou cinq semaines de pratique.

Ce traitement vous semble peut-être plus pénible que le problème de sommeil que vous essayez de surmonter. Probablement, mais rappelez-vous que cela est un bien petit prix à payer si vous souffrez d'insomnie depuis des mois ou des années. Aussi, gardez à l'esprit que tout nouvel apprentissage requiert un certain temps d'apprivoisement et de consolidation. Lorsque nous apprenons à conduire une automobile, nous devons penser à chaque petit geste — mettre le contact, ajuster les miroirs, débrayer, être attentif à la route, accélérer. Évidemment, cela semble très compliqué au début. Avec l'exercice répété, nous en venons à conduire sans même penser aux différentes manœuvres que nous effectuons. Le même principe s'applique à ce programme de traitement de l'insomnie. Au début, il peut être très pénible de rester debout jusqu'à 1 h du matin ou même lamentable de sortir du lit au milieu de la nuit alors que tout le monde dort dans la maison. Avec le temps, ces changements deviendront plus faciles à appliquer et lorsque vous aurez surmonté l'insomnie, vous n'aurez probablement plus à vous préoccuper de suivre ces recommandations.

Ce chapitre nous a permis de démontrer comment les mauvaises habitudes de sommeil sont apprises et comment elles peuvent être modifiées. La prochaine étape pour vaincre l'insomnie consiste à examiner comment certaines croyances erronées et certaines attitudes font partie du problème et comment vous pouvez les modifier pour améliorer votre sommeil.

7

Réviser vos croyances et attitudes

Il est seulement 20 h et Céline appréhende déjà l'heure du coucher. Elle pense: «Après la nuit que j'ai passée hier, j'ai vraiment besoin de sommeil ce soir.» Quand l'heure du coucher arrive, elle est bien décidée à dormir, mais sa forte détermination échoue de telle sorte qu'à 2 h, elle est encore bien éveillée. Elle continue alors de penser: «Vais-je finir par dormir? Comment pourrai-je passer à travers la journée demain? Suis-je en train de devenir folle?» Cet état d'anxiété la garde éveillée jusqu'aux petites heures du matin. Le jour suivant, elle prend un congé de maladie et se présente à notre clinique en état de panique, craignant de ne plus jamais arriver à dormir. Elle n'a pas fermé l'œil de la nuit dernière, dit-elle. Elle pense qu'elle a un déséquilibre hormonal et est sur le point de faire une dépression nerveuse si elle n'arrive pas à dormir. Elle n'a plus confiance en elle; elle pense réellement que son monde est complètement chambardé.

Comment les croyances et les attitudes peuvent alimenter le cercle vicieux de l'insomnie

Le cas de Céline n'est pas exagéré. Une telle façon de penser peut réellement vous jouer ce genre de tour. La perception d'une situation peut causer une détresse émotionnelle et aggraver le problème sous-jacent. Avant même d'aller au lit, Céline est déjà craintive. Lorsqu'elle n'arrive pas à trouver le sommeil, elle anticipe le pire et naturellement devient de plus en plus anxieuse. Elle pense vraiment que perdre le contrôle sur le sommeil signifie qu'elle ne possède plus aucun contrôle sur sa vie. Or, un état d'esprit tranquille est une condition essentielle pour trouver le sommeil. Les tracas et les inquiétudes sont parmi les pires ennemis du sommeil parce qu'ils engendrent des émotions négatives. En fait, notre façon de percevoir ou d'interpréter une situation ou un événement désagréable peut causer de l'anxiété, de la colère ou même un état dépressif.

Imaginez un instant que quatre personnes, en route vers le travail, sont coincées dans un embouteillage depuis 20 minutes en raison de travaux de construction sur l'autoroute. La première personne pense à ce qui arrivera si elle est en retard à sa réunion prévue pour 9 h; elle devient très anxieuse. La seconde personne se demande pourquoi elle a pris cette route, surtout après avoir entendu à la radio que des retards étaient prévus; elle pense : «Je suis vraiment stupide» et se déprécie. La troisième personne ne peut pas arriver à comprendre comment les entrepreneurs peuvent faire de la construction aux heures de pointe; elle devient impatiente et agressive. La quatrième personne se rend simplement compte qu'elle ne peut rien faire afin de changer la situation; elle reste calme et décide de faire face à la situation du mieux possible. Elle ouvre son journal et lit jusqu'à ce qu'elle puisse reprendre la route pour se rendre à son travail. Cet exemple illustre comment différentes façons de penser face à une même situation peuvent engendrer des émotions différentes.

Pour ce qui est de l'insomnie, il existe aussi une association étroite entre ce que vous pensez et votre état émotionnel. Parfois, votre perception de l'insomnie à elle seule peut provoquer des émotions négatives — anxiété, frustration, dépression — et empirer le problème. Généralement, vous provoquez vous-même ces émotions négatives selon votre interprétation ou votre perception d'une mauvaise nuit de sommeil (voir tableau 7.1).

Par exemple, si vous paniquez lorsque le sommeil ne vient pas et que vous anticipez le pire pour le lendemain, il est clair que vous resterez éveillé. Le fait de vous inquiéter durant le jour à propos de la mauvaise nuit de sommeil que vous venez de passer peut aussi vous faire appréhender la nuit qui s'en vient. Des préoccupations excessives concernant les conséquences de l'insomnie peuvent alimenter cette prédiction. Si vous percevez l'insomnie comme une indication que votre vie entière est hors de contrôle, il est fort probable que vous vous sentiez désespéré. Si vous pensez qu'il est impossible de faire quoi que ce soit pour améliorer votre sommeil, il est fort possible que la déprime vienne vous hanter. Toutes ces émotions négatives ne facilitent vraiment pas le sommeil. Contrairement aux personnes qui demeurent calmes lorsqu'elles font face à des difficultés à dormir et les évaluent en termes de circonstances atténuantes, les personnes qui craignent l'insomnie et ses conséquences peuvent traverser des moments difficiles.

Vous pouvez aussi revoir la figure 3.1 qui illustre comment une mauvaise façon de penser peut enclencher une réaction en chaîne et alimenter le cercle vicieux de l'insomnie: stress, inquiétudes concernant la perte de sommeil et ses conséquences, tentatives pour contrôler le sommeil, anxiété de performance, aggravation des difficultés de sommeil, sentiment d'impuissance.

Dans notre vie, il existe plusieurs sources de stress, de déception et de frustration pouvant provoquer des émotions négatives et perturber notre sommeil. Dans le prochain chapitre, nous discuterons de stratégies pour gérer le stress. Ici, le principal point à retenir est que l'insomnie en soi peut être une source de détresse émotionnelle et alimenter le problème. Dans ce chapitre, vous apprendrez à mieux dormir en modifiant certaines croyances et attitudes face au sommeil. Avant d'aller plus loin, complétez l'*Inventaire des croyances et attitudes à propos du sommeil* (tableau 7.2) pour examiner jusqu'à quel point vos propres croyances peuvent contribuer à créer vos difficultés à dormir. Nous utiliserons plusieurs exemples tirés de ce questionnaire dans la suite du chapitre.

Tableau 7.1

Relation entre les pensées et les émotions

Situations	Pensées/Croyances/Attitudes	Sentiments/Émotions
Prendre le déjeuner en avant-midi	Comment vais-je passer à travers la journée après une aussi mauvaise nuit de sommeil?	déprimé, impuissant
Mauvais fonctionnement au travail	Je n'arrive pas à faire mon travail après une mauvaise nuit de sommeil.	fâché, irritable
Regarder la télévision dans la soirée	Je dois absolument dormir ce soir.	anxieux, craintif
Se préparer pour aller au lit	À quoi ça sert d'aller me coucher quand je sais que je ne serai pas capable de dormir?	résigné, impuissant

TABLEAU 7.2

Inventaire des croyances et attitudes à propos du sommeil

Plusieurs énoncés reflétant les croyances et les attitudes des gens concernant le sommeil sont énumérés ci-dessous. Veuillez indiquer, à l'aide de l'échelle de 1 à 5, jusqu'à quel point vous êtes en accord ou en désaccord avec chaque énoncé. Il n'y a pas de bonne ou de mauvaise réponse.

	Fortement en désaccord	En désaccord	Neutre	En accord	Fortement en accord
1. J'ai besoin de huit heures de sommeil pour me sentir reposé et bien fonctionner pendant la journée.	1	2	3	4	5
2. Parce que mon conjoint s'endort aussitôt qu'il se couche et reste endormi toute la nuit, je devrais être capable d'en faire autant.	1	2	3	4	5
3. Sans une nuit de sommeil adéquate, je peux à peine fonctionner le lendemain.	1	2	3	4	5
4. Lorsque je me sens irritable, déprimé ou anxieux pendant la journée, c'est surtout parce que j'ai mal dormi la nuit précédente.	1	2	3	4	5
5. Habituellement, lorsque je n'ai pas bien dormi, cela affecte mon apparence physique.	1	2	3	4	5
6. Je m'inquiète lorsque je passe une nuit ou deux sans dormir. Je pourrais faire une crise de nerfs.	1	2	3	4	5
7. Je crains que l'insomnie chronique puisse avoir des conséquences sérieuses sur ma santé physique.	1	2	3	4	5
8. Je crois que l'insomnie est principalement le résultat d'un déséquilibre hormonal ou biologique.	1	2	3	4	5

	Fortement en désaccord	En désaccord	Neutre	En accord	Fortement en accord
9. Je pense que l'insomnie est essentiellement le résultat du vieillissement et que peu de choses peuvent être faites pour régler ce problème.	1	2	3	4	5
10. J'ai peu d'habiletés pour faire face aux conséquences négatives d'un sommeil perturbé.	1	2	3	4	5
11. J'évite ou j'annule mes engagements (sociaux, familiaux) après une mauvaise nuit de sommeil.	1	2	3	4	5
12. Je ne peux jamais prédire si j'aurai une bonne ou une mauvaise nuit de sommeil.	1	2	3	4	5
13. J'ai perdu le contrôle de mon sommeil et de ma vie en général.	1	2	3	4	5
14. Je crois que l'insomnie est en train de ruiner ma capacité de jouir de la vie et m'empêche de faire ce que je veux.	1	2	3	4	5
15. À moins que mon sommeil ne s'améliore, ma vie entière sera misérable.	1	2	3	4	5

Reconnaître les façons de penser qui contribuent à maintenir l'insomnie

Tout le monde entretient des monologues internes à propos de soi, des événements extérieurs et futurs. Ces phrases – pensées, croyances, attentes, attributions (appelées aussi cognitions) — nous traversent l'esprit continuellement pendant que nous sommes éveillés. Ces cognitions sont souvent tellement automatiques qu'on n'en a même pas conscience. Nous avons tous notre propre façon de traiter l'information et d'interpréter ce qui arrive dans notre vie et dans le monde. Cette information est filtrée et parfois modifiée selon nos expériences passées, notre personnalité et à cause d'erreurs cognitives. Ces dernières sont des filtres qui affectent notre façon de traiter l'information: amplification, dramatisation, surgénéralisation, pensée dichotomique et attention sélective. Ces différents concepts sont expliqués au chapitre 8.

La thérapie cognitive est une méthode de traitement conçue pour vous aider à examiner la validité de vos croyances, attentes et attributions, et pour vous aider à les remplacer par des pensées plus productives. Cette méthode consiste essentiellement en une technique de reformulation des pensées afin de corriger les croyances erronées et les attitudes défaitistes provoquant des émotions négatives telles que l'anxiété, la peur, la colère ou même la dépression. Le principe de base de cette approche est que les croyances erronées ou pensées défaitistes peuvent causer ou aggraver les difficultés à dormir en produisant des états émotifs désagréables. Lorsqu'on modifie les croyances erronées et les façons de penser, la détresse émotionnelle diminue et le sommeil se trouve amélioré.

Une procédure en trois étapes

Vous pouvez réévaluer l'exactitude de vos pensées à l'aide d'une procédure simple en trois étapes:

1. identifier les cognitions dysfonctionnelles à propos du sommeil;
2. évaluer leur validité et la remettre en question; et
3. les remplacer par des pensées plus productives.

Identifier les cognitions dysfonctionnelles à propos du sommeil. La première étape pour rétablir une façon de penser plus positive concernant votre sommeil est d'identifier les pensées défaitistes à propos de votre insomnie. La plupart des gens n'accordent pas vraiment d'attention aux pensées automatiques qui traversent continuellement leur esprit ou n'en sont pas conscients. Pour cette raison, ils ne se rendent pas compte à quel point de telles pensées peuvent produire des perturbations émotives qui alimentent leur problème de sommeil. Pour améliorer votre niveau de conscience de ces pensées et identifier celles qui contribuent à votre insomnie, vous devez leur porter une attention particulière. Pour ce faire, vous pouvez conserver un «journal de bord» et simplement inscrire ces pensées lorsqu'elles vous viennent à l'esprit, que ce soit durant la journée, au cours de la soirée ou même la nuit lorsque vous êtes éveillé. Vous pouvez utiliser à cette fin une copie de la grille fournie au tableau 7.3. L'*Enregistrement des pensées, croyances et attitudes à propos du sommeil* illustre également plusieurs croyances et attitudes entretenues par les insomniaques. Nous y reviendrons un peu plus loin.

TABLEAU 7.3
Enregistrement des pensées, croyances et attitudes à propos du sommeil

Situations	Pensées/Croyances/Attitudes	Sentiments/Émotions

Évaluer et remettre en question la validité des cognitions dysfonctionnelles. Une fois que vous avez identifié des pensées spécifiques telles que celles présentées dans les tableaux 7.1 et 7.2, l'étape suivante consiste à explorer leur validité. Posez-vous les questions suivantes: «Quelle est l'évidence empirique appuyant une croyance particulière? Est-elle basée sur des faits ou sur une perception peut-être déformée par certains filtres notés plus haut (par exemple: amplification, surgénéralisation)? Y a-t-il des données allant dans le sens contraire de cette croyance?» À cette étape, il est essentiel de prendre un certain recul et de mettre de côté vos anciennes croyances même si elles sont bien ancrées. Vous devez voir certaines explications ou interprétations comme étant des hypothèses plutôt que des vérités absolues.

Remplacer les croyances erronées par des pensées plus productives. L'étape la plus importante de la thérapie cognitive consiste à développer des pensées alternatives et plus productives afin de remplacer les modes de pensée dysfonctionnels. Cela peut être effectué en utilisant les techniques de restructuration cognitive expliquées dans les prochaines sections. Un petit avertissement avant de continuer. Vous devez garder à l'esprit que cette approche ne vise pas à nier la présence réelle de vos problèmes de sommeil ou à minimiser leur impact sur votre fonctionnement diurne. Nous ne voulons certainement pas vous contrarier avec des pensées dogmatiques telles que «personne n'a besoin de huit heures de sommeil» ou «tout est dans votre tête», mais plutôt vous encourager à confronter certaines croyances erronées, à explorer des hypothèses alternatives et à tester leur validité. L'objectif est de placer l'insomnie dans une perspective plus réaliste et d'interrompre son cercle vicieux. Après tout, vous n'avez rien à perdre. Gardez à l'esprit que cette approche s'est avérée efficace pour traiter des problèmes tels que la dépression, l'anxiété et l'insomnie.

1. *Garder des attentes réalistes*

Il existe une croyance populaire voulant que huit heures de sommeil soit le standard à atteindre pour être reposé et bien fonctionner durant la journée. Il existe aussi une tendance naturelle à comparer notre sommeil à celui de notre conjoint qui peut dormir comme une bûche. De plus, la plupart des gens souhaiteraient se réveiller tous les matins en se sentant complètement reposés et pleins d'énergie. Lorsque de telles attentes ne se réalisent pas, des préoccupations causant de réelles difficultés à dormir peuvent s'installer.

Les besoins de sommeil varient largement d'une personne à l'autre et un sommeil de courte durée n'est pas nécessairement anormal. Bien que la durée de sommeil moyenne pour les jeunes adultes se situe entre 7,5 et 8 heures par nuit, certaines personnes peuvent très bien fonctionner avec 5 ou 6 heures alors que d'autres ont besoin de 9 à 10 heures pour se sentir reposées. Il n'y a tout simplement pas de standard qui s'applique à tout le monde. Évitez donc de vous mettre de la pression pour atteindre certains standards puisque cela ne fera qu'augmenter votre anxiété de performance. Pour déterminer votre durée de sommeil optimale, expérimentez différentes durées et remarquez comment vont les choses le lendemain. Peut-être avez-vous déjà estimé cette durée à l'aide de la procédure de restriction du sommeil exposée dans le chapitre précédent.

Il existe aussi des différences individuelles dans la rapidité avec laquelle les gens s'endorment, le nombre de fois qu'ils se réveillent et la qualité globale de leur sommeil. Examinez attentivement les données de votre agenda du sommeil (par exemple: latence du sommeil, temps total de sommeil) afin d'évaluer si votre sommeil est anormal ou s'il correspond uniquement à une extrémité de l'étendue normale. Si vous vous endormez en moins de 30 minutes ou vous réveillez une ou deux fois pour une durée de moins de 30 minutes, ne vous en inquiétez pas. Toute variation à l'intérieur de ces valeurs est normale. Même si vous prenez 45 minutes pour vous endormir, n'essayez pas trop de vous forcer à dormir plus rapidement. Cela correspond peut-être simplement à votre durée personnelle d'endormissement.

Il est également important de distinguer l'insomnie des changements normaux qui se produisent dans le sommeil avec le vieillissement. En vieillissant, certaines personnes s'inquiètent lorsqu'elles se réveillent une ou deux fois dans la nuit. Le nombre et la durée des réveils nocturnes augmentent de façon naturelle avec l'âge et la quantité de sommeil profond diminue, ce qui entraîne une baisse de la qualité du sommeil chez les personnes plus âgées. Ces changements ne sont pas nécessairement des indicateurs d'insomnie.

Si votre sommeil est différent de celui de votre conjoint, cela ne signifie pas pour autant que vous faites de l'insomnie. Peut-être enviez-vous votre conjoint qui, nuit après nuit, s'endort aussitôt qu'il se couche et reste endormi pendant la nuit entière. Cela ferait l'envie de la plupart des insomniaques. Gardez à l'esprit que la qualité et la durée du sommeil varient d'une personne à l'autre et même d'une nuit à l'autre pour la même personne. Après tout, les gens ne portent pas tous la même pointure de souliers, ne sont pas tous de la même taille ou du même poids. Il est préférable d'éviter de comparer votre sommeil avec celui des autres. Il y aura toujours quelqu'un de plus grand, de plus en santé ou qui dort mieux que vous. Il est simplement préférable de reconnaître ces différences individuelles et d'éviter les comparaisons sociales. Vous pouvez même tirer avantage de ces différences en pensant à quel point vous êtes chanceux de jouir de plus de temps disponible étant donné votre moins grand besoin de sommeil. Certaines personnes très célèbres ont mené de longues vies très productives avec aussi peu que cinq ou six heures de sommeil par nuit. Le principal message à retenir ici est qu'un sommeil différent de celui de votre conjoint ou variable d'une nuit à l'autre n'est pas nécessairement anormal.

2. *Éviter de blâmer l'insomnie pour tous vos malheurs*

Une des principales raisons motivant les insomniaques à chercher une aide professionnelle n'est pas tant le problème de sommeil en soi que la perception de ses conséquences. Plusieurs personnes s'inquiètent des effets d'un sommeil perturbé sur la performance, le bien-être, la santé et même l'apparence physique. Les exemples suivants illustrent certaines de ces inquiétudes:

> «Sans une nuit de sommeil adéquate, je peux difficilement fonctionner le lendemain.»
> «Quand je me sens irritable ou tendu durant la journée, c'est parce que j'ai mal dormi la nuit précédente.»
> «Je crains que l'insomnie puisse avoir des conséquences sérieuses sur ma santé.»
> «J'ai habituellement une apparence affreuse lorsque j'ai mal dormi.»

La croyance qui se cache derrière ces énoncés est qu'une mauvaise nuit de sommeil est nécessairement néfaste pour le fonctionnement quotidien, l'humeur et la santé. Bien que cette croyance ait une certaine validité, il existe aussi trois types d'erreur cognitive qui peuvent déformer la réalité: l'amplification des conséquences de l'insomnie (le mauvais sommeil diminue la motivation, mais interfère peu avec la performance); une surgénéralisation dans l'attribution de difficultés de fonctionnement (l'insomnie n'est pas responsable de tout ce qui va mal au travail, à la maison et avec les amis); et les inquiétudes excessives concernant la perception de ces conséquences (l'insomnie peut affecter votre humeur, mais n'est pas néfaste pour la santé). Examinons maintenant chacune de ces erreurs cognitives plus en détail.

Les conséquences de la privation de sommeil doivent être distinguées de celles de l'insomnie. Les premières peuvent être sérieuses, produisant de la somnolence diurne et une détérioration des performances, alors que celles associées à l'insomnie sont plus limitées, affectant principalement l'humeur. Néanmoins, la perception de l'intensité des séquelles durant la journée est souvent amplifiée à la suite d'une mauvaise nuit de sommeil. Les études utilisant des mesures objectives démontrent une perturbation limitée de la concentration, de la mémoire et du jugement chez les insomniaques. La motivation et la prise d'initiative sont diminuées, mais la performance réelle et la vigilance sont pratiquement intactes. Comment expliquer les différences existant entre la perception des déficits et les déficits observés? Une altération de l'humeur, prenant la forme d'irritabilité, d'inquiétudes et de dysphorie, très fréquente après une nuit d'insomnie, peut modifier votre perception de la performance. Cela est semblable aux réactions des personnes anxieuses ou dépressives qui perçoivent leur sommeil comme étant plus perturbé que ce qui est indiqué par l'activité des ondes cérébrales.

Afin de mieux illustrer ce point, prenons l'exemple d'une enseignante que j'ai récemment traitée pour un cas classique d'insomnie. Elle était très inquiète de la qualité de ses cours. Chaque fois qu'elle ne dormait pas bien, elle était convaincue que la qualité de son enseignement s'en ressentait. Naturellement, cette préoccupation excessive pour son enseignement créait davantage d'anxiété et ne faisait qu'aggraver ses difficultés à dormir. Nous avons donc conçu une petite expérience où elle demandait à ses étudiants d'évaluer ses cours après une bonne nuit de sommeil et à la suite d'une mauvaise nuit de sommeil. À sa grande surprise, les évaluations des étudiants étaient excellentes dans les deux cas. Alors, même si vous vous sentez fatigué, inefficace et monotone, il est probable que vous fonctionnez mieux que vous ne le pensez. Vous devez donc cesser d'insister sur ces déficits.

Vos attentes peuvent aussi vous jouer des tours. Si, après une mauvaise nuit de sommeil, vous êtes convaincu que vous ne serez pas capable de vous concentrer ou d'accomplir quoi que ce soit durant cette journée, il est certain qu'elle ne sera pas très productive. D'un autre côté, si vous tentez d'effacer cette mauvaise nuit de votre mémoire, vous constaterez peut-être, à votre grande surprise, que vous arrivez tout de même à accomplir un bon nombre de tâches.

L'insomnie est une cible facile à blâmer pour ce qui va mal durant la journée. Cependant, ce n'est probablement pas toujours la seule coupable. Regardez les choses d'un peu plus près et posez-vous les questions suivantes: (a) Est-ce que j'éprouve toujours une détérioration de mon fonctionnement quotidien à la suite d'une mauvaise nuit de sommeil?; (b) Est-ce que ces difficultés durant la journée sont toujours ressenties avec la même intensité?; et (c) Est-ce possible que d'autres facteurs puissent aussi contribuer à ces problèmes? Ensuite, émettez des hypothèses alternatives qui pourraient expliquer ces difficultés de fonctionnement. Par exemple, le stress provenant d'autres sphères de votre vie (mésententes familiales, demandes conflictuelles de la part de votre patron) peut nuire à votre concentration, perturber votre humeur et influencer votre niveau d'énergie et l'ensemble de votre fonctionnement durant la journée. Il est aussi possible que vous deviez réviser vos méthodes de gestion du temps et de résolution de problèmes, ainsi que votre façon de réagir avec les gens. Ces aspects seront abordés dans le chapitre 8. L'objectif principal de cet exercice n'est pas de nier la présence de certaines répercussions de l'insomnie, mais plutôt de remettre en question l'évidence d'une relation causale directe entre les difficultés de sommeil et les séquelles ressenties durant la journée. Lorsque vous attribuez tous les déficits de la journée à l'insomnie, cela ne fait qu'ajouter plus de pression la nuit suivante et, par le fait même, plus de difficultés à dormir.

En résumé, blâmer le manque de sommeil pour les sautes d'humeur, le manque d'énergie et une mauvaise performance durant le jour n'est pas très productif. Il est plus probable que d'autres facteurs qui n'ont rien à voir avec le sommeil contribuent aussi à ces déficits. Examinez de près ces facteurs et essayez de composer avec eux en les affrontant directement. Aussi, souvenez-vous que personne ne fonctionne au maximum chaque jour; il existe toujours des variations diurnes dans la performance, la vigilance et l'humeur. Pratiquement tout le monde éprouve des difficultés occasionnelles à répondre aux embêtements quotidiens bien que ce ne soit pas tout le monde qui attribue ces problèmes au sommeil perturbé. Donc, soyez prudent et ne mettez pas tout sur le dos de l'insomnie.

3. Réviser les mauvaises conceptions des causes de l'insomnie

Une approche saine pour résoudre un problème est d'essayer d'en comprendre la cause. En fait, si vous êtes comme la majorité des individus éprouvant des difficultés de sommeil, vous avez probablement une certaine idée de ce qui a provoqué le problème. Cependant, un des obstacles qui surviennent fréquemment réside dans le fait que certaines de ces explications sont externes et unidimensionnelles. Des exemples de telles attributions causales sont:

«Mon insomnie est le résultat d'un déséquilibre hormonal.»
«Si seulement je pouvais me débarrasser de cette douleur, mon sommeil serait satisfaisant.»
«Parce que je vieillis, il est normal d'avoir des difficultés à dormir.»

La croyance qui se cache derrière de telles explications est que vous avez peu ou pas de contrôle sur ces causes; c'est uniquement en s'attaquant à ces facteurs hormonaux, physiques ou liés au vieillissement qu'on pourrait résoudre votre problème d'insomnie. Bien que certaines de ces attributions puissent être valides, elles demeurent fondamentalement hors de votre portée. Insister sur celles-ci peut mener à un sentiment d'impuissance et à celui d'être une victime.

———————

Johanne, une femme de 53 ans, souffre d'insomnie depuis trois ans. Elle a vu plusieurs médecins et passé plusieurs tests sanguins et hormonaux sans obtenir une désignation claire de ce qui cause son insomnie. Elle est encore convaincue qu'un déséquilibre hormonal la garde éveillée la nuit. Naturellement, elle croit aussi qu'une pilule pour dormir est la seule façon de soulager son insomnie. Même si elle a déjà essayé une demi-douzaine de médicaments différents, elle éprouve encore des difficultés à dormir et se sent désespérée.

———————

Johanne est convaincue que son sommeil est dérangé par quelque chose qui est hors de son contrôle: un déséquilibre hormonal; cela mène à un sentiment de désespoir et d'impuissance qui a pour effet d'aggraver le problème de sommeil. Une telle attribution de l'insomnie à des causes externes est défaitiste, puisqu'en fait Johanne a très peu de contrôle sur celles-ci. Que faire alors? Premièrement, vous devez distinguer les facteurs qui ont déclenché votre problème de sommeil de ceux qui le perpétuent actuellement. Quel que soit ce qui l'a déclenchée, des facteurs psychologiques sont presque toujours impliqués dans le maintien de l'insomnie dans le temps. Dans le cas de Johanne, il est fort probable que la ménopause soit à l'origine de ses difficultés de sommeil. En dépit d'un supplément adéquat d'hormones, elle continue à en souffrir. À ce stade, il semble que ce soit sa crainte de ne pas dormir, une tendance à dramatiser et à anticiper le pire à la suite d'une nuit d'insomnie de même que ses mauvaises habitudes d'aller au lit trop tôt dans la soirée et de demeurer au lit trop longtemps le matin qui contribuent à perpétuer son insomnie. Bien que vous deviez reconnaître l'influence de facteurs précipitants et peut-être accepter le fait que vous ne pouvez pas arriver à les changer, il est également important d'explorer d'autres facteurs potentiels pouvant aggraver l'insomnie. Soyez prêt à examiner soigneusement d'autres causes potentielles, celles que vous pouvez changer.

4. Ne jamais essayer de dormir

«Lorsque j'ai de la difficulté à dormir, je dois rester au lit et essayer davantage.»
«Si j'essaie assez fort, le sommeil viendra à un moment donné.»

Ces croyances illustrent ce que la plupart des gens font lorsque le sommeil ne vient pas: ils essaient simplement encore plus fort. C'est la pire erreur que vous puissiez faire parce que le sommeil ne

peut survenir sur commande. Vous pouvez peut-être vous maintenir éveillé jusqu'à un certain point, mais vous ne pouvez pas forcer
le sommeil. Lorsque vous essayez trop de contrôler ou d'accomplir
quelque chose, il est fort possible que cela ait un effet paradoxal et
vous empêche d'atteindre votre but — l'effet classique de l'anxiété
de performance.

L'impact négatif d'une trop grande motivation à tomber
endormi a été démontré dans une étude où l'on demandait à des
volontaires d'essayer de s'endormir le plus rapidement possible. Plus
ils s'endormaient vite, plus ils pouvaient gagner de l'argent. Le montant d'argent offert variait parmi les participants. Tel que prévu, la
récompense financière a induit une forte motivation à s'endormir.
Les sujets auxquels le montant offert était le plus élevé ont pris plus
de temps à s'endormir que ceux auxquels le montant offert était
moindre. Deux autres exemples illustrent le rôle de l'anxiété de performance dans l'insomnie. Premièrement, certains insomniaques
s'endorment lorsqu'ils s'y attendent le moins (par exemple en regardant la télévision ou en lisant). Pour ces personnes, le simple fait de
ne pas essayer de dormir peut faciliter le sommeil. Deuxièmement,
si vous demandez aux bons dormeurs ce qu'ils font différemment de
vous pour s'endormir, la plupart vous diront simplement qu'ils ne
font rien et qu'ils n'y pensent même pas.

Ainsi, si le sommeil ne vient pas, n'essayez pas de le forcer, cela
vous gardera éveillé. Une stratégie utile pour composer avec
l'anxiété de performance est de s'engager dans le comportement
opposé à celui que vous désirez atteindre. Cela implique d'aller au
lit comme prévu et, au lieu d'essayer de s'endormir, d'essayer de
rester éveillé aussi longtemps que possible. Pour plusieurs insomniaques, le jour où ils arrêtent d'essayer de contrôler leur sommeil
est le jour où ils regagnent le contrôle sur celui-ci. Tout comme
vous ne devez jamais essayer de contrôler le sommeil, il est préférable que vous ne tentiez pas de contrôler vos pensées la nuit. Si
vous êtes comme la plupart des insomniaques, vous pouvez parfois
vous sentir envahi par des pensées qui font intrusion dans votre
esprit et qui sont incontrôlables. Cette activation de l'esprit est
tout autant une conséquence reliée au fait d'être éveillé qu'une
cause de l'éveil. Le Dr Peter Hauri, de la clinique Mayo, au

Minnesota, indique qu'en essayant de trop contrôler vos pensées, vous êtes assuré de chasser le sommeil à tout coup. Il suggère ainsi simplement de laisser vos pensées vagabonder. Une autre stratégie utile consiste à organiser les pensées en des compartiments séparés dans votre esprit ou simplement à vous lever, à les prendre en note et à vous dire quelque chose du genre: «Je m'occuperai de cela demain.»

5. *Ne pas dramatiser après une mauvaise nuit de sommeil*

Parfois, les inquiétudes tournent en pensées catastrophiques. Comme dans une réaction en chaîne, l'appréhension s'installe graduellement dans la soirée pour faire place à l'anxiété de performance à l'heure du coucher et finalement à une attaque de panique la nuit venue. Certaines personnes craignent que l'insomnie puisse avoir des conséquences sérieuses sur leur santé physique ou mentale; les unes considèrent que le fait de ne pas bien dormir est la pire chose qui puisse arriver; les autres sont certaines que l'insomnie est une indication de perte de contrôle complète de leur vie.

Même si vous avez été éveillé pendant des heures ou avez passé une nuit blanche, ne paniquez pas! Évitez de dramatiser la situation avec des pensées telles que : «Je ne passerai jamais à travers la journée demain!» Dramatiser aggrave uniquement les choses. De préférence, prenez un peu de recul et demandez-vous: «Quelle est la pire chose qui puisse arriver si je ne dors pas cette nuit?» Vous pouvez dire: «C'est certain que je serai fatigué, mais je composerai avec cette situation demain» ou «Je devrai réorganiser mon horaire demain et rester sur le pilote automatique». Pour dédramatiser la situation, gardez toujours à l'esprit que la conséquence la plus prévisible de l'insomnie est la somnolence. Ainsi, si vous dormez mal une nuit, il est probable que vous serez plus somnolent le soir suivant. De plus, une bonne nuit de sommeil est habituellement suffisante pour vous remettre sur pied. Aussi, rappelez-vous que l'insomnie est désagréable, mais pas dangereuse. Si vous craignez qu'elle soit dommageable pour votre santé, rappelez-vous que les inquiétudes excessives peuvent être plus néfastes pour la santé que le manque de sommeil en soi.

Une interprétation erronée des difficultés de sommeil situationnelles est souvent un facteur de déclenchement de l'insomnie chronique. La perturbation du sommeil risque d'être plus pénible si elle est perçue comme reflétant une perte de contrôle personnelle que si elle est évaluée en termes de circonstances atténuantes. Par exemple, considérer une mauvaise nuit de sommeil comme le résultat d'une journée difficile au travail ou de conflits familiaux à la maison est plus productif que de l'interpréter comme le reflet d'une perte de contrôle de votre capacité à dormir. La dernière interprétation peut provoquer de l'anxiété de performance et un sentiment d'impuissance, ce qui aggrave le problème de sommeil.

Le manque d'explication lorsque survient une nuit d'insomnie est souvent l'aspect le plus pénible de ce problème; cela peut renforcer votre conviction personnelle que le sommeil est imprévisible. Pour augmenter votre confiance en vous, regardez autour de vous et identifiez des causes possibles de l'insomnie. En révisant soigneusement les activités, les inquiétudes, les tracas de la journée ou de la soirée précédente, vous découvrirez presque toujours certaines raisons pouvant expliquer pourquoi votre sommeil a été perturbé cette nuit-là.

6. Ne pas mettre trop l'accent sur le sommeil

Pour certaines personnes, le sommeil est l'essence même de l'existence. Ils en parlent de la même façon que les gens affamés parlent de nourriture. Ils planifient leurs activités et occupations autant sociales que familiales selon la qualité et la durée de leur sommeil. Si leur sommeil est inadéquat, ils prennent un congé de maladie ou annulent leurs rendez-vous. Agir de la sorte à cause d'une mauvaise nuit de sommeil renforce l'idée que vous êtes une victime. Une importance aussi excessive accordée au sommeil augmente ainsi la pression que vous vous imposez pour passer une nuit de sommeil adéquate. Cela renforce aussi la croyance que l'insomnie détruit effectivement votre qualité de vie. Puisque le sommeil est supposé occuper uniquement le tiers de votre vie, demandez-vous si vous ne lui accordez pas plus d'importance qu'il ne lui en revient. Ne laissez pas l'insomnie mener votre vie.

7. Développer une certaine tolérance aux effets de la privation de sommeil

Plutôt que d'insister sur l'insomnie et sur ses effets néfastes dans votre vie, essayez de concevoir une approche plus productive en développant une certaine tolérance face au manque de sommeil. Essayez de poursuivre votre routine habituelle et les activités que vous avez planifiées. Ce n'est pas facile, mais cela détournera votre attention de l'insomnie et peut même vous montrer que le fonctionnement diurne n'est pas entièrement dépendant de la nuit de sommeil précédente. Vous pouvez planifier une activité agréable après une mauvaise nuit de sommeil pour vous démontrer que l'insomnie ne vous empêche pas de faire ce que vous voulez.

Une autre stratégie utile est de maintenir votre vitesse de croisière la journée suivante. Cela ne signifie pas d'annuler vos activités, mais plutôt de réorganiser votre horaire. Premièrement, minimisez la résolution de problèmes puisque tout peut vous sembler plus compliqué ou plus difficile à résoudre que ce ne l'est réellement. Deuxièmement, effectuez les tâches physiques ou machinales que vous pouvez avoir remises à plus tard depuis un certain temps; elles requièrent moins de concentration et d'énergie mentale que les autres activités. Troisièmement, si vous devez effectuer certaines tâches plus exigeantes, faites-les coïncider avec une période où votre performance est habituellement à son meilleur.

Que vous ayez de la difficulté à dormir ou non, la vie doit continuer. Essayez de développer une certaine tolérance face au manque de sommeil et à ses séquelles. Bien que l'insomnie puisse diminuer la qualité de votre vie, ne la laissez pas contrôler votre vie entière. L'objectif est d'adopter une attitude plus productive de telle sorte que vous puissiez fonctionner adéquatement et apprécier la vie malgré des difficultés à dormir. Vous n'êtes pas impuissant.

8. Prévenir les rechutes

Il est tout naturel que cela prenne un certain temps avant que vous regagniez un sentiment de contrôle sur votre sommeil. Il y aura probablement des hauts et des bas et même après que votre sommeil sera stabilisé, il est possible que vous éprouviez des rechutes occasionnelles. Bien que la guérison complète soit un but idéal, la réalité est que vous allez probablement éprouver des difficultés de sommeil occasionnelles même après avoir suivi ce programme de traitement. Pour prévenir une rechute, vous devez percevoir ces mauvaises nuits de sommeil comme étant naturelles ou résultant de causes identifiables (stress au travail, conflits avec le conjoint) plutôt que comme une indication que vous retournez à la case départ. Surveillez bien vos attitudes et pensées lorsque vous faites face à certaines difficultés résiduelles à la suite du traitement. En changeant l'interprétation que vous faites d'une mauvaise nuit occasionnelle de sommeil, vous serez capable de prévenir ou de court-circuiter une rechute avant même que cela ne devienne un retour à l'insomnie chronique.

En résumé, nous entretenons tous certaines croyances et attentes. Quelques-unes peuvent être valides alors que d'autres se révèlent être fausses ou inadaptées et alimentent le problème d'insomnie. L'insomnie peut être aggravée par la pression qu'impose l'atteinte de certains standards de sommeil, par les croyances erronées concernant les causes de l'insomnie et par les inquiétudes excessives à propos de ses conséquences. En révisant ces croyances et attitudes, vous pouvez apprendre à vaincre l'insomnie ou, à tout le moins, à composer avec les difficultés occasionnelles de sommeil.

8

Apprendre à gérer le stress

Il est 3 h du matin et Bruno est complètement éveillé. Il essaie de se rendormir depuis une heure. À mesure que le temps passe, il continue de regarder le réveille-matin. Comment va-t-il faire pour passer à travers son horaire chargé du lendemain s'il ne dort pas de la nuit? Le corps de Bruno est très tendu; il peut entendre les battements de son cœur. De plus, une multitude d'idées traversent son esprit et il n'arrive pas à s'en débarrasser. Il pense à sa journée gâchée. Il se remémore la réunion avec son patron qui a mal tourné. Il pense à tout le travail de bureau qu'il devait terminer et se demande comment il réussira à le compléter. Il a même sauté le repas de midi, tellement il était occupé. En route vers la maison, il a été coincé dans un embouteillage: que de temps précieux perdu! Une fois arrivé à la maison, Bruno s'est disputé avec son épouse à savoir lequel d'entre eux accompagnerait les enfants à leur rendez-vous chez le dentiste le lendemain, ce qui a envenimé encore plus les choses. Alors, il a passé la majeure partie de la soirée à tenter de rattraper le temps perdu et à essayer de compléter le travail de bureau non terminé, mais il n'arrivait même pas à le commencer. Il n'a pas eu une seule minute pour se relaxer de toute la journée. Alors, il aura à peine le temps de s'en rendre compte que ce sera déjà demain. Il sera totalement épuisé!

Est-ce que ce scénario vous semble familier? Si c'est le cas, vous n'êtes pas seul. Le stress est une réalité qui fait partie de la vie et il est

131

impossible de l'éviter. Le stress peut contribuer à entraîner une série de problèmes physiques tels que les maux de tête, les ulcères et l'hypertension ou encore les aggraver. Il peut aussi causer ou aggraver des problèmes psychologiques tels que l'anxiété, les difficultés interpersonnelles, la colère et la dépression. De toute évidence, le stress quotidien peut vous maintenir éveillé la nuit. Tel que nous l'avons évoqué au chapitre 3, un événement majeur — le décès d'un proche, la perte d'un emploi ou la naissance d'un enfant — peut précipiter l'insomnie. Un stress moins sévère mais plus habituel peut aussi déclencher ou aggraver les difficultés à dormir. La pression au travail, les difficultés à la maison, les embouteillages et les préoccupations financières peuvent maintenir les gens éveillés la nuit. Des demandes excessives et répétées, à même nos ressources mentales et physiques, surajoutées aux moyens inadéquats pour gérer celles-ci, produisent des journées stressantes et des nuits d'insomnie. Le manque de sommeil en lui-même aggrave alors la situation. Dans ce chapitre, vous apprendrez des stratégies de gestion personnelle afin de mieux composer avec le stress et les embêtements quotidiens qui interfèrent avec la qualité de votre vie et de votre sommeil.

La réponse «combat ou fuite»

Que ce soient les frustrations reliées aux boîtes vocales, les procédures officielles de la bureaucratie ou même le rythme effréné de l'horaire familial, la société nous assaille constamment de demandes qui exigent temps et patience. Cependant, le stress résulte en partie de nos perceptions de ces demandes extérieures et des réponses que nous leur réservons. Lorsque les situations de notre environnement sont interprétées comme menaçantes, le corps réagit avec une réponse de «combat ou fuite». Les muscles deviennent tendus, les battements cardiaques et la respiration s'accentuent et les extrémités deviennent froides et moites alors que le sang afflue vers le tronc et la tête. Cette réponse de mise en garde est adaptée lorsque les circonstances représentent un vrai danger ou une menace réelle à la survie, comme c'est le cas lors d'un acte violent ou d'une agression. L'individu doit alors décider de combattre ou de fuir la source d'agression. Toutefois, lorsqu'une telle réaction survient à répétition dans les situations habituelles de la vie quotidienne, telles qu'un retard à un rendez-vous ou un conflit avec un collègue, l'individu s'épuise et développe des malaises émotionnels ou physiques. Une recherche effectuée par Richard Lazarus et ses collaborateurs à l'université de la Californie à Berkeley montre que les tracas mineurs mais fréquents que nous expérimentons quotidiennement produisent des effets plus négatifs sur la santé que des traumatismes plus importants.

Êtes-vous stressé?

Prenez quelques minutes pour répondre au test sur le stress ci-dessous. Si vous répondez *oui* à plus de la moitié des questions, il est fort possible que vous soyez stressé. Il vous serait sûrement bénéfique d'examiner de plus près votre style de vie et vos priorités. Une meilleure gestion du stress peut vous aider à vous sentir moins tendu durant la journée et à mieux dormir la nuit.

TABLEAU 8.1
Test sur le stress

Je vis constamment avec des contraintes de temps.

Je suis souvent submergé par trop de demandes qui me sont adressées.

Je dois souvent reporter des réunions ou demander la remise à plus tard d'une échéance.

Je m'inquiète beaucoup au sujet de ma famille, de mon travail, de ma santé ou de mes finances.

Je suis facilement irrité par mes collègues.

Je suis impatient avec les autres.

J'ai tendance à interrompre les gens avant qu'ils aient fini de parler.

Je trouve difficile de me concentrer longuement sur une tâche.

Je me fatigue facilement, mentalement et physiquement.

Je souffre d'affections physiques telles que l'insomnie, des céphalées de tension et des maux d'estomac.

J'ai de la difficulté à me détendre et à apprécier la vie.

C'est difficile pour moi de mettre le travail de côté lorsque je suis de retour à la maison.

C'est difficile pour moi de trouver le temps pour participer à des activités agréables avec ma famille et des amis.

Les personnes souffrant de difficultés de sommeil chroniques ne vivent pas nécessairement des événements plus stressants que les bons dormeurs. Cependant, leur réponse à ces événements peut être moins adaptée. Les insomniaques ont plus de difficultés à composer avec les embêtements quotidiens. Aussi, à la suite d'un événement désagréable, ils prennent plus de temps à récupérer et à ralentir leur système d'activation physiologique et émotionnelle. Lorsque arrive l'heure du coucher, ces individus peuvent être encore tendus sur le plan physique et émotionnel, ce qui interfère naturellement avec leur sommeil.

Comment gérer le stress dans votre vie?

Il existe plusieurs stratégies de gestion du stress, du bain chaud jusqu'aux méthodes inspirées de la médecine orientale — acupuncture, massages, potions d'herbes. Le coût et l'efficacité de ces méthodes varient largement. Dans cette section, nous passerons en revue plusieurs méthodes pratiques et efficaces vous permettant de maîtriser le stress – en passant par la croisière dans les Caraïbes. Ces méthodes ont été conçues pour: (1) réduire votre réponse physique et mentale au stress; (2) modifier votre évaluation (pensées, croyances, attributions) de la situation perçue comme étant stressante; et (3) changer ou éliminer les circonstances provoquant vos réactions de stress. Maintenant, jetons un coup d'œil à certaines techniques de réduction du stress ciblant chacun de ces aspects.

La respiration profonde

Croyez-le ou non, le simple fait de respirer peut vous occasionner un stress. Dans la réaction de «combat ou fuite», la respiration de l'individu est plus superficielle et rapide. Cette accélération de la respiration aide la personne à se préparer à fuir ou à se défendre en alimentant les muscles d'un surplus d'oxygène qui approvisionne les cellules. Pendant que les cellules «brûlent» l'oxygène, le dioxyde de carbone est éliminé en déchets qui retournent dans le sang, puis le CO_2 est éliminé par les poumons. Un problème survient lorsque l'individu se sent menacé et qu'il se mobilise pour une réponse de «combat ou fuite», sans toutefois augmenter son activité. Cela se produit la plupart du temps avec le stress quotidien. C'est alors que l'équilibre délicat entre l'oxygène et le dioxyde de carbone dans le corps est perturbé, causant des problèmes tels qu'une respiration inadéquate. Celle-ci provoque un ou plusieurs des symptômes suivants: des étourdissements, des palpitations cardiaques, un serrement à la poitrine, des engourdissements dans les mains et les pieds, la peur ou l'anxiété.

Avez-vous déjà remarqué à quel point un bébé qui dort semble calme? Vous pouvez voir son petit ventre bouger doucement de bas en haut lorsqu'il respire. La respiration abdominale est la réponse naturelle du corps lorsqu'il est complètement détendu. Lorsque nous respirons, nous pouvons prendre l'air dans trois sections des poumons: le bas des poumons, entraînant des mouvements du diaphragme et de l'abdomen; le milieu des poumons, entraînant des mouvements de la poitrine; et le haut des poumons, occasionnant un mouvement des épaules. Le diaphragme est le muscle le plus important pour apprendre à se relaxer. Plusieurs adultes oublient de respirer profondément à partir du bas des poumons; ils utilisent plutôt une respiration rapide et superficielle, provenant du haut de la poitrine, qui est plus appropriée lors d'un effort physique. Apprendre à respirer profondément à partir de votre abdomen peut vous aider à vous relaxer et à éliminer la tension musculaire durant la journée de même qu'à l'heure du coucher. Voici comment procéder.

Installez-vous confortablement et placez une main sur votre abdomen et l'autre en haut de votre poitrine. Inspirez lentement et profondément par le nez. Essayez de laisser l'air s'infiltrer jusqu'au bas de vos poumons. Vous devriez sentir la main sur votre abdomen bouger doucement. Si la main placée sur votre poitrine bouge en premier, vous respirez encore trop superficiellement. Inspirez et expirez jusqu'à ce que vous sentiez bouger la main sur votre abdomen. Si vous êtes incapable de déplacer l'air jusqu'au bas de vos poumons, couchez-vous avec un livre sur l'abdomen. Essayez de faire bouger le livre lorsque vous respirez profondément. Lorsque vous réussirez à respirer à partir du bas de vos poumons, pratiquez cette respiration pendant quelques minutes, plusieurs fois par jour. Il peut être utile de compter en silence 1000, 1001, 1002 lorsque vous inspirez par le nez et 1003, 1004, 1005 lorsque vous expirez par la bouche. Faites une pause d'une seconde avant de recommencer. En portant votre attention sur votre respiration, sentez votre corps se relaxer. À mesure que vous continuez de respirer profondément, indiquez à votre corps de se relaxer de plus en plus profondément. Utilisez la respiration du diaphragme chaque fois que vous ressentez des tensions: en conduisant votre voiture, lorsque vous êtes coincé dans un embouteillage, lorsque vous êtes bouleversé par des pensées négatives ou lorsque vous êtes incapable de dormir la nuit.

La relaxation musculaire

La plupart des gens ne sont pas conscients des tensions résultant de la réaction de «combat ou fuite» qui survient lors de situations stressantes. La première étape pour réduire la tension musculaire est de développer une meilleure prise de conscience à mesure que celle-ci s'accumule dans le corps. Plus vous en prendrez conscience rapidement, plus vous serez en mesure de la contrôler efficacement.

La relaxation progressive des muscles est une technique de relaxation musculaire profonde développée par le Dr Edmond Jacobson en 1929. C'est la méthode de relaxation la plus couramment utilisée pour des problèmes reliés au stress tels que l'insomnie, les céphalées de tension et les problèmes gastro-intestinaux. La relaxation est en quelque sorte aux psychologues ce que l'aspirine est aux médecins. La relaxation progressive des muscles consiste à tendre et à relaxer, en alternance, une série de groupes de muscles du corps. La technique est simple à apprendre, mais vous devez vous y exercer chaque jour, de préférence deux fois par jour, pendant environ 20 minutes à chaque séance. Assurez-vous de débrancher le téléphone et faites savoir aux occupants de la maison que vous n'êtes pas disponible pour les 20 prochaines minutes. Après une semaine ou deux d'exercice, vous pouvez commencer à raccourcir les séances en regroupant les muscles. Grâce à un entraînement assidu, vous pourrez à un moment donné faire en sorte que votre corps se relaxe sur commande. Ainsi, dès que vous remarquerez un début de tension, il s'agira simplement de vous dire «relaxe-toi». La liste ci-dessous résume les principaux groupes de muscles impliqués dans la relaxation progressive:

1. Mains et bras;
2. Front, cuir chevelu, yeux et nez;
3. Bas des joues, bouche, lèvres, mâchoires et menton;
4. Cou et gorge;
5. Épaules, poitrine et haut du dos;
6. Abdomen et bas du dos;
7. Fesses;
8. Pieds et jambes.

Directives. Il est important d'entreprendre l'apprentissage de la relaxation progressive des muscles à un moment où vous ne vous sentez pas particulièrement tendu ou stressé, de telle sorte que vous puissiez mobiliser votre énergie et vous concentrer de façon plus efficace sur l'acquisition de cette nouvelle habileté. Commencez par vous placer dans une position confortable, desserrez votre col, votre ceinture, vos souliers et ainsi de suite. Vous pouvez vous étendre si vous le désirez. Si vous vous asseyez, choisissez une chaise confortable à dossier droit. Par souci de concision, nous donnerons les directives suivantes en considérant que vous êtes assis, mais vous pouvez les modifier pour les ajuster à votre position.

Gardez vos pieds à plat sur le plancher et vos jambes décroisées. Placez vos bras et vos mains près de vous ou sur les bras de la chaise. Vous devez d'abord lire le texte suivant plusieurs fois afin de vous familiariser avec les procédures de base. Vous pourrez alors fermer les yeux et vous concentrer sur votre respiration. À chaque respiration, laissez votre corps se relaxer de plus en plus. Lorsque vous commencez à vous sentir relaxé, entreprenez les exercices de tension et de relaxation. Pour tous les groupes musculaires, la tension doit durer environ 5 secondes et la relaxation environ 20 secondes. Vous devez tendre les muscles suffisamment pour être inconfortable, mais pas au point de vous occasionner de la douleur. La séquence est: (1) tendre; (2) être attentif à la sensation; (3) relaxer; et (4) apprécier la sensation agréable.

Commencez avec votre *main ou bras* dominant. D'abord avec le poing. En même temps, tendez les muscles de l'avant-bras et du haut du bras. Sentez le biceps grossir et se tendre sous votre peau. Maintenez la tension. Remarquez la sensation dans les muscles lorsqu'ils sont tendus et raides. Maintenant, relaxez les muscles. Laissez votre bras s'enfoncer dans la chaise, relaxer de plus en plus profondément. Laissez vos doigts légèrement dépliés. Sentez vos doigts se dérouler, s'allonger. Laissez tous vos muscles se détendre et se relaxer. Notez à quel point vos bras sont lourds et chauds. Notez la différence de la sensation de vos muscles maintenant qu'ils sont relaxés. Répétez la tension et la relaxation de la main ou du bras dominant. Maintenant, effectuez l'exercice avec le côté non dominant et répétez-le deux fois, en créant une tension, en la maintenant, en la relâchant et en relaxant le muscle.

Maintenant, portez votre attention sur la partie supérieure de votre tête. Plissez votre *front* de façon à froncer les sourcils. Sentez votre cuir chevelu se tendre. Fermez vos yeux aussi fort que possible. Élargissez vos narines. Ressentez la tension à travers votre front et vos sourcils. Notez la tension dans vos yeux, dans vos joues et dans votre nez. Portez attention à ce que vous ressentez lorsque ces muscles sont tendus. Relaxez-vous! Laissez disparaître la tension. Laissez votre front se détendre. Laissez vos paupières se relaxer. Sentez vos paupières devenir lourdes. Laissez vos narines reprendre leur position initiale. Ressentez la sensation de chaleur s'étendre à votre cuir chevelu, autour de vos yeux, de vos joues et de votre nez. Appréciez la sensation de relaxation. Répétez les étapes de tension et de relaxation de la partie supérieure de votre tête.

Concentrez-vous maintenant sur la partie inférieure. Serrez vos *dents* fortement ensemble mais faites attention de ne pas les serrer trop fort pour ne pas provoquer de douleur. Poussez votre langue au palais. Fermez les lèvres et tirez votre bouche vers l'arrière. Notez la tension dans votre mâchoire et dans votre bouche. Puis, relâchez. Relaxez-vous. Desserrez les dents. Relaxez la mâchoire. Laissez vos lèvres s'écarter doucement. Répétez l'exercice touchant la partie inférieure de votre tête. Prenez le temps d'être conscient de la sensation de relaxation passant dans le bout de vos doigts et dans vos bras, circulant dans votre front, vos yeux, votre nez, vos joues, votre bouche et vos mâchoires. Appréciez la sensation de relaxation.

Concentrez-vous maintenant sur votre *cou*. Poussez votre tête vers l'arrière aussi loin que vous le pouvez. Sentez les muscles de votre gorge et de votre nuque se tendre et se tirer. Maintenez la tension puis relaxez-vous. Laissez votre tête revenir à sa position normale. Vous devriez vous sentir relaxé, comme si votre tête était perchée au-dessus de votre cou, doucement retenue par un ballon invisible. Répétez la séquence de tension et de relaxation; portez alors votre tête vers l'avant jusqu'à ce que votre menton touche votre poitrine. Ressentez la dureté s'étendre de l'arrière de votre cou jusqu'à vos épaules. Notez la sensation lorsque les muscles sont tendus, puis relaxez-vous. Laissez votre tête revenir à sa position normale. Sentez vos muscles se détendre et se relaxer. Sentez la tension disparaître. Recommencez.

Haussez vos *épaules* vers vos oreilles. Sentez les muscles de vos épaules et du haut de votre dos se tendre et s'étirer. Poussez vos épaules vers l'arrière et ressentez la tension à travers votre poitrine. Sentez la contraction des muscles du haut de votre dos entre les omoplates. Relaxez-vous. Laissez vos épaules redescendre à la position de repos. Sentez l'espace s'élargir entre vos omoplates. Sentez vos épaules redescendre de plus en plus. Recommencez.

Concentrez-vous sur votre *abdomen*, en rentrant votre estomac vers l'intérieur alors que vous inspirez avec le haut de votre poitrine. Retenez votre souffle et ressentez la dureté de vos muscles abdominaux, puis expirez et remplissez votre cavité abdominale d'oxygène en laissant votre abdomen s'étendre légèrement. Continuez de respirer lentement et profondément, tout en ressentant la détente dans tous les muscles de l'abdomen. Répétez la séquence de tension et de relaxation de l'abdomen.

Concentrez-vous sur les *fesses* et serrez-les. Maintenez la tension puis relaxez-vous. Ressentez votre corps s'enfoncer dans la chaise et devenir de plus en plus relaxé. Recommencez.

Maintenant, créez une tension dans *votre pied et votre jambe* dominants en pressant votre talon sur le plancher et en tirant vos orteils vers le plafond. Sentez la tension parcourir vos orteils jusqu'à votre pied, à travers votre tibia, votre mollet et votre cuisse. Sentez les muscles se tendre et s'étirer. Remarquez la tension, puis relaxez-vous. Laissez votre pied se déposer lentement sur le plancher. Laissez les muscles se détendre. Sentez votre mollet se relaxer, votre jambe, lourde et chaude, s'enfoncer dans le confort de la chaise. Recommencez, puis portez votre attention au pied et à la jambe non dominants et procédez à la tension et à la relaxation deux fois.

Vous avez terminé maintenant les étapes de tension des différentes parties de votre corps. Remarquez la sensation de relaxation qui vous parcourt tout entier. Portez attention aux différentes parties de votre corps afin de vérifier si vous ressentez encore des tensions en certains endroits. Si c'est le cas, laissez-les disparaître et relaxez-vous. Portez attention à vos mains et à vos bras, à votre front, à vos yeux, à votre nez, à votre bouche et à votre mâchoire. Relaxez-vous. Examinez votre cou, votre nuque et vos épaules et relaxez vos muscles. Votre dos et votre poitrine. Laissez aller toutes les tensions. Vérifiez votre abdomen. Laissez l'air remplir doucement votre abdomen lorsque vous prenez des respirations lentes et profondes. Vérifiez vos fesses et relaxez-les. Vérifiez vos jambes, vos cuisses, vos mollets et vos pieds. Prenez un instant pour apprécier la sensation de relaxation à travers votre corps. Puis, comptez à rebours de trois à un et ouvrez vos yeux, vous sentant relaxé et reposé. Trois, deux, un et ouvrez vos yeux. Félicitez-vous de votre séance de relaxation bien réussie.

TABLEAU 8.2
Agenda de la relaxation

| Jour | Heure | Niveau de Stress/Tension | | Commentaires |
		Avant	Après	
(Exemple)	11 h 45	9	4	Pressé par le temps
	22 h 45	7	2	Inquiétudes concernant l'horaire du lendemain
Lundi				
Mardi				
Mercredi				
Jeudi				
Vendredi				
Samedi				
Dimanche				

Il est important de conserver un agenda quotidien de vos exercices de relaxation. Vous pouvez faire une copie du tableau 8.2 et noter le jour et l'heure chaque fois que vous pratiquez la relaxation. De plus, évaluez votre niveau de tension et de relaxation de la façon suivante. Chaque jour, avant de commencer l'exercice de relaxation, évaluez jusqu'à quel point vous êtes relaxé ou tendu, sur une échelle de 1 à 10, 1 étant un état de relaxation complet et 10, un état de raideur et de tension extrême. Après avoir effectué les exercices, évaluez à nouveau votre niveau de relaxation. Lorsque vous aurez pratiqué la relaxation progressive des muscles pendant environ deux semaines et que vos résultats indiqueront que vous vous sentez plus relaxé, vous pourrez commencer à raccourcir les exercices de relaxation progressive des muscles. Une façon de procéder consiste à regrouper plus de muscles ensemble. Par exemple, vous pouvez regrouper tous les muscles de la partie supérieure de votre corps, en créant une tension et en relaxant en même temps la main et le bras, les épaules, la poitrine et le haut du dos. Vous pouvez aussi regrouper tous les muscles de la tête et du visage. Les muscles des abdominaux et des fesses peuvent être regroupés, de même que les muscles des jambes et des pieds. Une autre façon de raccourcir la durée des exercices est de créer une tension et de relaxer les deux bras en même temps. Vous pouvez aussi effectuer l'exercice avec les deux jambes simultanément.

Lorsque vous maîtriserez la relaxation progressive des muscles, vous pourrez négliger la mise sous tension des muscles et vous concentrer uniquement sur la relaxation. Ainsi, lorsque vous noterez un début de tension, vous n'aurez qu'à vous donner la directive de relaxer un groupe musculaire en particulier. À un moment donné vous pourrez indiquer à votre corps de se relaxer sur commande et deviendrez plus détendu simplement en prononçant les mots «relaxe-toi». À ce stade, vous aurez conditionné votre corps à se relaxer à partir d'un signal. Il sera désormais possible d'utiliser ce signal pour vous aider à vous relaxer dans les situations où le niveau de stress est élevé. Rappelez-vous de toujours demeurer attentif à votre corps afin de déceler les sources de tension et utilisez le signal pour les régions spécifiques de votre corps qui ont tendance à être plus tendues.

Pour certaines personnes, la composante de tension des muscles peut créer une distraction et nuire à l'apprentissage de la relaxation. Pour d'autres qui souffrent d'arthrite, cela peut même être douloureux. Si cela vous pose problème, vous trouverez peut-être que la relaxation musculaire à elle seule, sans la composante de tension musculaire, est plus efficace.

L'imagerie mentale

Au lieu de porter l'attention sur la sensation somatique résultant de la relaxation musculaire, certaines méthodes de réduction du stress se centrent sur l'imagerie pour atteindre un état de profonde relaxation mentale et physique. Voici un scénario guidé d'imagerie que vous pouvez essayer. Vous pouvez aussi inventer votre propre exercice avec des images qui sont plus apaisantes pour vous.

Une journée à la plage: Installez-vous dans une position confortable, fermez les yeux et concentrez-vous sur votre respiration. Prenez des respirations profondes, en remplissant votre abdomen d'air et en le laissant soulever doucement vos poumons. Sentez votre corps devenir de plus en plus détendu. Maintenant, imaginez-vous en train de marcher dans un sentier entre deux dunes de sable blanc. Au loin, vous pouvez apercevoir la mer. Le sable glisse doucement le long de vos jambes à mesure que vous descendez le sentier. Maintenant, vous vous retrouvez sur une longue plage déserte. Le sable est d'un blanc étincelant et vous sentez la chaleur qui s'en dégage doucement. Sentez le sable chaud sous vos pieds nus. La journée est claire et le soleil brille d'un vif éclat. Vous pouvez sentir les rayons du soleil derrière votre dos, pénétrant votre corps, vous remplissant de leur chaleur. Prenez conscience maintenant des sons qui vous entourent. Écoutez le bruit des vagues sur le rivage et les goélands s'interpellant au loin. Maintenant, en marchant sur la berge, sentez le sable humide et frais sous vos pieds. À chaque flot des vagues sur le rivage, vous sentez vos tensions disparaître de plus en plus. À chaque retrait de la mer, le sable glisse sous vos pieds et vous sentez la tension s'évaporer. La chaleur du soleil vous remplit de paix et de joie et la mer élimine vos tensions. C'est une journée parfaite. C'est un endroit idéal. Vous pouvez y retourner chaque fois que vous vous sentez tendu ou préoccupé. Saluez maintenant la mer et remerciez-la d'avoir éliminé vos tensions. Remerciez le soleil pour ses rayons relaxants. Retrouvez le sentier et revenez vers cette pièce où vous étiez au départ. Ouvrez vos yeux et notez à quel point vous vous sentez détendu.

Certaines personnes trouvent qu'il est plus facile de se relaxer en utilisant cette forme d'imagerie mentale plutôt qu'en se concentrant sur les sensations physiques de la relaxation musculaire. Plusieurs méthodes additionnelles d'imagerie mentale pour réduire la tension sont décrites dans l'excellent livre *The Relaxation and Stress Reduction Workbook*, de Davis, Eshelman et McKay. L'une de ces techniques implique de visualiser votre tension à l'aide d'une couleur et d'une forme, puis de changer de couleur et de forme. Après avoir effectué l'exercice, vous éliminez la seconde forme et la couleur jusqu'à ce qu'elles sortent de votre conscience. Dans une autre forme d'imagerie, vous pouvez imaginer votre corps rempli d'unc couleur particulière qui représente vos tensions. À mesure que vous imaginez la couleur changeant vers une couleur symbolisant un état de relaxation profonde et de paix intérieure, vous pouvez aussi ressentir une sensation physique de relaxation.

L'autohypnose

La relaxation hypnotique peut être une méthode efficace pour gérer le stress. Les ondes alpha sont présentes durant une transe hypnotique. Ces mêmes ondes sont caractéristiques de la période transitoire de relaxation servant de pont entre l'éveil et le sommeil. Une technique permettant l'induction de l'autohypnose consiste à fixer les yeux sur un petit point au plafond au-dessus et derrière le champ de vision. Fixer une chandelle ou un autre objet fonctionne bien aussi. Commencez l'induction de l'autohypnose en vous plaçant dans une position confortable. Pendant que vous fixez les yeux sur l'objet ou le point, dites-vous que vos paupières deviennent de plus en plus lourdes, que de petits poids y sont attachés, les attirant vers le bas. Sentez vos paupières devenir de plus en plus lourdes. Vous éprouvez des difficultés à les garder ouvertes. Vous ne pouvez pas les garder ouvertes plus longtemps.

À mesure que vous continuez cette forme d'autosuggestion, choisissez un mot à prononcer lorsque vos paupières se ferment, un mot que vous trouvez relaxant. Répétez ce mot lentement lorsque vos paupières se ferment. Avec le temps, ce mot à lui seul pourra être suffisant pour induire une transe. Les yeux fermés, dites-vous de devenir de plus en plus détendu. Imaginez-vous en train de descendre — un escalier, un ascenseur ou un tunnel. Dites-vous que vous allez de plus en plus profondément. Dites-vous que vous pouvez sortir de la transe lorsque vous le désirez. Vous pouvez monter les escaliers ou l'ascenseur en comptant à rebours. Dites-vous de vous réveiller, vous sentant relaxé et en paix.

Bien qu'il soit au-delà de la portée de ce chapitre d'explorer plus en profondeur les procédures d'autohypnose, cet exercice peut vous être utile. Pour obtenir de l'information plus détaillée, vous pouvez consulter un psychologue spécialement formé en hypnothérapie.

La méditation

La méditation est un exercice mental pouvant ralentir le métabolisme du corps et le rythme de la respiration et augmenter les ondes alpha du cerveau présentes dans les états de relaxation profonde. La méditation peut aussi aider à soulager la tension musculaire et l'anxiété. Elle a été utilisée pour aider des gens à cesser de fumer, à gérer le stress et à vaincre l'insomnie. Le but de la méditation est de gagner le contrôle de votre attention à l'aide de la concentration sur un objet. Dans un monde où les gens sont constamment assaillis de stimulations, la méditation peut aider à se concentrer sur ce qui est plus important et ils peuvent devenir ainsi moins distraits par les choses ou les situations de moindre importance qui causent souvent du stress.

Pour apprendre comment méditer, trouvez un endroit tranquille. Placez-vous dans une position confortable et relaxez vos muscles mais de façon passive. Vous pouvez choisir de centrer votre attention sur un objet physique, un mot ou un son répété. Respirez régulièrement. N'essayez pas de modifier votre façon de respirer. Si vous avez choisi de vous concentrer sur un mot ou sur un son, répétez-le silencieusement pour vous-même avec chaque inspiration et expiration. Par exemple, répétez dans votre tête les mots «un» lorsque vous inspirez et «deux» lorsque vous expirez. Si vous choisissez de vous concentrer sur un objet, tenez l'objet (une chandelle, une pierre ou un bijou) dans vos mains de telle sorte que vous puissiez le visualiser facilement. Vous pouvez le tourner ou le caresser afin d'en imprégner pleinement vos sens visuels et tactiles. Faites l'expérience de l'objet aussi complètement que vous le pouvez. Que vous vous concentriez sur un objet, sur un son ou sur un mot, n'essayez pas de contrôler vos pensées. Lorsque les pensées traversent votre esprit, laissez-les passer pendant que vous continuez de vous concentrer sur votre mot, objet ou son. Ne vous réprimandez pas si vous vous surprenez à être distrait par des pensées. Laissez-les simplement aller et centrez votre attention sur votre mot, objet ou son. N'essayez pas d'évaluer votre performance. Ce n'est pas important. Adoptez une attitude passive et ouverte. Continuez à méditer pendant environ 20 minutes, puis ouvrez les yeux ou cessez de vous concentrer sur votre objet. Lorsque vous cessez de méditer, laissez quelques minutes à votre corps pour se rééquilibrer avant de revenir à vos tâches journalières.

Quelques avertissements

Pour profiter des bienfaits de toute procédure de relaxation, vous devez vous exercer régulièrement. Si vous trouvez toujours des excuses du genre «Je suis trop occupé», vous êtes alors probablement de ceux qui en ont le plus besoin! Trouvez un endroit tranquille et un moment où vous n'êtes pas susceptible d'être dérangé. Répétez pendant au moins deux semaines durant la journée avant d'utiliser la procédure à l'heure du coucher; si vous ne maîtrisez pas bien la technique de relaxation sélectionnée, cela peut vous maintenir éveillé.

Bien que vous deviez faire un effort constant, n'exagérez pas! Essayer trop intensément de se relaxer peut paradoxalement mener à l'anxiété de performance. Soyez patient. Si après deux ou quatre semaines d'exercice assidu vous ne sentez pas que cela vous aide, il est possible que ce ne soit simplement pas fait pour vous. Tout le monde n'est pas un bon candidat pour les interventions basées sur la relaxation. Par exemple, l'hypnose est plus efficace pour les gens ayant un niveau élevé de suggestibilité.

Des cassettes de relaxation, d'imagerie et d'autohypnose sont disponibles sur le marché. Vous pouvez en acheter une pour vous aider dans la phase initiale de votre entraînement. Cependant, à long terme, vous devrez être capable d'utiliser ces habiletés sans avoir recours à des cassettes. Le but ultime est de développer un contrôle personnel et de pouvoir utiliser ces habiletés de gestion du stress à tous moments où vous en avez besoin. Enfin, souvenez-vous qu'aucune méthode de relaxation ne produit d'effets immédiats et qu'il n'y a pas de recette magique. Ces méthodes doivent être considérées comme des habiletés ou des outils pour vous aider à gérer le stress et à améliorer votre sommeil.

Modifier les pensées qui causent le stress

Pourquoi les gens éprouvent-ils la réponse de «combat ou fuite» face à des situations non menaçantes de la vie de tous les jours? En fait, c'est notre évaluation ou notre interprétation d'une situation qui déterminent si nous avons une réaction de stress. Toute situation qui est perçue comme menaçante, qu'elle le soit ou non dans la réalité, risque d'entraîner une réponse de «combat ou fuite». Les réactions émotionnelles (stress, anxiété, dépression) sont en partie modulées par notre perception du monde, du futur et de nous-mêmes. Notre pensée est constamment au travail, interprétant des situations et nous donnant silencieusement du *feed-back* à propos de celles-ci. Parfois, nous sommes conscients de ce *feed-back* mental, mais il est plus souvent hors de notre conscience. Le Dr Aaron T. Beck, psychiatre et pionnier de la thérapie cognitive, nomme ces messages silencieux «pensées automatiques». Les pensées automatiques que nous entretenons sont souvent négatives et déformées, diminuant notre estime de soi et détériorant nos relations avec les autres.

Prenons les exemples suivants. Vous voyez deux de vos collègues qui discutent ensemble à l'heure du dîner. Vous vous asseyez à la table et ils deviennent immédiatement silencieux. Vous pouvez interpréter cette situation de plusieurs façons. Vous pouvez penser: «Ils ne m'aiment pas puisqu'ils ne veulent pas me faire part du sujet de leur discussion.» En d'autres mots, vous interprétez leur silence comme étant une menace à votre relation et à votre estime de soi. Cette pensée peut occasionner des sentiments de rejet ou de colère, vous amenant à vous tenir à l'écart ou à garder rancune à ces collègues. Plus tard, dans la journée, vous pouvez prendre conscience de problèmes physiques — un mal d'estomac ou de tête. Vous pouvez être irritable et brusquer d'autres collègues. Cependant, il existe une autre façon d'interpréter ce même événement. Lorsque vous voyez vos collègues de travail interrompre brusquement leur conversation, vous pouvez aussi penser: «Ils doivent parler d'un sujet confidentiel qui ne me concerne pas. Ils ont beaucoup d'intégrité.» Cette interprétation ne menace pas votre estime de soi et ne vous amène pas à être stressé par la situation.

Une façon importante de gérer le stress dans votre vie consiste à changer votre perception qu'une situation est menaçante. Pour ce faire, vous devez d'abord prendre conscience des pensées que vous entretenez à propos d'une situation et qui provoquent des émotions désagréables. Si vous n'êtes pas habitué à porter attention à votre discours interne, il est possible que vous deviez procéder à rebours, c'est-à-dire identifier les sentiments négatifs ressentis et ensuite les pensées qui les ont provoqués. Ainsi, lorsque vous avez déjà réagi à une situation en vous sentant en colère ou bouleversé, prenez un peu de recul et demandez-vous: «Qu'est-ce que je me suis dit concernant cette situation?» Avec le temps, vous serez en mesure d'identifier les pensées produisant du stress avant même que votre réaction de stress devienne hors de contrôle. Lorsque vous arriverez à identifier les pensées qui mènent à des sentiments ou à des réactions négatives, commencez à évaluer la validité de ces pensées automatiques. Vérifiez les faits tels qu'ils sont en réalité. Demandez aux autres de quelle façon ils interpréteraient la situation. Examinez la situation à partir de perspectives différentes. Le Dr Beck décrit une série d'erreurs cognitives ou de pensées erronées qui peuvent altérer le traitement de l'information face à une situation donnée. Vérifiez si vous êtes de ceux ou celles qui font l'une des erreurs cognitives suivantes:

1. La surgénéralisation (évidence tirée à partir d'un exemple ou d'une expérience bien spécifique qui est appliquée de façon erronée aux autres situations);
2. La pensée du tout-ou-rien (catégoriser comme étant un ou l'autre, tout noir ou tout blanc; l'absence de demi-mesure);
3. La dramatisation (imaginer le pire qui puisse arriver ou exagérer ce qui peut arriver jusqu'à des proportions extrêmes);
4. L'attention sélective (se concentrer uniquement sur le négatif en excluant systématiquement le positif);
5. La personnalisation (interpréter un événement ou une circonstance comme étant une indication d'un aspect négatif de soi ou une humiliation);
6. L'étiquetage (prendre l'exemple d'un comportement bien spécifique et en faire une caractéristique négative de la personne ou de soi).

Nous avons vu au chapitre 7 comment ces mêmes erreurs cognitives peuvent alimenter le cercle vicieux de l'insomnie. Il est aussi facile de voir comment une mauvaise façon de penser peut amener quelqu'un à se sentir stressé ou déprimé. Nos pensées négatives ou déformées concernant une situation sont souvent le résultat d'attentes irréalistes à propos d'une situation ou d'autres personnes. Les «je dois» et les «il faut» sont issus de l'imposition de standards rigides par nous et les autres personnes. L'impossibilité de délaisser ces standards rigides peut résulter en sentiments de souffrance, de colère ou de désappointement. Le Dr Albert Ellis, psychologue et père de la thérapie rationnelle émotive, soutient qu'il existe plusieurs croyances irrationnelles de base qui mènent à des pensées négatives. Lisez ces énoncés et essayez d'identifier ceux que vous endossez personnellement.

1. C'est une nécessité absolue pour un adulte d'obtenir l'amour et l'approbation des pairs, de la famille et des amis.
2. Vous devez être infailliblement compétent et presque parfait dans tout ce que vous entreprenez.
3. Certaines personnes sont mauvaises, méchantes et ignobles et devraient être punies.
4. C'est horrible lorsque les gens et les choses ne sont pas comme vous voudriez qu'ils soient.
5. Les événements extérieurs sont principalement responsables de la misère humaine — les gens réagissent simplement aux événements selon les émotions qu'ils déclenchent.
6. Vous devriez ressentir de la peur ou de l'anxiété à propos de tout ce qui est inconnu, incertain ou potentiellement dangereux.
7. Il est plus facile d'éviter les difficultés et les responsabilités de la vie que d'y faire face.
8. Vous avez besoin de quelqu'un de plus fort ou de plus grand que vous pour vous y fier.
9. Le passé permet en grande partie de déterminer le présent.
10. L'inaction, la passivité et les loisirs à profusion permettent d'atteindre le bonheur.

Lorsque vous aurez identifié les croyances irrationnelles et les erreurs cognitives de votre mode de penser, vous devrez les modifier en leur substituant des pensées plus positives ou constructives. Ne vous découragez pas si vos premières tentatives de modifier votre mode de penser n'entraînent pas de changements immédiats. La substitution de pensées requiert beaucoup d'exercice. Il est parfois utile d'écrire des pensées adaptées à des situations spécifiques sur des fiches et de les afficher dans un endroit où elles sont facilement visibles. Par exemple, vous pouvez constater que vous êtes souvent stressé par les demandes des autres, au travail ou à la maison, parce qu'eux planifient mal leur temps. Ainsi, le dicton populaire «Une urgence pour vous n'en est pas une pour moi» peut être laissé sur votre bureau ou inscrit sur le réfrigérateur pour vous remémorer que vous n'avez pas toujours à tirer les autres d'une impasse. Avec le temps et l'exercice, vous vous apercevrez que vous substituez automatiquement des pensées constructives aux anciennes pensées mésadaptées. Mieux, vous commencerez à remarquer que vous n'êtes pas aussi stressé que vous l'étiez auparavant.

Éliminer la situation stressante

Une troisième façon de composer avec le stress est de le prévenir avant même qu'il ne survienne. En d'autres mots, débarrassez-vous des situations qui provoquent du stress. Prenez un moment pour prendre un certain recul sur votre vie. Quelles situations sont stressantes pour vous? Est-ce le rythme effréné de la vie, un emploi insatisfaisant ou les gens qui vous appellent et vous dérangent? Parfois, les tentatives pour éliminer le stress en réinterprétant la situation ne sont pas concluantes parce que certaines situations sont fondamentalement stressantes. Si vous découvrez des choses particulières qui vous amènent à réagir négativement de façon chronique, essayez d'éliminer ou de changer les circonstances. Voici quelques façons d'y arriver:

1. Développez des stratégies efficaces de résolution de problèmes

Lorsque vous êtes aux prises avec une situation stressante, vous devez: (a) identifier la situation causant le stress; (b) explorer toutes les solutions potentielles; (c) examiner le pour et le contre de chaque solution; (d) implanter la ou les solutions choisies; et (e) évaluer le résultat. En adoptant une stratégie efficace de résolution de problèmes, que ce soit au travail ou à la maison, vous réduirez votre niveau de stress et améliorerez la qualité de vos relations avec les autres. Vous améliorerez aussi probablement votre performance.

2. *Établissez des priorités et gérez votre temps*

Pour supporter la vie d'aujourd'hui avec son rythme effréné, il est important de planifier soigneusement votre temps plutôt que de laisser votre horaire chargé prendre le dessus. Steven Covey, auteur du best-seller *The 7 Habits of Highly Effective People*, considère que la gestion du temps se divise en quatre quadrants. Dans le quadrant supérieur gauche figurent les activités urgentes et importantes — les crises, les problèmes pressants ou les projets avec échéances. Dans le quadrant inférieur gauche figurent celles qui sont urgentes mais non importantes — les interruptions, les appels non importants, certaines réunions non importantes. Dans le quadrant inférieur droit sont placées les activités qui ne sont ni urgentes ni importantes — trier le courrier, ranger les dossiers, etc. Le quadrant supérieur droit regroupe les activités qui ne sont pas urgentes mais qui sont importantes. Se retrouvent dans cette catégorie les relations interpersonnelles, le développement de nouvelles opportunités, la planification, l'établissement d'objectifs et les loisirs. Les gens qui gèrent mal leur temps s'engagent principalement dans les activités des quadrants de gauche ou du quadrant inférieur droit. Ils passent leur temps à éteindre des feux — répondant aux urgences des autres — ou dans des activités sans impact laissant peu de temps pour le vrai travail qui doit être fait. Ces gens passent peu de temps à accomplir des activités visant à établir des relations et les aidant à déterminer où ils veulent se diriger dans la vie. Si votre horaire est constamment dicté par les problèmes, les crises ou les échéances, il est clair que cela peut mener au stress et à l'épuisement professionnel. Trop de temps investi dans des activités qui ne sont pas importantes, qu'elles soient urgentes ou pas, résulte en irresponsabilité et en inefficacité. Mettre en priorité certaines activités dans le quadrant de la prévention peut mener à un sentiment de prévoyance et d'utilité, le sentiment d'être en contrôle. À un moment donné, cela vous permettra d'avoir moins de crises à traverser ou de feux à éteindre. Voici d'autres stratégies de gestion du temps: faites une liste des choses à faire ou à planifier avec des buts opérationnels; prévoyez, chaque jour, une période de temps sans dérangement; entreprenez une étape à la fois et commencez par l'essentiel; décomposez les tâches difficiles en tâches plus simples; remettez l'auto-évaluation à plus tard et commencez!

3. Apprenez à déléguer

Plusieurs personnes pensent que le travail bien fait doit être fait par elles-mêmes. Cette attitude mène au sentiment d'être surchargé et laisse peu de temps pour entretenir une façon de voir axée sur la prévention ou pour investir dans des activités permettant d'établir des relations. Arriver à faire assez confiance aux autres pour leur déléguer certaines de vos responsabilités peut soulager cette surcharge. Déléguer encourage aussi les autres à développer de nouvelles habiletés et à prendre de nouvelles responsabilités. La vraie délégation de pouvoir implique d'expliquer aux autres quels résultats vous attendez, puis de les laisser atteindre le résultat de la façon qui leur convient. Vouloir contrôler les méthodes ou surveiller le processus entier peut être frustrant et ne pas vous laisser plus de temps libre que vous en aviez auparavant.

4. Affirmez-vous

Beaucoup de stress résulte de notre incapacité à opposer un *non* aux demandes qui nous sont adressées. On peut vous demander d'être membre de trop de comités, de surveiller les enfants des autres ou de couvrir vos collègues. Toutes ces requêtes peuvent engendrer un sentiment de perte de contrôle: vous avez l'impression que l'on tire avantage de vous. Vos propres besoins ne sont pas satisfaits. Que la demande soit réaliste ou non, être capable de vous affirmer et de dire *non* peut être très libérateur. Cependant, il est important de différencier les comportements passif, affirmatif et agressif. L'affirmation de soi implique la capacité d'exprimer ses propres besoins sans blesser les autres. Si vous devenez stressé parce qu'il vous est difficile de dire non ou de voir vos besoins comblés, un livre sur l'affirmation de soi ou un groupe d'entraînement à l'affirmation pourrait vous être très utile.

Nous avons discuté au chapitre 3 de la relation existant entre l'affirmation de soi et les problèmes de sommeil. Dans ma propre expérience clinique, je remarque souvent à quel point les insomniaques sont des gens intrinsèquement aimables. Ce sont souvent des gens qui mettent leurs intérêts de côté pour plaire aux autres, étant plus préoccupés de plaire aux autres qu'à eux-mêmes. D'un autre côté, les bons dormeurs sont généralement plus affirmatifs dans l'expression de leurs besoins et la revendication de leurs droits. Ils disent ce qu'ils ont à dire le jour et lorsqu'ils vont au lit, ils ont l'esprit plus tranquille et dorment sur leurs deux oreilles. À l'opposé, le manque d'affirmation pendant le jour peut amener une personne à s'inquiéter et à ruminer à l'heure du coucher à propos de ce qui aurait pu être fait ou dit différemment. Naturellement, ces monologues internes interfèrent avec le sommeil.

5. *Exprimez la colère de façon adéquate*

Une bonne partie du stress peut résulter d'une incapacité à exprimer sa colère d'une manière non menaçante. Il y a deux façons inadéquates d'exprimer sa colère — le faire de façon belligérante ou en blâmant les autres ou encore la garder pour soi, la laissant agir à l'intérieur. Certains emplissent leur sac, gardant leur colère à l'intérieur jusqu'à ce qu'elle soit déclenchée par un sujet sans importance et que le sac se vide, faisant éclater la colère. Exprimer sa colère d'une manière non agressive est une forme d'affirmation de soi. Vous pouvez exprimer votre colère de façon adéquate en commençant les phrases par «Je» plutôt qu'en les formulant sous forme de blâmes ou d'attaques personnelles. Concentrez-vous sur les circonstances que vous désirez changer plutôt que sur les éléments que vous trouvez désagréables. Les habiletés de résolution de conflits peuvent aussi vous aider à composer plus efficacement avec la colère. La première étape dans la résolution de conflits implique l'écoute active. Reformuler ce que dit votre interlocuteur peut lui faire sentir que vous l'écoutez. Ensuite, vous pourriez tous les deux examiner les solutions alternatives à l'aide d'un *brainstorming*. Évaluez chaque solution proposée jusqu'à ce que tous puissent s'entendre.

6. *Récompensez-vous et prenez le temps d'apprécier la vie*

L'adage «Si le travail nuit à vos loisirs, laissez tomber le travail» est en partie véridique. Évaluez la façon dont vous utilisez votre temps. Pour effectuer cet exercice, notez pendant une semaine vos activités, puis classez-les comme étant agréables, désagréables ou neutres. Quelle proportion de votre semaine est investie dans des activités désagréables? Combien de fois durant la semaine avez-vous eu des expériences que vous avez vraiment appréciées? Si vous

vous apercevez que la majorité de votre temps est passée à faire des tâches que vous considérez comme des corvées, ne vous demandez pas pourquoi vous vous sentez stressé.

Par la suite, faites une liste d'activités que vous considérez agréables ou excitantes. Planifiez certaines de ces activités pour la semaine suivante. Pour vous récompenser d'avoir travaillé fort, offrez-vous des activités agréables ou de petits cadeaux. Il est spécialement important de vous donner du temps pour décompresser à la fin d'une longue journée. Si vous travaillez jusqu'au moment de vous mettre au lit, ne soyez pas surpris d'éprouver des difficultés à faire le vide et à trouver le sommeil. Planifiez au moins une heure où vous pouvez vous relaxer à l'aide d'une activité tranquille et agréable avant de vous installer pour la nuit.

7. *Prenez soin de votre corps*

Beaucoup d'experts en gestion du stress s'entendent pour dire que si vous ne prenez pas soin de vous physiquement, cela peut s'avérer être une source de stress additionnelle. Une alimentation équilibrée et de l'exercice physique sont deux bonnes façons de prendre soin de votre corps. Bien s'alimenter, c'est avoir une diète équilibrée, avec un choix quotidien d'aliments parmi les quatre groupes alimentaires. Bien que la grosseur des portions puisse varier selon l'âge, le poids et le sexe, votre diète devrait inclure plus de fruits, de légumes, de pain et céréales que de produits laitiers et de viande, de volaille ou de produits protéiformes. Le gras, le sucre et les aliments à teneur élevée en sodium devraient être soigneusement contrôlés. Les vitamines jouent un rôle important dans la gestion du stress. La sécrétion de cortisol, l'hormone du stress produite par le cortex adrénal, implique l'utilisation de vitamines. Le stress chronique peut amener une réduction des quantités de vitamines B et C. De plus, les substances contenant de la caféine telles que le café, le thé, certaines boissons gazeuses et le chocolat sont toutes des stimulants du système nerveux central et produisent des réponses similaires au stress. Éliminer la cigarette et éviter l'alcool ou l'utiliser avec modération peut aussi contribuer à contrôler le stress.

L'exercice physique est important, pas uniquement pour aider à contrôler votre poids mais aussi pour diminuer le stress. L'exercice aérobique implique une activité rythmique soutenue (20 minutes ou plus par séance d'entraînement) des gros muscles moteurs — la course, le jogging, la danse, la nage, la marche rapide et la bicyclette. L'exercice aérobique améliore les capacités cardio-vasculaires et pulmonaires. Il augmente la production des globules rouges dans la moelle, aide à maintenir une pression sanguine normale et un pouls moins élevé et rehausse l'énergie et l'endurance. L'exercice renforce aussi les muscles et les os. Avant d'entreprendre un programme d'exercices, il est important de se soumettre à un examen physique et d'obtenir l'approbation de son médecin.

Si vous désirez adopter d'autres types d'exercices ayant une intensité moindre et un plus faible impact, optez pour le yoga isotonique et le yoga isométrique. Ces exercices impliquent l'étirement ou la contraction des muscles et augmentent la force et la flexibilité musculaires. Le yoga peut aussi être combiné avec la méditation. Quel que soit le type d'exercices que vous choisissez, rappelez-vous ces conseils utiles: (a) n'effectuez jamais d'exercices juste avant l'heure du coucher; (b) commencez graduellement et augmentez en intensité; (c) les exercices d'échauffement et de détente sont essentiels; (d) fixez-vous des objectifs et notez vos progrès; (e) faites de l'exercice au moins trois fois par semaine; (f) récompensez-vous par des félicitations et non avec de la nourriture; et (g) surtout, choisissez une forme d'exercice qui soit agréable. Vous obliger à faire un type d'exercice qui vous est désagréable peut uniquement accroître votre stress.

8. Développer un réseau de support social pour vous soutenir

Le soutien peut être un facteur permettant de prévenir ou de réduire le stress. Dans une société où la productivité prime et où les gens se déplacent facilement, plusieurs personnes se retrouvent séparées de leur famille et de leurs amis. Être seul pour faire face à ses problèmes peut être stressant en soi. La présence de gens qui se préoccupent de nous peut être d'un grand soutien et faire toute la différence dans la manière avec laquelle nous composons avec le stress. Prenez donc le temps de trouver des gens qui partagent vos valeurs et qui seront là lorsque vous aurez besoin de quelqu'un pour parler, qui célébreront vos joies et partageront vos peines. Il n'existe pas de substituts aux gens, surtout dans un monde axé sur la communication technologique où il est de plus en plus possible de travailler une journée entière à la maison à l'ordinateur, sans même avoir à rencontrer qui que ce soit.

Dans ce chapitre, nous avons mis l'accent sur la relation existant entre le stress et l'insomnie et nous avons exposé trois approches pour gérer le stress de votre vie quotidienne. La première vise à réduire vos réactions physiologiques et mentales au stress, à l'aide de procédures telles que la respiration profonde, la relaxation musculaire, la méditation, l'imagerie mentale et l'autohypnose. La seconde approche consiste à changer votre perception de l'événement stressant. Il s'agit ici d'identifier les pensées, croyances et attitudes inappropriées qui provoquent des émotions négatives et de leur substituer des pensées plus adaptées et plus constructives. Enfin, la dernière approche pour composer avec le stress consiste à changer ou à éliminer les circonstances ou les événements menant à une réaction de stress. Certaines façons de modifier la situation stressante consistent à établir des frontières et à apprendre à dire *non*, à gérer son temps plus efficacement et à établir des priorités, à déléguer, à exprimer sa colère d'une manière adaptée, à vous récompenser, à vous laisser du temps pour décompresser à la fin de la journée, à prendre soin de votre corps et à bâtir un réseau social sur lequel vous puissiez compter.

Lorsque nous dormons, nous ne sommes pas décrochés des activités qui se sont déroulées durant la journée. Le stress est un des pires ennemis d'une bonne nuit de sommeil. Il est irréaliste de penser que vous puissiez mener une vie remplie de stress durant la journée et être soudainement libéré de toute inquiétude la nuit. Composer avec le stress de façon efficace durant la journée ne peut que prédisposer à passer une nuit de sommeil paisible.

9

Maintenir une bonne hygiène du sommeil

Le sommeil est affecté par une multitude de facteurs associés à notre style de vie: l'alimentation, l'exercice, la consommation d'alcool, de même que par des facteurs environnementaux comme le matelas, la température ambiante, le bruit, la lumière. Dans ce chapitre, vous apprendrez de quelle façon certains modes de vie et certaines influences environnementales favorisent une bonne nuit de sommeil ou au contraire interfèrent avec elle. Premièrement, pour évaluer la qualité de votre hygiène du sommeil, complétez le questionnaire suivant.

TABLEAU 9.1
Votre hygiène du sommeil est-elle saine?

Consommez-vous de la caféine durant la soirée?

Fumez-vous peu avant l'heure du coucher ou lorsque vous vous réveillez la nuit?

Prenez-vous une boisson alcoolisée à l'heure du coucher pour vous aider à décompresser?

Prenez-vous un repas copieux avant de vous mettre au lit?

Prenez-vous une collation au milieu de la nuit?

Pratiquez-vous un exercice exigeant peu avant l'heure du coucher?

Est-ce que votre chambre à coucher ressemble à un champ de bataille?

Est-ce que votre matelas est trop dur ou trop mou?

Est-ce que la température de votre chambre est trop chaude ou trop froide?
Est-ce que le bruit vous garde éveillé la nuit?
Y a-t-il de la lumière qui pénètre dans votre chambre la nuit?

Comme la plupart des insomniaques, vous êtes probablement au courant de l'effet de ces facteurs sur votre sommeil. Néanmoins, des sondages démontrent que même si les insomniaques sont bien informés concernant l'hygiène du sommeil, plusieurs se pensent à l'abri de ces influences et s'engagent en fait dans plus de pratiques néfastes que les bons dormeurs. Ainsi, si vous avez répondu affirmativement à l'une ou l'autre de ces questions, ce chapitre vous en apprendra davantage sur les principes de base d'une bonne hygiène du sommeil. Le tableau 9.2 résume certaines directives à suivre pour améliorer votre hygiène du sommeil et vous aider à mieux dormir. Par la suite, vous trouverez des explications sur ces recommandations.

Tableau 9.2
Directives pour une bonne hygiène du sommeil

- La caféine est un stimulant et devrait être évitée quatre à six heures avant le coucher.
- La nicotine est un stimulant; évitez de fumer à l'heure du coucher et lorsque vous vous réveillez la nuit.
- L'alcool est un dépresseur; il peut aider à s'endormir, mais interrompt le sommeil plus tard dans la nuit.
- Une légère collation peut être bénéfique, mais ne prenez pas un repas copieux juste avant le coucher.
- L'exercice physique régulier peut approfondir le sommeil, mais évitez d'en faire peu avant l'heure du coucher puisque cela peut être stimulant.
- Gardez votre chambre à coucher ordonnée et propre; choisissez un matelas confortable.
- Évitez les températures extrêmes dans la chambre à coucher; maintenez une température modérée.
- Faites en sorte que votre chambre à coucher soit tranquille et obscure.

1. La caféine: Évitez la caféine quatre à six heures avant le coucher
La caféine est la substance la plus utilisée dans notre société. C'est un stimulant du système nerveux central et elle est souvent

employée par les gens qui veulent demeurer éveillés. Naturellement, lorsqu'elle est consommée près de l'heure du coucher, elle produit un sommeil léger et interrompu. Selon son mode de préparation, une tasse de café contient entre 75 mg (instantané) et 200 mg (infusé) de caféine alors que celle-ci est pratiquement absente des boissons décaféinées. La caféine atteint sa concentration maximale dans le sang entre 15 et 45 minutes après son ingestion. Bien que cela puisse varier d'une personne à l'autre, il faut environ trois heures pour éliminer la moitié de la caféine du système. La caféine consommée une heure avant le coucher peut ainsi retarder l'endormissement. Lorsqu'elle est consommée au moment même du coucher, elle peut interrompre le sommeil durant la nuit. Une consommation quotidienne modérée est peu susceptible d'affecter le sommeil, mais une ingestion considérable durant la journée peut entraîner des symptômes de sevrage tels que des maux de tête en soirée, ce qui peut retarder l'endormissement.

La plupart des gens sont bien informés des effets stimulants de la caféine et font attention à ne pas en consommer après le souper. Cependant, comme je dois souvent le rappeler à mes patients en pratique clinique, nous ne devons pas sous-estimer les effets stimulants des boissons gazeuses, du thé glacé et du chocolat. Un de mes patients, Pierre, était fier d'affirmer ne jamais consommer de café après le souper. Mais lorsque je l'ai interrogé sur sa consommation d'autres produits contenant de la caféine, il a avoué boire du Pepsi durant presque toute la soirée en plus d'avaler une ou deux barres de chocolat. La caféine n'est pas uniquement présente dans le café, elle est contenue en plus petites proportions dans le thé, le cacao, le chocolat, plusieurs boissons gazeuses (Pepsi, Coke) et bon nombre de médicaments disponibles sans ordonnance (comprimés/pilules anorectiques et contre les allergies et le rhume). L'utilisation de ces produits à l'heure du coucher peut avoir les mêmes effets néfastes sur le sommeil que le café.

La sensibilité et la tolérance aux produits dérivés de la caféine varient d'un individu à l'autre et peuvent avoir des effets variables sur le sommeil. Une plus grande tolérance permet d'expliquer pourquoi certains grands consommateurs de caféine ne se plaignent pas de difficultés à dormir. Les insomniaques peuvent être plus sensibles aux effets stimulants de la caféine en raison d'une plus grande prédisposition à l'hyperactivité. Cependant, de façon générale, la caféine consommée près de l'heure du coucher dérange la qualité du sommeil de tous les individus, même de ceux qui affirment qu'elle n'a aucun impact.

2. La nicotine: Évitez de fumer à l'heure du coucher et lorsque vous vous réveillez la nuit

La nicotine est un stimulant du système nerveux central qui produit sensiblement les mêmes effets sur le sommeil que la caféine. Bien que les fumeurs puissent éprouver une sensation de relaxation, l'effet global de la nicotine est la stimulation. Une petite dose de nicotine peut produire une légère et brève période de sédation mais à plus forte dose, cet état est rapidement remplacé par une augmentation du rythme cardiaque, de la pression sanguine et des autres effets similaires produits par les stimulants. Le résultat est une activation physique et mentale incompatible avec le sommeil. Les effets stimulants de la caféine et de la nicotine combinés sont particulièrement nuisibles au sommeil.

Les sondages et les études en laboratoire confirment l'association existant entre tabagisme et difficultés à dormir. Les fumeurs, particulièrement ceux qui fument plus d'un paquet par jour, prennent plus de temps à s'endormir et se réveillent plus fréquemment que les non-fumeurs ou que les gens qui consomment moins d'un paquet par jour. Le fait de fumer beaucoup peu avant l'heure du coucher peut produire des réveils conditionnés durant la nuit. Par exemple, ceux qui fument beaucoup remarquent que la première chose qui leur vient à l'esprit en se réveillant la nuit est de trouver une cigarette. Les interruptions dans le sommeil peuvent ainsi devenir conditionnées au sevrage de la nicotine.

Si vous êtes fumeur, le meilleur conseil est évidemment de cesser complètement de fumer. Malgré certains symptômes de sevrage survenant au début pendant la journée, les recherches ont démontré que cesser de fumer améliore substantiellement la qualité du sommeil. Pour ceux qui ne peuvent ou ne veulent pas arrêter de fumer, il est particulièrement important de réduire la consommation de cigarettes au cours des quelques heures précédant le coucher. Aussi, ils devraient éviter de fumer lorsqu'ils se réveillent pendant la nuit; cela permet de prévenir le conditionnement de ces réveils nocturnes aux symptômes de sevrage de la nicotine.

3. L'alcool: Faites attention à l'alcool consommé avant le coucher; il peut faciliter l'endormissement mais interrompra le sommeil plus tard dans la nuit

Contrairement à la caféine et à la nicotine, l'alcool est un dépresseur du système nerveux central. C'est toutefois la substance la plus susceptible de causer des interruptions dans le sommeil. Un petit verre de boisson alcoolisée avant le coucher peut aider les personnes tendues à se relaxer et à s'endormir plus rapidement, mais à mesure que l'effet disparaît, le sommeil devient plus léger et interrompu. L'alcool est métabolisé au taux approximatif d'une consommation à l'heure et les symptômes de sevrage peuvent persister deux à quatre heures, même lorsque le taux d'alcool dans le sang est revenu à zéro. Ainsi, une quantité modérée et socialement acceptable d'alcool consommée entre le souper et l'heure du coucher est susceptible de perturber le sommeil. À mesure que l'alcool est métabolisé, le corps éprouve des symptômes de sevrage, causant un sommeil agité et des réveils nocturnes. Un petit verre de boisson forte consommé au milieu de la nuit dans le but de se rendormir entraîne les mêmes symptômes de sevrage plus tard dans la nuit ou au réveil le matin.

L'alcool consommé à l'heure du coucher réduit le sommeil paradoxal dans la première partie de la nuit, effet suivi d'un rebond (une augmentation de la quantité) dans la seconde partie de la nuit. Une quantité excessive de sommeil paradoxal peut provoquer des cauchemars. Les réveils matinaux sont aussi très communs lorsqu'une quantité d'alcool, même modérée, a été consommée la veille. Ainsi, le résultat final est un sommeil plus court et de moins bonne qualité.

L'abus chronique d'alcool a des effets particulièrement néfastes sur le sommeil. À la suite d'un excès, le sommeil est plus profond au départ, mais durant le sevrage, il se produit une réduction marquée du sommeil profond et une légère diminution du sommeil paradoxal. Des facteurs comportementaux et alimentaires interagissent souvent avec l'abus d'alcool dans la perturbation du cycle veille-sommeil. Même durant l'abstinence, le sommeil peut demeurer perturbé pendant de longues périodes de temps, ce qui peut précipiter une rechute. Bien qu'une thérapie du sommeil puisse être utile afin de prévenir la rechute, le traitement devrait d'abord viser le problème sous-jacent d'abus d'alcool.

Pour les buveurs sociaux et ceux qui utilisent un petit verre d'alcool de façon occasionnelle comme aide pour dormir, le meilleur conseil est d'éviter l'alcool ou de le remplacer par une boisson non alcoolisée pendant les quatre à six heures précédant l'heure du coucher. Un petit verre peut aider les personnes anxieuses à se relaxer à l'heure du coucher, mais dans l'ensemble, le résultat est une diminution de la durée et de la qualité du sommeil. L'alcool ne devrait jamais être mélangé avec des pilules pour dormir; cela accentue tous les effets de l'alcool décrits précédemment. L'alcool aggrave aussi le ronflement et si vous avez des symptômes d'apnée du sommeil, son utilisation à l'heure du coucher est strictement contre-indiquée puisque cela accentuera le trouble respiratoire sous-jacent.

4. L'alimentation: Une collation à l'heure du coucher peut faciliter le sommeil, mais ne mangez pas trop

L'ingestion de nourriture peut faciliter le sommeil. Par contre, le moment, le type de nourriture et la quantité de calories consommées sont des facteurs médiateurs importants de cet effet. Par exemple, un léger goûter à l'heure du coucher semble faciliter le sommeil alors qu'un repas copieux a l'effet inverse en accentuant l'activité de votre système digestif. Vous devriez éviter les aliments suivants avant le coucher: les aliments épicés, les arachides, les haricots, la plupart des légumes et des fruits crus, ces derniers pouvant causer des gaz intestinaux. Évitez les collations au milieu de la nuit puisque les réveils nocturnes peuvent devenir conditionnés à la sensation de faim. L'ingestion excessive de liquide dans la soirée peut aussi interrompre votre sommeil en raison du besoin d'uriner.

Existe-t-il certaines substances nutritives spécifiques qui facilitent le sommeil? En fait, peu de chercheurs se sont penchés sur les effets des différents aliments et habitudes alimentaires sur le sommeil. Des observations cliniques suggèrent qu'un repas élevé en hydrates de carbone (pain, fromage, pâtes alimentaires) favorise la somnolence alors qu'un repas élevé en protéines (viandes et substituts) favorise l'éveil. Toutefois, le fait que certains aliments induisent le sommeil est loin d'être prouvé.

Et à propos du verre de lait? Nous avons tous entendu parler de cette vieille recette et la plupart des mères peuvent témoigner des bienfaits du lait pour les bébés à l'heure du coucher. La L-tryptophane, un acide aminé naturel, se retrouve dans le lait et dans plusieurs autres produits laitiers. Sa concentration, avec le neurotransmetteur sérotonine, est accrue durant le sommeil. Théoriquement, il devrait donc favoriser le sommeil. Cependant, les recherches obtiennent des résultats contradictoires; certaines suggèrent une amélioration du sommeil alors que d'autres n'indiquent aucun effet, même avec une quantité largement supérieure à ce qui est naturellement disponible dans un verre de lait. Les effets spécifiques des autres produits laitiers (crème glacée, yogourt, fromage) sur le sommeil sont incertains puisque leur contenu en tryptophane est beaucoup moins élevé que celui des pilules concentrées. Auparavant, la L-trypthophane était disponible sans ordonnance dans la plupart des magasins d'aliments de santé. Cependant, plusieurs cas d'eosinophilie, une maladie du sang associée à une augmentation du nombre de globules blancs, ont été reliés à l'utilisation de ces suppléments alimentaires. Les enquêtes de la Food and Drug Administration (FDA) et du Center for Disease Control ont conclu plus tard que la maladie n'était pas causée par la L-tryptophane mais résultait plutôt de substances contaminantes introduites par inadvertance dans le processus de fabrication de quelques paquets de ce supplément alimentaire. Néanmoins, la FDA a maintenu sa recommandation de retirer du marché américain la L-tryphtophane en pilules concentrées. Il est à noter qu'au Canada, ce médicament est toujours disponible mais avec prescription médicale seulement.

Des changements importants dans l'alimentation et le poids peuvent altérer le sommeil. La perte de poids est accompagnée d'un sommeil court et interrompu alors que le gain de poids est associé à un sommeil long et continu. Les difficultés à dormir peuvent être très sévères chez les patients atteints de troubles de l'alimentation tels que l'anorexie ou la boulimie. Toutefois, il n'est pas toujours clair si ces changements sont reliés aux déficiences nutritionnelles, aux troubles de l'humeur accompagnant souvent les troubles alimentaires ou aux deux. Le sommeil s'améliore habituellement lorsque la personne reprend du poids.

En résumé, un léger goûter accompagné d'une boisson non alcoolisée et sans caféine avant le coucher peut favoriser le sommeil de certains individus. Bien qu'il soit préférable d'éviter d'aller au lit affamé, un repas copieux avant le coucher est à éviter. Ne prenez pas de collations au milieu de la nuit puisqu'à long terme, les réveils nocturnes peuvent devenir conditionnés par la faim. Diminuez votre ingestion de liquide dans la soirée. L'ingestion excessive de liquide peut provoquer le besoin d'uriner et, par la suite, des difficultés à retrouver le sommeil. Ce problème peut être plus fréquent chez les personnes âgées parce qu'elles sont plus vulnérables aux problèmes de vessie et qu'il est possible qu'elles utilisent des diurétiques pour contrôler leur pression sanguine.

5. L'exercice: *L'exercice aérobique régulier peut approfondir le sommeil; évitez cependant l'exercice vigoureux dans les deux heures précédant le coucher*

Les bénéfices de l'exercice régulier pour la condition physique et le bien-être émotionnel sont clairement établis. L'exercice peut aussi améliorer votre sommeil. Courir, nager, faire du ski ou effectuer n'importe quelle dépense énergétique favorise le sommeil profond. Nous avons vu dans le chapitre premier que le sommeil possède plusieurs fonctions; le sommeil profond (stades 3-4) est principalement impliqué dans la restauration de l'énergie physique.

Trois facteurs semblent affecter la relation entre l'exercice physique et le sommeil – la forme physique de la personne, le moment où l'activité est pratiquée en relation avec la période de sommeil et la quantité d'énergie dépensée. L'exercice aérobique régulier effectué par une personne en bonne forme physique améliore le sommeil. Il augmente précisément la quantité de sommeil profond. Un exercice vigoureux et soutenu effectué par une personne en mauvaise forme physique ou sédentaire produit l'effet opposé; il occasionne un sommeil plus léger et plus agité. Le moment où l'exercice est effectué en relation avec la période de sommeil est également important. Faire de l'exercice juste avant l'heure du coucher produit un effet stimulant et interfère avec l'endormissement. À l'opposé, l'exercice physique effectué le matin a peu d'impact sur le sommeil nocturne puisqu'il est effectué trop long-temps avant la période de sommeil. Le meilleur moment pour prati-quer l'exercice est vers la fin de l'après-midi ou le début de la soirée.

Les bénéfices sur le sommeil proviennent du refroidissement du corps survenant quelques heures après l'exercice. Vous pouvez obtenir un effet similaire en prenant un bain chaud durant la soi-rée. Le refroidissement qui fait suite à un réchauffement actif (exercice) ou passif (bain chaud) du corps favorise le sommeil. Ce refroidissement survient plus rapidement avec le réchauffement passif qu'actif du corps, ce qui explique en partie pourquoi un exer-cice vigoureux devrait être effectué au cours de trois à quatre heures avant le coucher alors qu'un bain chaud peut être pris deux heures avant le coucher. Finalement, la quantité d'énergie dépensée est une variable importante qui influence la relation entre exercice et sommeil. Courir un marathon affecte le sommeil différemment de 30 minutes de jogging. Un exercice exigeant un très grand effort est susceptible de perturber le sommeil de la nuit suivante même pour les personnes en très bonne forme physique.

En résumé, il y a deux recommandations de base. Premiè-rement, évitez l'exercice vigoureux peu avant l'heure du coucher et deuxièmement, effectuez un programme régulier d'exercice vers la fin de l'après-midi ou le début de la soirée pour améliorer le som-meil de même que votre bien-être physique et émotionnel. Bien que l'exercice physique à lui seul soit rarement suffisant pour gué-rir l'insomnie chronique et sévère, l'exercice physique régulier peut être un outil utile à ajouter aux autres méthodes apprises jusqu'à présent. Pour les bons comme pour les mauvais dormeurs, c'est une excellente méthode de réduction du stress.

6. *Aménagez votre chambre à coucher de façon agréable*

Si vous essayez de vaincre l'insomnie, ne négligez pas les élé-ments de base. Tout comme un environnement propice au travail

incite à la productivité, vous devez avoir un environnement adéquat pour obtenir une bonne nuit de sommeil.

La chambre à coucher en tant que telle doit être invitante.
Essayez de créer un environnement plaisant et propice au sommeil.
Utilisez des couleurs qui sont relaxantes et réconfortantes; évitez
celles qui sont stimulantes ou déprimantes. Gardez le minimum de
meubles. Ne faites pas un bureau ou une cour de récréation de
votre chambre à coucher; réservez-la pour le sommeil et les activités sexuelles de façon à ce qu'elle devienne associée à ces éléments
seulement. Gardez votre chambre à coucher ordonnée et propre.
Faites votre lit le matin plutôt qu'à l'heure du coucher; cela vous
donnera un sentiment d'ordre et de contrôle dans votre vie. Vous
avez probablement besoin d'un réveille-matin, mais évitez de le
regarder la nuit puisque cela vous gardera uniquement éveillé plus
longtemps. Pour ne pas entendre le tic-tac de l'horloge, couvrez-la
d'une couverture ou d'un oreiller.

Il existe énormément de variations dans les préférences individuelles pour les objets personnels tels que le matelas, les oreillers
et les draps. Ce qui importe est que vous trouviez ce qui est le plus
confortable pour vous. Si vous vous réveillez en sueur la nuit, utilisez des draps plus légers fabriqués de matériel plus frais. Un
matelas trop dur peut causer des difficultés à dormir chez les gens
souffrant d'arthrite alors qu'un matelas trop mou peut présenter
des problèmes pour les individus souffrant de maux de dos. Vous
pouvez corriger un matelas excessivement mou en plaçant des
planches en dessous bien qu'il puisse être nécessaire de le remplacer. Il n'y a pas de faits démontrant que le sommeil soit différent
dans un lit d'eau ou avec un matelas conventionnel. Encore une
fois, c'est une question de préférence personnelle.

7. *Gardez la température de votre chambre à un niveau confortable*

Évitez de dormir dans un environnement chaud ou froid, sec
ou humide. Bien qu'il n'y ait pas de température ambiante idéale
pour tous, les températures extrêmes interfèrent avec le sommeil
normal. La chaleur (24 °C ou 75 °F) augmente les réveils nocturnes, réduit le sommeil paradoxal et le sommeil profond, cause
plus de mouvements et diminue la qualité totale du sommeil. Les

difficultés de sommeil sont moins fréquemment associées aux températures froides bien qu'une température inférieure à 12 °C (54 °F) soit parfois associée à des rêves désagréables et plus émotionnels. S'il n'y a pas de thermostat dans votre chambre, vous pouvez ajuster la température à l'aide de couvertures, d'un ventilateur ou d'un climatiseur.

Votre température corporelle est aussi en étroite relation avec le cycle de veille-sommeil. Nous avons vu dans le chapitre premier que la température du corps varie d'environ un degré Celsius du point le plus élevé au plus bas durant un cycle veille-sommeil de 24 heures. Elle est à son plus bas niveau très tôt le matin alors que la propension au sommeil est plus élevée; elle commence à augmenter peu après et poursuit son ascension toute la matinée. C'est pendant cette période que la vigilance est à son maximum. Certaines recherches ont observé que la température corporelle des insomniaques tend à demeurer plus élevée que celle des bons dormeurs au cours de la période de 24 heures du cycle veille-sommeil. Ce résultat est cohérent avec les rapports des insomniaques qui révèlent avoir chaud durant la nuit. Ainsi, il est préférable de conserver votre chambre à coucher bien aérée et plutôt fraîche.

8. Évitez le bruit et la lumière excessive

Les bruits provenant d'un conjoint qui ronfle, du chien du voisin qui jappe ou de la circulation peuvent déranger votre sommeil. Vous pouvez pousser votre conjoint du coude ou déménager sur le sofa, mais une telle solution est uniquement temporaire. Nous verrons dans le chapitre 12 que le ronflement peut être corrigé à l'aide d'une chirurgie appropriée. En ce qui concerne le chien du voisin, il est possible que vous deviez vous affirmer le jour suivant afin d'éviter que cet embêtement se reproduise. Comme pour atténuer tout bruit provenant de sources extérieures, vous pouvez alors fermer les fenêtres et mieux insonoriser votre chambre à coucher. En général, le bruit de fond provenant d'un ventilateur, par exemple, peut masquer la plupart des bruits dérangeants. Des bouchons dans les oreilles peuvent aussi diminuer significativement le niveau de bruit. Bien que les bons dormeurs puissent s'habituer au bruit, leur sommeil demeure tout de même plus superficiel et léger. Le seuil d'éveil est plus bas dans le stade 1 du sommeil, plus élevé dans les stades 3-4 et variable dans le sommeil paradoxal. Le type de stimulus auditif influence aussi ce seuil. Un nouveau parent se réveillera plus facilement lorsque son bébé pleure que lorsqu'il y a du bruit dans la rue. Aussi, le seuil d'éveil diminue avec l'âge, ce qui explique pourquoi les personnes âgées éprouvent plus de difficultés à rester endormies que les plus jeunes. Un niveau de bruit suffisant pour réveiller une personne de 70 ans causera uniquement un retour bref vers un stade de sommeil plus léger chez une personne de 25 ans. Les insomniaques sont plus sensibles au bruit parce qu'ils sont peut-être déjà réveillés ou dans un sommeil plus léger ou bien simplement plus conscients de leur environnement.

La lumière peut affecter le sommeil de presque tous les individus; ce facteur explique le taux élevé d'insomnie chez les travailleurs de nuit qui essaient de dormir durant le jour. Il est particulièrement important que la chambre soit bien obscure avec des toiles opaques qui empêchent les lumières de la rue ou la lumière du jour de pénétrer par la fenêtre. L'utilisation d'un masque pour les yeux ou de lunettes protectrices peut aussi éliminer ou réduire la luminosité indésirable.

Dans ce chapitre, nous avons vu comment certains styles de vie et conditions environnementales peuvent avoir des effets nuisibles sur le sommeil nocturne et comment vous pouvez favoriser une bonne nuit de sommeil à l'aide d'une hygiène du sommeil adéquate. Bien qu'une mauvaise hygiène du sommeil soit rarement la cause principale de l'insomnie, ce facteur peut compliquer le problème existant et réduire l'impact des changements des autres habitudes, croyances et attitudes néfastes. Ainsi, il est important d'entreprendre des actions concrètes afin d'éviter l'interférence de ces facteurs et d'intégrer les principes d'hygiène du sommeil à l'ensemble du programme de traitement décrit dans ce livre.

10

Remettre votre horloge biologique à l'heure

Le stress, l'anxiété et la dépression ne sont pas nécessairement responsables de toutes les formes d'insomnie. Il peut arriver que l'insomnie soit causée par une horloge interne qui est simplement désynchronisée du monde extérieur. Il y a un mauvais synchronisme entre cette horloge biologique et l'horaire veille-sommeil désiré ou celui dicté par la norme sociale. Par exemple, une personne peut être incapable de s'endormir tel que désiré à 23 h; toutefois, elle peut dormir de façon satisfaisante de 3 h à 11 h ou de 20 h à 4 h. Ces deux formes d'insomnie sont dues à un trouble du rythme circadien et relèvent principalement d'une mauvaise synchronisation de l'épisode de sommeil à l'intérieur de la période quotidienne de 24 heures. D'autres exemples de troubles circadiens proviennent de changements rapides de fuseau horaire (décalage horaire) et d'un travail à horaire rotatif. La principale difficulté est que la personne ne peut pas dormir lorsqu'elle le désire et ne peut rester éveillée lorsqu'elle en a besoin. Dans ce chapitre, nous exposons certains principes fondamentaux reliés aux rythmes circadiens et les principaux problèmes de veille-sommeil associés à des irrégularités de l'horloge biologique; nous décrivons également des stratégies pour contrer ces difficultés.

Les rythmes circadiens

Tout le monde possède une horloge biologique, un genre de chronomètre interne régissant plusieurs fonctions physiques et mentales — les cycles veille-sommeil, la sécrétion d'hormones, la température du corps, la vigilance et la productivité. En fait, il existe plusieurs horloges régissant chacune de ces fonctions selon un cycle différent. L'*horloge maîtresse* ou le *pacemaker*, qui les harmonise entre elles, est située à la base du cerveau dans l'hypothalamus (voir chapitre premier pour plus de détails).

Notre tendance naturelle à être actif durant la journée et à nous reposer la nuit est largement déterminée par le cycle jour-nuit qui est lui-même régi par la rotation de la terre sur une période de 24 heures. Par une connexion intime des cellules nerveuses entre l'hypothalamus et la rétine, région de l'œil sensible à la lumière, la quantité d'exposition à la lumière du jour régit étroitement la synchronisation entre le sommeil et l'éveil. Chez les aveugles, cette ligne de communication est court-circuitée, produisant des horaires veille-sommeil très irréguliers. Les cataractes chez les personnes âgées peuvent aussi créer de la confusion dans leur horloge interne et nuire à leur horaire de sommeil.

La sécrétion de l'hormone mélatonine par la glande pinéale est aussi influencée par le cycle jour-nuit. La mélatonine est sécrétée pendant la nuit et seulement dans la noirceur; elle atteint sa concentration maximale vers 2 h. Si les yeux sont exposés à la lumière, la production de mélatonine est diminuée ou supprimée complètement. La température corporelle, la vigilance et l'humeur sont aussi étroitement liées à la périodicité du cycle veille-sommeil. La température corporelle est à son plus bas niveau tôt le matin (4 h), commence à s'élever au réveil, atteint son sommet au début de la soirée et commence à décliner vers 23 h. La vigilance est à son meilleur au sommet de la courbe de température corporelle, tandis que la somnolence est plus intense au point le plus bas. Nous sommes donc plus lents physiquement et mentalement durant les premières heures matinales et devenons plus énergiques et productifs dans la seconde partie de la matinée lorsque notre température s'élève.

Les experts croient qu'en plus du cycle jour-nuit, d'autres marqueurs de temps (horloges, heures des repas, horaires de travail), aussi appelés *zeitgebers*, sont extrêmement importants afin de maintenir un équilibre entre nos rythmes biologiques et l'environnement social. Imaginez-vous complètement isolé du monde extérieur. Vous êtes libre de manger, de dormir et de faire ce que vous voulez lorsque vous en avez le goût, mais vous n'avez pas d'indices temporels, pas de radio ou de télévision, pas de journaux et pas de contacts sociaux. Des expériences effectuées auprès de volontaires vivant dans des appartements spécialement conçus pour être coupés du monde extérieur ont démontré que la plupart des gens choisissent de vivre avec un cycle de 25 à 26 heures au lieu du cycle conventionnel de 24 heures. Lorsque les périodes d'isolation étaient prolongées jusqu'à un mois, les sujets fonctionnaient sur des cycles beaucoup plus longs, restant parfois éveillés pendant 20 heures et endormis pendant 10 heures; de plus, à mesure que la période d'isolation se prolongeait, le cycle veille-sommeil devenait désynchronisé avec plusieurs autres rythmes corporels. Ces études indiquent que la lumière et les marqueurs de temps sociaux sont tous deux importants pour maintenir notre horloge biologique synchronisée avec le monde extérieur.

Êtes-vous un lève-tôt ou un couche-tard?

Bien que les rythmes biologiques soient relativement constants pour la plupart des gens, il existe certaines différences individuelles et des préférences. Les personnes matinales se réveillent naturellement tôt et tendent à mieux fonctionner durant la matinée. Elles deviennent somnolentes plus tôt dans la soirée et préfèrent se coucher plus tôt. Les oiseaux de nuit ou couche-tard prennent plus de temps à démarrer le matin et aiment bien faire la grasse matinée. Une fois leur journée commencée, ils sont plus difficiles à arrêter et tendent à mieux fonctionner dans la soirée et même tard la nuit. Ils s'adaptent plus facilement aux changements d'horaire dans les quarts de travail que les lève-tôt. Bien que ces traits ne s'appliquent pas de façon universelle, certaines études suggèrent que les personnes matinales sont plus tranquilles et introverties alors que les couche-tard seraient plus ouverts et énergiques.

Lorsque votre horloge biologique est désynchronisée du monde extérieur

Plusieurs problèmes peuvent survenir lorsque votre horloge biologique n'est plus synchronisée avec le monde extérieur. Dans le reste de ce chapitre, nous décrivons certaines de ces conditions et discutons des méthodes visant à corriger ces anomalies ou à minimiser leurs effets sur votre vie.

Le syndrome de délai de phase du sommeil

Dans le syndrome de délai de phase du sommeil, la période de sommeil est retardée en rapport avec le moment désiré. Cette condition est caractérisée par une difficulté marquée à s'endormir; peu importe l'heure où la personne va au lit, elle n'arrive pas à s'endormir avant une heure avancée de la nuit (par exemple 3 h). Par la suite, la personne n'a habituellement pas de difficulté à demeurer endormie. S'il n'y a pas d'heure de lever précise, comme les fins de semaine ou durant les vacances, le problème est moins apparent puisque la durée de sommeil sera normale, même si son cycle est retardé. Par contre, l'obligation de se lever à une heure conventionnelle le matin pour se rendre au travail ou à l'école ou pour prendre soin des enfants devient extrêmement difficile à observer étant donné la courte durée de la période de sommeil. Les étudiants et travailleurs de soir sont plus vulnérables à ce type d'insomnie. Un horaire irrégulier de sommeil ou des changements fréquents dans l'heure du coucher et du lever tendent à désynchroniser les rythmes circadiens. Des recherches récentes suggèrent que ce type d'insomnie initiale est relié à un retard dans le déclin de la température corporelle, qui survient habituellement vers 23 h. Deux méthodes de traitement décrites plus loin dans le chapitre, la chronothérapie et la photothérapie (thérapie par la lumière vive), peuvent être utiles lorsque l'insomnie est due à un délai de phase. L'exposition à la lumière vive aux petites heures du matin a pour effet d'accélérer la baisse de température corporelle dans la soirée et d'induire ainsi une somnolence plus rapide à l'heure du coucher. De plus, plusieurs procédures décrites dans le chapitre 6 peuvent aider à soulager ce problème.

Le syndrome d'avance de phase du sommeil

Parfois, l'horloge biologique fonctionne trop rapidement plutôt que trop lentement, de telle sorte que le sommeil survient trop tôt dans la soirée et se termine trop tôt le matin suivant. Dans ce cas de syndrome d'avance de phase du sommeil, la personne éprouve des difficultés à demeurer éveillée durant la soirée, de telle sorte qu'elle peut s'endormir aussi tôt que 20 h ou 21 h, mais elle se réveille aussi de façon prématurée le matin suivant (4 h). La durée totale de sommeil n'est pas nécessairement raccourcie, elle est simplement avancée. Les gens aux prises avec ce problème ne choisissent pas nécessairement de se mettre au lit plus tôt dans la soirée, ils sont tout simplement incapables de rester éveillés jusqu'à l'heure de coucher désirée. Plus fréquente chez les personnes âgées, cette condition est similaire au problème de réveil matinal prématuré souvent rencontré chez les aînés. Cependant, dans le dernier cas, une personne peut être complètement éveillée à 4 h, même si elle s'est couchée à 23 h ou même à minuit. Afin de distinguer ces deux conditions, il faut considérer la durée réelle de sommeil plutôt que de se fier uniquement à l'heure du dernier réveil matinal. Tout comme pour régler le problème de délai de phase, certains changements d'habitudes et d'horaire de sommeil abordés dans le chapitre 6 peuvent être utiles. Aussi, l'exposition à la lumière vive en soirée et non en matinée peut retarder la baisse de température corporelle et ainsi prolonger la période d'éveil un peu plus tard dans la soirée. Cette méthode est présentée plus loin dans le chapitre.

Le décalage horaire

Les affaires ou les loisirs amènent un nombre croissant de voyageurs à traverser plusieurs fuseaux horaires. Même quelques jours après l'arrivée, la plupart des voyageurs se plaignent de décalage horaire: ils se sentent somnolents alors que les autres sont éveillés; ils sont affamés au moment où les restaurants sont fermés; et ils sont prêts à faire des affaires ou à s'amuser pendant que les autres dorment. Leur horloge interne est désynchronisée par rapport au nouveau fuseau horaire. Imaginez partir de Montréal à bord d'un vol de nuit; vous décollez vers 22 h, voyagez environ six heures et arrivez à Paris vers

10 h le matin suivant, ce qui correspond en réalité à 4 h du matin selon votre heure habituelle. Ce n'est évidemment pas le moment le plus propice pour apprécier une visite guidée ou pour négocier un important contrat avec une entreprise étrangère.

Les principaux effets du décalage horaire sont la fatigue, la léthargie, la somnolence et un malaise général. Il y a aussi une certaine désorientation; la concentration et le jugement sont perturbés. Ces effets, qui s'étalent sur plusieurs jours, peuvent être désagréables et coûteux. Si vous traversez six à neuf fuseaux horaires pour un voyage de l'Amérique du Nord vers l'Europe et avez uniquement une semaine de vacances, il est possible que vous ayez beaucoup de difficultés à apprécier pleinement ce congé. De même, si vous êtes en voyage d'affaires, le décalage horaire peut détériorer vos habiletés mentales et nuire à votre prise de décision lorsque vous traitez une affaire importante.

Deux facteurs principaux déterminent la sévérité des symptômes de décalage horaire: la direction du vol et le nombre de fuseaux horaires traversés. Le décalage horaire est spécifique aux vols transméridiens à destination de l'est ou de l'ouest. La fatigue, la somnolence et la désorientation sont aussi couramment ressenties lors des vols à destination du nord ou du sud; toutefois, ces malaises sont surtout causés par d'autres facteurs tels que la haute altitude, l'alcool, la vibration, le bruit, la turbulence, l'anxiété due au vol, le manque de sommeil et l'excitation entourant le départ. Contrairement au décalage horaire, ces symptômes se résorbent habituellement dans les 24 à 48 heures suivant l'arrivée, surtout à la suite d'une bonne nuit de sommeil. Après avoir voyagé à travers quelques fuseaux horaires, vous aurez besoin de quelques jours pour resynchroniser votre horloge biologique avec l'heure de la nouvelle destination. Les études effectuées auprès des voyageurs aériens indiquent qu'à la suite d'un vol en direction de l'ouest, l'individu a besoin en moyenne d'une journée pour chaque fuseau horaire (heure) traversé afin de s'ajuster à la nouvelle heure locale. Cette adaptation peut même être plus longue à la suite d'un vol vers l'est. Une étude a démontré que les voyageurs aériens prenaient en moyenne 12 jours pour s'ajuster complètement à la suite d'un voyage de la côte ouest américaine vers l'Europe, un voyage impliquant un décalage horaire d'au moins neuf heures.

Pourquoi l'ajustement est-il plus long à la suite d'un vol en destination de l'est? La tendance naturelle du corps à fonctionner sur une journée légèrement plus longue que 24 heures agit de telle sorte qu'il est plus facile d'allonger que de raccourcir nos journées. Lorsque vous voyagez vers l'ouest, votre horloge biologique est en quelque sorte en avance sur l'heure locale. Par exemple, imaginez votre première nuit suivant un vol de New York vers San Francisco; lorsque l'heure locale indique 9 h, heure du Pacifique, votre horloge biologique est en fait réglée à minuit. Pour accélérer l'adaptation au nouveau fuseau horaire, vous devez demeurer éveillé jusqu'à l'heure de coucher locale habituelle et il est généralement plus facile de se forcer à rester éveillé que de forcer le sommeil. D'un autre côté, lors de votre retour vers la côte est, votre horloge interne sera peut-être en retard. Lorsque votre horloge à la maison indique que c'est l'heure du coucher — par exemple, 23 h, heure de l'est —, votre horloge interne est encore réglée à 20 h. Dans ce cas, vos obligations vous dictent une heure de coucher trop tôt pour votre corps et vous trouverez peut-être difficile, voire même impossible, de vous forcer à dormir.

Comment minimiser les effets du décalage horaire

Si vous prévoyez voyager à travers trois fuseaux horaires ou plus, vous pouvez prendre certaines mesures pour atténuer les effets du décalage horaire avant de quitter la maison ou après être arrivé à destination.

Commencez à vivre à l'heure de votre destination lorsque vous embarquez dans l'avion ou aussitôt que cela est possible avant le départ. Réglez votre montre à l'heure de la destination; prévoyez vos repas, activités et périodes de sommeil de plus en plus près de l'heure de la destination. Par exemple, en prévision d'un vol en direction de l'ouest, allez au lit et levez-vous une heure plus tard qu'à l'habitude. Pour un vol en direction est, allez au lit et levez-vous une heure plus tôt qu'à l'habitude. Si vous pouvez adopter cet horaire plusieurs jours avant votre départ, vous aurez déjà pris une certaine avance pour vous ajuster à la nouvelle heure locale lorsque vous arriverez à destination.

À l'arrivée, ajustez votre horaire de sommeil à l'heure locale. Après un long trajet à travers cinq fuseaux horaires ou plus, vous êtes probablement épuisé et prêt à vous coucher. Une courte sieste, de moins d'une heure, est acceptable pour vous aider à passer la journée. Cependant, évitez de faire une longue sieste. Restez éveillé pendant la période diurne locale de telle sorte que vous puissiez dormir durant la période nocturne.

Laissez-vous du temps pour récupérer. Lors de vols transcontinentaux, ne prévoyez pas de rencontres d'affaires importantes à votre arrivée. Essayez plutôt d'arriver une journée ou deux à l'avance afin de permettre à votre esprit et à votre corps de surmonter la fatigue et la désorientation et de récupérer du décalage horaire.

Si votre voyage est court (deux ou trois jours), conservez votre heure de la maison. Gardez votre montre réglée à l'heure de la maison et dormez selon votre horaire. Tirez avantage des rythmes naturels de votre corps et essayez de planifier vos réunions en vous basant sur l'heure où vous fonctionnez le mieux à la maison. Si votre vigilance, votre concentration et vos habiletés mentales sont à leur meilleur vers 11 h et que vous voyagez de Montréal vers la côte ouest, faites vos affaires vers 14 h.

Soyez prudent avec l'alcool. Les altitudes élevées intensifient les effets de l'alcool. Certains chercheurs estiment que deux ou trois cocktails consommés à 4 000 mètres dans les airs ont un effet équivalent à celui de quatre ou cinq boissons prises au niveau de la mer.

Une médication hypnotique peut être d'une certaine aide. Si vous voyagez pendant plusieurs heures sur un vol de nuit, un somnifère peut vous aider à dormir dans l'avion. Demandez à votre médecin une pilule pour dormir ayant une demi-vie très courte; celle-ci sera rapidement éliminée et aura peu ou pas d'interférence avec votre fonctionnement le jour suivant.

Une exposition bien planifiée à la lumière et à la noirceur peut vous aider à ajuster votre horaire de sommeil à un nouveau fuseau horaire. L'alternance de la lumière et de la noirceur est critique dans l'obtention du changement désiré dans vos rythmes circadiens. Vous trouverez ci-dessous un exemple illustrant comment minimiser les effets du décalage horaire pour un vol de nuit à destination de l'est durant lequel vous traversez six fuseaux horaires, par exemple de Boston à

Londres. L'objectif est d'avancer votre horloge interne aussi rapidement que possible pour qu'elle corresponde à l'heure de l'Europe.

À partir d'environ 22 h, heure locale, gardez votre environnement aussi sombre que possible. Afin de minimiser l'exposition à la lumière, vous pouvez utiliser des lunettes de soleil ou même des lunettes protectrices. Un masque en tissu pour les yeux est idéal durant le sommeil. Si vous êtes déjà à l'aéroport et attendez votre vol, portez vos lunettes de soleil même si les gens autour de vous peuvent se demander ce qui vous arrive. Une fois à votre siège, fermez le volet de la fenêtre et gardez-le fermé durant le vol. La lumière du jour viendra plus rapidement que vous vous y attendez à cause du changement rapide de l'heure. Utilisez votre masque pour les yeux pendant que vous dormez, parce qu'une petite quantité de lumière peut pénétrer même lorsque les yeux sont fermés. À votre arrivée vers 9 h ou 10 h le matin, mettez de côté les lunettes de soleil et allez à l'extérieur pendant quelques heures. L'exposition à la lumière du jour et un rythme constant d'activités vous aidera à combattre le décalage horaire. Peut-être serez-vous fatigué — vous rêverez peut-être même d'aller au lit —, mais demeurez à l'extérieur afin de vous exposer à la lumière du jour et essayez de rester actif toute la journée. Si vous devez être à l'intérieur, tenez-vous près d'une fenêtre afin d'obtenir le maximum d'exposition à la lumière du jour.

La nuit suivante, allez au lit entre 21 h et minuit, heure locale. Évitez de rester debout tard dans la nuit. Si vous vous réveillez durant la nuit — ce qui est fort probable —, restez dans la noirceur. Toute exposition à la lumière après 22 h, heure locale, aura pour effet de contrecarrer vos efforts. Gardez votre environnement dans la noirceur totale jusqu'à 8 h, et portez vos lunettes de soleil si vous vous réveillez avant cette heure. Durant votre deuxième journée à destination, demeurez à l'extérieur et actif, particulièrement durant les quatre premières heures de la journée. La nuit suivante, allez au lit avant minuit et une fois de plus, évitez toute exposition à la lumière jusqu'au matin suivant. La troisième journée, levez-vous à l'heure désirée et conservez un horaire régulier. À ce moment, la plupart de vos symptômes de décalage horaire devraient s'être estompés.

Lorsque vous voyagez vers l'ouest, vous n'avez qu'à appliquer ces lignes directrices mais dans un ordre inversé. Dans ce cas, l'objectif est de retarder votre horloge biologique afin qu'elle corresponde à l'heure locale. Maximisez l'exposition à la lumière du jour dans la soirée et minimisez-la dans la première partie de la journée. Si vous désirez avoir plus de renseignements à ce sujet, consultez un excellent livre, *How to Beat Jet Lag*, écrit par quatre experts de l'Institut national de la santé mentale. Il s'agit d'un petit guide fort utile fournissant des directives, étape par étape, afin de diminuer les effets du décalage horaire des vols de partout à travers le monde.

Travail posté

De 20 à 25 p. 100 des travailleurs (27 p. 100 des hommes et 16 p. 100 des femmes) effectuent une partie de leurs heures de travail sur des quarts de soir ou de nuit; pour certains, il s'agit d'un horaire fixe alors que pour d'autres, il y a rotation de l'horaire de travail. Les infirmiers et infirmières, les officiers de police, les médecins, les pilotes, les camionneurs, les travailleurs d'usine et plusieurs autres fonctionnent avec des horaires rotatifs. Ils sont en service de jour pendant une certaine période de temps (par exemple, une semaine), en service de soir pour une période similaire, puis en service de nuit. Ce type d'horaire équivaut à travailler une semaine à Tokyo, une semaine à San Francisco et une semaine à Paris. Cela exige un réajustement constant de l'horloge biologique et entraîne inévitablement des effets néfastes sur la santé et le bien-être. Plusieurs des symptômes associés au travail posté sont similaires à ceux du décalage horaire, à l'exception du fait qu'ils sont plus persistants – et que la personne ne voyage nulle part.

Les travailleurs postés éprouvent plus de difficultés à dormir que les personnes ayant un horaire de jour. En moyenne, les travailleurs de nuit dorment cinq à sept heures de moins par semaine que les travailleurs de jour; leur sommeil diurne est plus léger et plus fréquemment interrompu. Les travailleurs de nuit éprouvent souvent des difficultés à dormir durant le jour et à demeurer éveillés la nuit. Il en découle une consommation plus grande de sédatifs et de stimulants. L'ingestion excessive de caféine combinée à des heures de repas irrégulières entraîne fréquemment des problèmes gastro-intestinaux chez les travailleurs postés. En plus, la période de sommeil du travailleur de nuit qui essaie de dormir le jour n'est pas aussi protégée que celle du travailleur de jour qui dort la nuit. Le téléphone, le carillon, le bruit de la rue, la turbulence des enfants et plusieurs autres sources de tapage surviennent durant la journée et diminuent pendant la nuit. Le travailleur de nuit doit donc prendre des mesures tout à fait spéciales pour protéger son sommeil. Bien que plusieurs travailleurs postés tentent de récupérer un peu de sommeil durant leurs journées de congé, ils fonctionnent habituellement dans un état de privation chronique de sommeil. Naturellement, l'humeur, la qualité de vie, la vigilance et la performance en sont grandement affectées.

La fatigue, les difficultés de concentration, les perturbations de l'humeur de même que des tensions dans les relations conjugales et familiales sont autant de problèmes que vivent plusieurs travailleurs postés. Le travailleur de nuit passe moins de temps avec son conjoint et ses enfants et a aussi moins de temps pour socialiser ou même faire ses courses. Notre société est organisée pour convenir aux besoins du travailleur qui œuvre de 9 à 5 et il est souvent difficile pour un travailleur rotatif de socialiser ou de prendre part à des activités avec des amis qui ont un horaire différent. L'isolement social peut devenir un vrai problème.

Le travail posté peut aussi engendrer de sérieux problèmes pour la sécurité publique. Environ 20 p. 100 des employés travaillant pendant le quart de soir et 53 p. 100 de ceux qui travaillent pendant le quart de nuit avouent somnoler au travail. Le Dr Torbjorn Akerstedt, de la Suède, a enregistré l'activité cérébrale des ingénieurs de locomotives durant des voyages nocturnes. Bien que peu de techniciens aient admis s'endormir, il a remarqué que plusieurs éprouvaient des épisodes de microsommeil d'une durée de quelques secondes, sans même en être conscients. De nombreux accidents routiers, ferroviaires, aériens et maritimes ont été reliés à l'erreur humaine, elle-même associée à la somnolence pendant le quart de travail de nuit. L'échouement de l'*Exxon Valdez* sur la côte de l'Alaska est survenu vers minuit; l'incident de la centrale nucléaire de Three Miles Island est survenu à 4 h. Le désastre nucléaire de Tchernobyl en Ukraine s'est aussi produit la nuit.

Composer avec le travail posté

Certaines personnes préfèrent travailler selon des horaires de soir ou de nuit, mais la majorité le font par obligation. Certaines personnes s'ajustent aussi plus facilement que les autres. Les couche-tard tendent à être plus éveillés la nuit et à s'adapter plus facilement que les lève-tôt. Les personnes plus jeunes s'adaptent mieux que les autres. Au fil des ans, plusieurs personnes ayant maintenu un horaire rotatif pendant la majeure partie de leur vie adulte éprouvent de plus en plus de difficultés à tolérer cet horaire de travail; ces difficultés deviennent beaucoup plus marquées vers la cinquantaine, lorsque la qualité du sommeil commence à se détériorer. Travailler selon un horaire régulier, de soir ou de nuit, est plus facile que selon un horaire rotatif. Que vous l'ayez choisi ou qu'il vous ait été imposé, un horaire qui change constamment est plus susceptible d'affecter la qualité de votre sommeil et de votre vie qu'un horaire régulier. Les recommandations suivantes peuvent vous aider à composer avec le travail posté et à minimiser ses conséquences négatives.

Faites la rotation des horaires en allant du service de jour au service de soirée et au service de nuit. Il est plus facile de s'adapter à une rotation de quarts de travail qui va dans le sens des aiguilles d'une montre (jour, soir, nuit) plutôt qu'à une rotation allant dans la direction inverse des aiguilles d'une montre (nuit, soir, jour). Cette rotation tire avantage de notre tendance naturelle à fonctionner avec des journées qui sont légèrement plus longues que 24 heures et du fait qu'il est plus facile de rallonger nos journées que de les raccourcir.

Faites la rotation des horaires tous les deux ou trois jours, ou conservez le même horaire pour une période de deux à trois semaines. Les horaires rotatifs conventionnels changent souvent chaque semaine de telle sorte que l'horloge biologique est en constant besoin de réajustement. Un horaire changeant plus fréquemment (deux à trois jours) maintient le corps sur un cycle diurne alors qu'un horaire changeant uniquement toutes les deux ou trois semaines laisse suffisamment de temps au corps pour s'adapter pleinement au nouveau rythme circadien.

Si vous travaillez selon un horaire régulier de soir ou de nuit, maintenez le même horaire lors de vos journées de congé. Si vous revenez à un horaire de jour lors de vos journées de congé, vous aurez besoin de vous réajuster chaque fois que vous retournerez au travail. De façon pratique, il est souvent difficile de suivre cette recommandation pour ceux qui ont une famille et une vie sociale

Si vous travaillez selon un horaire rotatif, commencez à ajuster votre horaire de sommeil avant même de changer d'horaire. Par exemple, une journée ou deux avant de passer de l'horaire de soirée à celui de nuit, prévoyez votre période de sommeil une ou deux heures plus tard qu'à l'habitude. Lorsque vous commencerez le service de nuit, votre horloge biologique aura déjà commencé à s'ajuster, facilitant ainsi la transition. De la même façon, avant de passer d'un horaire de nuit à un horaire de jour, prévoyez votre période de sommeil un peu plus tôt qu'à l'habitude. Cela facilitera le retour à un horaire de sommeil nocturne normal.

Protégez votre période de sommeil. Il existe plusieurs sources pouvant interférer avec la qualité du sommeil diurne. Assurez-vous de débrancher le téléphone, affichez un écriteau NE PAS DÉRANGER à votre porte et prévoyez votre période de sommeil alors que tous les occupants de la maison sont à l'extérieur pour la journée. Dites à la parenté et à vos amis de ne pas vous visiter lors de ces journées. Utilisez des bouchons pour les oreilles ou un bruit de fond afin de minimiser le bruit extérieur.

Gardez votre chambre à coucher dans l'obscurité complète. Même une quantité minime de lumière pénétrant par les fenêtres peut nuire à votre sommeil et empêcher votre horloge biologique de s'ajuster à son nouvel horaire. Utilisez un masque pour les yeux et des rideaux opaques pour les fenêtres de la chambre à coucher.

Maintenez une bonne hygiène du sommeil. Établissez un horaire de sommeil régulier, évitez les stimulants avant l'heure du coucher et n'essayez pas de forcer le sommeil. Les travailleurs à horaire rotatif risquent plus de souffrir d'insomnie que ceux qui travaillent selon un horaire de jour régulier. Ainsi, il est encore plus important pour eux de respecter tous les principes d'une bonne hygiène du sommeil expliqués dans les chapitres précédents. Idéalement, il est préférable de dormir sans interruption. Si cela ne fonctionne pas, prévoyez deux épisodes séparés de sommeil, un le matin et un tard en après-midi ou en début de soirée. Bien que les siestes ne soient généralement pas recommandées pour l'insomnie, une courte sieste peut aider les travailleurs de nuit à compenser pour des épisodes de sommeil plus courts durant le jour et assurer une meilleure vigilance la nuit. L'utilité clinique des pilules pour dormir pour améliorer le sommeil diurne est controversée parmi les experts. Un hypnotique occasionnel peut aider, mais il y a peu de données à l'effet qu'une amélioration du sommeil durant le jour améliore la vigilance ou la performance la nuit.

Autres méthodes pour ajuster le pendule de vos rythmes corporels

Chronothérapie

La chronothérapie consiste à repousser votre heure de coucher de trois heures chaque jour. Par exemple, si votre heure de coucher habituelle est 23 h, repoussez-la à 2 h pour la première nuit, à 5 h pour la seconde, à 8 h pour la troisième et ainsi de suite jusqu'à ce que vous ayez fait le tour de l'horloge et atteint l'heure de coucher désirée. Même lorsque l'heure de coucher et celle du lever sont reportées à une heure plus tardive, la période totale de sommeil demeure constante à huit heures. Cette période est graduellement avancée de 23 h à 7 h, de 2 h à 10 h, de 5 h à 13 h. Cela peut prendre entre une et deux semaines pour faire le tour de l'horloge.

Ce traitement est conçu pour les insomniaques dont l'horloge interne est trop lente en rapport avec l'horaire de sommeil désiré. Ce problème de délai de phase a été décrit plus tôt dans ce chapitre. La chronothérapie requiert la coopération des membres de la famille et peut même exiger que vous preniez congé du travail pendant quelques jours. Parfois, les mêmes résultats peuvent être obtenus en imposant une heure de lever stricte le matin, tout en appliquant les autres procédures décrites au chapitre 6.

Thérapie par la lumière vive

La thérapie par la lumière vive ou la photothérapie est un traitement relativement nouveau pour certaines formes d'insomnie associées à des irrégularités de l'horloge biologique. Tel qu'expliqué précédemment, le cycle jour-nuit a une influence majeure sur le rythme veille-sommeil et sur plusieurs autres fonctions biologiques. L'obscurité active la sécrétion de la mélatonine alors que la lumière supprime sa production. La température du corps est aussi liée de près au sommeil et à la vigilance; elle est plus basse lorsque la somnolence est plus intense (vers 4 h) et atteint son sommet lorsque la vigilance est plus aiguisée (tard le matin). L'exposition à la lumière vive peut accélérer ou retarder certains rythmes circadiens et synchroniser votre horloge biologique avec l'horaire désiré.

L'orientation et l'importance du déplacement dépendent en grande partie de deux facteurs: le moment et l'intensité de l'exposition à la lumière. L'exposition à la lumière vive en soirée retarde les rythmes circadiens, vous maintenant alerte et vous incitant à vous mettre au lit plus tard. L'exposition à la lumière vive tôt en matinée produit l'effet opposé; cela accélère les rythmes circadiens, vous rendant somnolent plus tôt dans la soirée. L'intensité de la lumière est aussi importante dans la détermination de la magnitude de l'effet. L'exposition à la lumière naturelle du soleil peut être très utile afin de minimiser les effets du décalage horaire. Une lumière très vive (environ 2 500 lux, ce qui est environ cinq fois plus clair qu'un bureau bien éclairé) est toutefois nécessaire pour maximiser le changement désiré des rythmes circadiens. Des boîtes à lumière vive sont vendues par plusieurs compagnies. Si vous avez l'intention d'en utiliser une, il serait bon d'en discuter avec un expert du sommeil afin de déterminer l'intensité, le moment et la durée optimale d'exposition à la lumière utiles pour votre type d'insomnie. Vous ne devez jamais fixer directement la lumière. Aussi, souvenez-vous qu'utilisée de façon inadéquate, l'exposition à la lumière vive peut avoir un effet contraire sur votre cycle de veille-sommeil.

Des études préliminaires ont démontré que la thérapie par la lumière vive est une approche prometteuse pour traiter une variété de troubles du sommeil. Des études effectuées par le Dr Charles Czeisler et ses collaborateurs à l'université Harvard ont démontré qu'elle peut aider les travailleurs de nuit à mieux dormir durant le jour et à demeurer plus alertes la nuit. D'autres études ont démontré qu'elle peut aussi être utile pour certaines formes d'insomnie. L'exposition à la lumière vive aux petites heures du matin peut aider les personnes souffrant d'un délai de phase du sommeil en accélérant l'heure à laquelle elles se sentent somnolentes dans la soirée. Pour les personnes souffrant du syndrome d'avance de phase du sommeil, qui sont somnolentes trop tôt dans la soirée et réveillées trop tôt le matin, l'exposition à la lumière vive en soirée peut retarder ces rythmes circadiens. Cette approche peut s'avérer utile pour réduire les réveils prématurés, un problème fréquemment rencontré chez les personnes âgées. Certains travaux préliminaires effectués auprès de voyageurs aériens et de pilotes d'avion démontrent que l'exposition à la lumière vive avant le départ ou à l'arrivée à destination peut accélérer la synchronisation avec l'heure locale. Elle peut aussi diminuer l'intensité et la durée des symptômes du décalage horaire. La thérapie par la lumière vive s'est aussi avérée utile pour traiter les personnes atteintes d'un trouble affectif saisonnier, une forme de dépression associée à la réduction de l'exposition à la lumière en période hivernale. Dans certains pays nordiques où la lumière du jour est complètement absente pendant plusieurs journées de l'hiver, la dépression saisonnière et les problèmes de veille-sommeil sont particulièrement fréquents.

Mélatonine

La mélatonine, une hormone sécrétée la nuit par la glande pinéale, atteint sa concentration maximale vers 2 h. L'exposition à la lumière supprime sa production. Certains chercheurs pensent que l'administration de mélatonine synthétique à l'heure du coucher serait l'équivalent de prendre une pilule naturelle pour dormir. Toutefois, les données disponibles sont encore beaucoup trop préliminaires pour qu'il soit possible de se prononcer sur l'efficacité de cette hormone pour diminuer les problèmes d'insomnie. De plus, on connaît peu les effets secondaires de cette substance. Il est donc prématuré d'utiliser la mélatonine pour traiter l'insomnie. Est-ce que la mélatonine peut soulager le décalage horaire? Certains experts croient que l'administration de mélatonine au moment approprié pourrait accélérer la resynchronisation des rythmes circadiens à la suite d'un changement rapide de fuseau horaire. Bien que ce soit une avenue de recherche prometteuse, il est encore trop tôt pour se prononcer sur les bienfaits de cette hormone naturelle pour ce type de problème.

11

Les somnifères

La pharmacothérapie est de loin la méthode la plus fréquemment utilisée pour traiter l'insomnie. Les estimations provenant de sondages révèlent qu'environ 7 p. 100 de la population utilise des médicaments pour dormir, avec ou sans ordonnance, durant une période d'un an. Un sondage Gallup effectué en 1991 montre que 21 p. 100 des insomniaques ont utilisé un somnifère dans le passé et que 28 p. 100 ont déjà pris de l'alcool pour les aider à dormir. Les médicaments pour dormir sont utilisés en plus grande proportion par les femmes, les personnes âgées, ainsi que les personnes ayant un niveau de stress supérieur et un nombre plus élevé de problèmes médicaux. Dans ce chapitre, nous passons en revue les différents types de médicaments utilisés pour dormir et examinons leurs effets sur votre sommeil; nous expliquons également leurs effets secondaires et leurs limites et enfin, dans quels cas ils peuvent être utiles et quand ils doivent être évités. Les personnes dépendantes des médicaments pour dormir trouveront ici un programme de sevrage graduel qui les aidera à interrompre cette mauvaise habitude.

Type de médicaments pour dormir

Il existe une variété de médicaments prescrits pour le sommeil (voir tableau 11.1). Environ une demi-douzaine de médicaments sont approuvés par les agences gouvernementales et mis en marché spécifiquement comme pilules pour dormir, aussi appelées hypnotiques. Plusieurs de ces médicaments appartiennent à une classe nommée les benzodiazépines. Parmi ceux disponibles au Canada, notons le Dalmane, le Restoril, le Halcion et le Mogadon. L'Imovane est l'hypnotique le plus récemment approuvé par Santé et Bien-être Canada; il appartient à une classe chimique différente. D'autres médicaments, comme les anxiolytiques, sont souvent prescrits pour l'insomnie lorsque l'anxiété fait aussi partie du problème de sommeil. Parmi ceux-ci les plus couramment prescrits sont Ativan, Rivotril et Xanax. Même certains antidépresseurs sont prescrits pour le sommeil. Un antidépresseur populaire tel que le Prozac possède un effet énergisant et peut en fait causer l'insomnie alors que d'autres agents (par exemple, Elavil, Sinequan) entraînent la somnolence comme effet secondaire. Afin de tirer avantage de cet effet secondaire, certains médecins prescrivent ces médicaments pour traiter l'insomnie mais en doses beaucoup plus petites que celles utilisées pour la dépression. Le risque de dépendance aux antidépresseurs est beaucoup moins élevé qu'avec les somnifères traditionnels; toutefois, certains antidépresseurs occasionnent plus d'effets secondaires. Bien que ces médicaments puissent être utiles pour traiter les difficultés de sommeil associées à la dépression, on connaît encore peu leurs effets sur le sommeil des insomniaques non déprimés.

Certains médicaments qui existent depuis plus longtemps, populaires dans les années soixante et soixante-dix, sont rarement prescrits aujourd'hui en raison des risques de dépendance, d'effets toxiques et d'interaction avec d'autres médicaments. Ces médicaments sont le meprobamate, le chloral hydrate, le glutethimide et une classe de médicaments connue sous le nom de barbituriques (par exemple, Seconal, Nembutal). Bien que certaines personnes âgées puissent encore utiliser ces médicaments, des somnifères beaucoup moins nocifs sont disponibles aujourd'hui.

Un bon nombre de médicaments sont disponibles sans prescription: Sominex, Unisom, Sleep-Eze, Nytol. Ces agents sans ordonnance sont probablement beaucoup plus utilisés que les médicaments prescrits. Le principal ingrédient actif de ceux-ci est un antihistaminique, le diphenhydramine, similaire à celui contenu dans les médicaments contre la grippe et les allergies (par exemple le Benadryl). Parce que la somnolence est un effet secondaire des antihistaminiques, les compagnies pharmaceutiques mettent l'accent sur cet effet pour les commercialiser comme somnifères. En dépit des millions de dollars dépensés annuellement en publicité, il n'y a pas de preuve scientifique démontrant que ces produits soient efficaces pour traiter l'insomnie. Ils peuvent produire de la somnolence, mais ils sont rarement assez puissants pour induire le sommeil chez une personne anxieuse. Parfois, un antihistaminique peut même avoir l'effet opposé et vous rendre plus tendu, surexcité et éveillé. Bien que certaines personnes affirment que de tels médicaments et même deux comprimés d'aspirine pris au coucher les aident à dormir, l'efficacité clinique de ces produits est douteuse. Il faut garder en mémoire que l'effet placebo, ou ce que la personne croit qu'il surviendra à la suite de la prise d'un médicament, peut être très puissant.

La mélatonine synthétique est aussi utilisée pour vaincre les difficultés à dormir. Bien qu'elle ne soit pas approuvée au Canada, la mélatonine est disponible aux États-Unis dans la plupart des magasins de produits naturels. Elle est même vendue comme pilule naturelle pour dormir. Cependant, elle n'est pas réglementée par la Food and Drug Administration et est vendue en doses beaucoup plus élevées que ce que sécrète la glande pinéale. Bien que certaines recherches récentes suggèrent qu'elle puisse être utile, il est beaucoup trop tôt pour se prononcer sur l'utilité clinique de ce produit auprès des personnes souffrant de difficultés de sommeil sévères.

L'alcool, comme nous l'avons vu plus tôt, est un dépresseur du système nerveux central. Bien qu'il puisse aider une personne tendue à s'endormir plus rapidement, il n'est pas recommandé pour l'insomnie parce que son effet global produit un sommeil plus perturbé. À mesure que le corps métabolise l'alcool, un effet de sevrage entraîne des réveils nocturnes et vous réveille plus tôt le matin, parfois avec la gueule de bois. L'alcool repousse le sommeil paradoxal aux petites heures du matin et, occasionnellement, les gens se réveillent avec des rêves désagréables ou même des cauchemars.

TABLEAU 11.1

Médicaments prescrits pour l'insomnie

Nom générique	Nom commercial	Dose habituelle/nuit (mg)
Hypnotiques		
Estazolam*	ProSom	1-2
Flurazepam	Dalmane	15-30
Quazepam*	Doral	7,5-30
Temazepam	Restoril	15-30
Triazolam♦	Halcion	0,125-0,25
Nitrazepam+	Mogadon	5-10
Zolpidem*	Ambien	5-10
Zopiclone+	Imovane	3,75-7,5
Anxiolytiques		
Alprazolam	Xanax	0,25-2
Bromazepam	Lectopam	1,5-6
Chlordiazepoxide	Librium	10-30
Clonazepam	Rivotril	0,5-2
Clorazepate	Tranxene	3,75-15
Diazepam	Valium	5-10
Ketazolam	Loftran	15-30
Lorazepam	Ativan	0,5-3
Oxazepam	Serax	10-30
Antidépresseurs		
Amitriptyline	Elavil	10-50
Doxepin	Sinequan	10-50
Trazodone	Desyrel	25-100
Trimipramine	Surmontil	10-50
Nefazodone	Serzone	150-300

* Ces médicaments sont disponibles aux États-Unis seulement.

+ Ces médicaments sont disponibles au Canada et dans certains pays européens mais pas aux États-Unis.

♦ Triazolam a été banni dans plusieurs pays européens.

Comment les médicaments affectent votre sommeil

À court terme, la plupart des médicaments hypnotiques prescrits aident à dormir. En règle générale, ils raccourcissent le temps d'endormissement et réduisent le nombre et la durée des réveils. Il en résulte une augmentation de la durée totale de sommeil. Les effets varient selon les médicaments et selon leur composition chimique. Par exemple, des médicaments tels Imovane et Halcion sont plus rapidement absorbés dans le sang et ont une action plus rapide de telle sorte qu'ils agissent mieux sur les difficultés d'endormissement. D'autres, comme Restoril, prennent un peu plus de temps à être absorbés et leurs effets sont retardés; ils sont donc plus appropriés pour les difficultés à rester endormi. Enfin, un médicament tel que Dalmane a un effet rapide et prolongé au cours de la nuit. Il peut donc être utile pour les gens éprouvant des difficultés à s'endormir et à rester endormis.

Certaines limites des pilules pour dormir

Bien que la plupart des médicaments pour le sommeil soient efficaces à court terme, ils possèdent plusieurs désavantages. Principalement, tous ces médicaments perdent leur efficacité lorsqu'ils sont utilisés toutes les nuits. Dans ce cas, le cerveau et le corps deviennent habitués à sa composition chimique et développent une tolérance au médicament. Lorsque cela survient, la dose doit être augmentée pour que le médicament continue de produire l'effet désiré. Bien que le temps requis pour développer une tolérance varie selon les individus, lorsque la dose la plus élevée et sécuritaire possible est atteinte, vous vous retrouvez dans un cul-de-sac. Nous exposerons plus tard dans ce chapitre les façons de vous sortir de cette impasse. Pour l'instant, disons que pour cette raison, les somnifères sont conçus pour une utilisation à court terme. Tôt ou tard, ils perdent tous leur efficacité. De plus, des problèmes additionnels risquent de survenir soit en cours du traitement ou à la suite de son interruption. Parmi ceux-ci, notons une modification des stades du sommeil, des effets secondaires durant la journée, l'insomnie de rebond et la dépendance.

Tous les hypnotiques modifient l'architecture du sommeil, c'est-à-dire la proportion de temps passé dans les différents stades du sommeil. Bien que la continuité et la durée du sommeil soient améliorées, sa qualité est souvent diminuée. Par exemple, presque tous les hypnotiques diminuent le temps passé au stade 1 (sommeil léger) et augmentent celui passé au stade 2. Cependant, ils diminuent aussi la quantité de temps passé dans les stades 3-4, soit le sommeil le plus profond et le plus réparateur. Certains médicaments peuvent aussi diminuer le sommeil paradoxal ou sommeil des rêves, bien que cela dépende de la dose et puisse varier selon les médicaments et les individus. La réduction du sommeil paradoxal est beaucoup plus prononcée avec les anciens hypnotiques tels que les barbituriques ainsi qu'avec certains antidépresseurs. La signification exacte de cette diminution du sommeil paradoxal n'est pas claire, mais lorsque ces médicaments sont interrompus, on observe souvent une augmentation marquée de la quantité de sommeil paradoxal (un effet de rebond), pouvant s'exprimer par la présence de rêves désagréables ou de cauchemars.

Un des aspects les plus intrigants des somnifères est peut-être que leurs effets objectifs sur le sommeil, tels que mesurés par l'activité cérébrale, ne correspondent pas nécessairement à la perception subjective du sommeil. Le cas suivant permet d'illustrer ce point.

René utilise des médicaments pour dormir depuis 10 ans, alternant du Dalmane à l'Ativan au Mogadon. Afin d'évaluer son problème d'insomnie, nous décidons de lui faire passer une nuit en laboratoire dans notre clinique du sommeil. Puisque nous sommes intéressés à obtenir un échantillon de son sommeil habituel, il lui est donc permis d'utiliser son Ativan comme il le fait à la maison. Le matin suivant, le technicien de jour complète la cotation de son tracé de sommeil. Les résultats indiquent que René a dormi environ six heures sur les huit heures passées au lit. Il a pris environ 30 minutes à s'endormir et a passé une heure et demie éveillé durant la nuit. Ces résultats sont quelque peu surprenants puisque René affirme sur son questionnaire subjectif qu'il a dormi pratiquement toute la nuit, s'étant réveillé peut-être une ou deux fois, mais pas plus de 10 ou 15 minutes.

Les recherches scientifiques récentes indiquent que les médicaments pour dormir, principalement les benzodiazépines, produisent de l'amnésie et modifient la perception du sommeil. En effet, à la suite de l'ingestion, ces médicaments interfèrent avec le rappel des événements survenus par la suite. Pour la plupart des insomniaques, cela signifie que même si le sommeil continue d'être perturbé, ils ne se rappellent pas nécessairement ces éveils nocturnes le matin venu. Ainsi, le somnifère pourrait agir en troublant la conscience et en altérant la mémoire des éveils. Dans l'exemple précédent, René se souvenait vaguement de s'être réveillé au cours de la nuit, mais n'estimait certainement pas avoir été éveillé pendant une heure et demie. Ce phénomène d'insomnie inconsciente peut expliquer pourquoi certaines personnes continuent d'utiliser des médicaments pour dormir pendant des années même s'il est fort possible qu'ils ne soient plus efficaces.

Quels sont les effets secondaires?

Les médicaments hypnotiques peuvent produire plusieurs effets secondaires la journée suivante: la gueule de bois, la somnolence ou l'anxiété et une détérioration de la performance. La nature et la sévérité de ces réactions varient selon le type et la quantité de médicaments. Par exemple, les médicaments à action prolongée, comme le Dalmane, sont métabolisés plus lentement et demeurent dans le système une bonne partie de la journée suivante. Ces médicaments sont plus susceptibles de vous laisser confus le matin suivant; la somnolence résiduelle peut même se prolonger durant la journée et interférer avec votre habileté à conduire votre automobile ou à effectuer des activités routinières. Les personnes âgées métabolisent les médicaments plus lentement. Celles qui utilisent un médicament ayant une demi-vie longue risquent plus de faire des chutes ou de se fracturer une hanche que celles qui utilisent un médicament ayant une demi-vie courte ou qui n'en utilisent pas. Les médicaments ayant une demi-vie courte sont plus rapidement éliminés, mais ils peuvent occasionner de l'anxiété ou des réveils prématurés.

Bien que beaucoup de gens utilisent un somnifère pour s'assurer de fonctionner adéquatement la journée suivante, il y a peu d'évidence scientifique soutenant ce postulat. Plutôt que d'améliorer les fonctions mentales pendant le jour, certains hypnotiques peuvent nuire à la mémoire et à la concentration. D'ailleurs, ces détériorations sont souvent attribuées faussement à l'insomnie alors qu'en fait elles peuvent être les effets résiduels des pilules pour dormir. Ainsi, il importe de bien peser les effets bénéfiques initiaux d'un somnifère par rapport aux effets résiduels qu'il occasionne.

Un autre désavantage des hypnotiques est qu'ils peuvent entraîner des interactions non désirées avec d'autres médicaments utilisés pour des problèmes médicaux. Il est donc très important de toujours bien indiquer à votre médecin tous les médicaments que vous utilisez. Ne mélangez jamais de l'alcool avec des pilules pour dormir, cela pourrait être une combinaison fatale.

L'insomnie de rebond, une aggravation marquée des difficultés à dormir, constitue un problème commun lorsqu'une personne tente de cesser l'utilisation d'un médicament hypnotique. Ce phénomène est particulièrement prononcé avec les médicaments à demi-vie courte parce qu'ils sont plus rapidement éliminés du système. L'insomnie de rebond s'accompagne souvent d'une anxiété importante, ce qui renforce la croyance de l'insomniaque qu'il ne peut dormir sans médication. C'est ainsi un effet extrêmement puissant qui incite la personne à reprendre l'utilisation du somnifère et à promouvoir la dépendance aux médicaments. Nous reviendrons sur cet aspect plus tard.

Quand les hypnotiques peuvent-ils aider?

L'utilisation à court terme d'une médication hypnotique peut être appropriée dans certaines situations. Premièrement, elle peut être utile temporairement si vous développez une insomnie aiguë et situationnelle résultant de stresseurs sévères de votre vie — la mort d'un proche, une chirurgie imminente ou une hospitalisation, une séparation ou un divorce. Deuxièmement, une utilisation à court terme peut être utile pour les cas d'insomnie dus à un décalage horaire ou à certaines conditions médicales. Troisièmement, si vous éprouvez des problèmes de sommeil chroniques, une utilisation occasionnelle d'hypnotiques peut briser le cercle vicieux de l'insomnie et de l'anxiété de performance. Toutefois, cette approche doit être combinée à la méthode thérapeutique principale visant à changer vos habitudes et vos attitudes. Finalement, les gens qui ont complété le présent programme de traitement non pharmacologique ressentent parfois le besoin d'avoir des somnifères à leur disposition. Cela leur donne un sentiment de sécurité et réduit la peur de redevenir insomniaque. Quelles que soient les circonstances, les médicaments devraient être utilisés uniquement sur une courte période, de préférence pas plus de quelques nuits ou tout au plus pendant quelques semaines.

Quand les médicaments pour dormir doivent-ils être évités?

Les médicaments pour dormir ne doivent jamais être mélangés à l'alcool; les deux substances sont des dépresseurs du système nerveux central et leurs effets combinés peuvent être très dangereux. Les hypnotiques, tout comme plusieurs autres médicaments, ne doivent pas être utilisés par les femmes enceintes parce que la substance chimique traverse le placenta et peut affecter le développement du fœtus. Évitez également de les utiliser si vous risquez d'être appelé pour travailler au milieu de la nuit. Si vous essayez de vous extirper d'un sommeil induit par un somnifère avant même que les effets ne se soient dissipés, votre vigilance, votre jugement et votre performance peuvent s'en ressentir pendant un certain temps. N'utilisez pas de médicaments pour le sommeil si vous éprouvez des symptômes d'apnée, un problème relié à la respiration durant le sommeil; les hypnotiques (surtout du type benzodiazépine) ralentissent la respiration et peuvent aggraver le problème d'apnée. Un médicament hypnotique utilisé occasionnellement peut être utile pour les individus souffrant d'un trouble d'anxiété, mais vous devriez l'éviter si le diagnostic soupçonné est la dépression. Les hypnotiques ont pour effet principal de ralentir le système nerveux central. Chez les personnes déprimées, ces médicaments aggraveront les symptômes de ralentissement, de léthargie et de dépression. Quand l'insomnie est associée à un problème psychiatrique, il est préférable de s'attarder au traitement de la condition sous-jacente à l'aide de la psychothérapie, de la pharmacothérapie ou d'une combinaison des deux.

Les personnes âgées devraient être particulièrement prudentes lorsqu'elles utilisent des hypnotiques. Puisqu'elles sont plus sensibles que les jeunes adultes aux effets de ces médicaments, les doses devraient être moins élevées. De plus, les aînés métabolisent les médicaments plus lentement que les plus jeunes et risquent plus de ressentir les effets toxiques des somnifères à demi-vie longue. Ces derniers peuvent ne pas s'éliminer complètement de l'organisme lorsqu'ils sont utilisés chaque nuit. L'accumulation de médicaments hypnotiques peut créer un état de confusion lorsque la personne quitte son lit la nuit pour aller à la salle de bain ou même au moment du lever le matin suivant. Les personnes âgées qui utilisent des pilules pour dormir, particulièrement celles avec une demi-vie longue, risquent plus de faire des chutes et de se fracturer une hanche. Les effets résiduels tels que la somnolence diurne et une réduction de la vigilance au volant sont aussi plus prononcés chez les aînés. Parce qu'ils consomment généralement des médicaments pour d'autres conditions médicales, les aînés sont aussi plus à risque d'être victimes d'interactions néfastes entre les différentes classes de médicaments.

En résumé, l'utilisation occasionnelle d'hypnotiques peut être utile pour composer avec un problème d'insomnie aiguë, mais leur efficacité diminue assez rapidement lors d'une utilisation quotidienne. Les avantages initiaux doivent être évalués en regard des séquelles diurnes et de la possibilité de développer une dépendance si les médicaments sont utilisés pour une période prolongée.

Comment vous pouvez devenir dépendant des somnifères

Ce n'est pas tous les gens qui utilisent une pilule pour dormir pendant une période stressante de leur vie qui deviennent dépendants de ces médicaments; le danger survient lors d'une utilisation prolongée. La dépendance à un médicament ne se développe pas en quelques nuits; elle évolue plutôt graduellement avec l'utilisation, la tolérance, le sevrage, la dépendance (voir figure 11.1). La plupart des gens commencent habituellement à consommer des hypnotiques pendant une période de stress, une hospitalisation ou lorsqu'ils n'arrivent plus à composer avec l'insomnie chronique. Bien que les hypnotiques possèdent une certaine utilité dans de telles circonstances, le problème est que plusieurs personnes continuent de prendre le somnifère même lorsque la situation initiale s'est améliorée.

Les ordonnances sont quelquefois renouvelées (par téléphone) même si l'insomnie est soulagée. Quand l'utilisation des médicaments pour dormir est quotidienne, votre corps s'habitue et vous développez une tolérance; une augmentation de la dose est alors nécessaire pour obtenir un effet hypnotique. Lorsque la dose sécuritaire maximale est atteinte, vous êtes coincé dans un cul-de-sac. Le somnifère a perdu son efficacité, mais toute tentative pour cesser son utilisation entraîne une aggravation des difficultés de sommeil et celles-ci deviennent parfois pires qu'elles l'étaient auparavant. C'est à ce moment que beaucoup de gens entrent dans un cycle de pensées catastrophiques et de fausses interprétations. Bien que cette insomnie de rebond et les autres symptômes de sevrage soient temporaires, ceux-ci produisent souvent des inquiétudes excessives à propos du retour

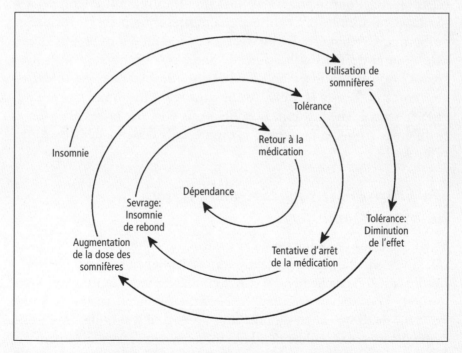

Figure 11.1 Le cercle vicieux de la dépendance aux somnifères

permanent de l'insomnie. Cet état de crainte amène la personne à croire qu'il est absolument nécessaire de reprendre des somnifères pour garder un certain contrôle sur le sommeil. Lorsque la médication est reprise à la suite de plusieurs nuits d'insomnie, elle est très efficace au départ. Cela renforce la croyance que la médication est requise et maintient le cercle vicieux de la dépendance aux médicaments.

Les somnifères prescrits aujourd'hui créent moins de dépendance, sur le plan physiologique, que ceux utilisés il y a 20 ou 30 ans. Cependant, la dépendance aux somnifères est souvent de nature plus psychologique que physiologique et certaines personnes deviennent même dépendantes de médicaments disponibles sans ordonnance. Le conditionnement joue un rôle important dans l'utilisation compulsive d'hypnotiques. L'insomnie et ses conséquences sont souvent perçues comme un état désagréable. Parce qu'une pilule pour dormir prise occasionnellement élimine cet état déplaisant, le comportement impliquant la prise de médicaments est renforcé. Pour maintenir l'efficacité et prévenir la tolérance, les pilules pour dormir sont habituellement prescrites pour être utilisées au besoin. Cet horaire d'utilisation occasionnelle s'avère très puissant pour entraîner l'utilisation sur une base chronique: vous souffrez d'insomnie, utilisez une médication, développez une tolérance, tentez de cesser la médication, souffrez d'insomnie de rebond et revenez à la médication. À la fin, vous êtes aux prises avec deux problèmes au lieu d'un seul: l'insomnie et la dépendance aux somnifères.

Un programme structuré pour cesser la prise de somnifères

Si vous utilisez des pilules pour dormir régulièrement depuis plus de quelques semaines, il est peut-être temps de mettre fin à cette habitude. Il n'existe actuellement aucun somnifère produisant un sommeil naturel. Vous ne pouvez pas acheter le sommeil, même avec le meilleur médicament au monde. Tôt ou tard, il y aura des répercussions. Vous êtes probablement bien informé de ces faits, mais comme la majorité des insomniaques rencontrés à notre clinique, vous vous sentez probablement pris dans un cul-de-sac. Dans cette section, vous apprendrez des stratégies efficaces pour cesser l'utilisation des pilules pour dormir. Avant de commencer le sevrage, discutez de votre intention avec le médecin qui prescrit vos médicaments ou avec votre pharmacien. Idéalement, vous devrez discuter du programme proposé ci-dessous avec votre médecin et l'adapter au type spécifique de médication et à la dose utilisée.

TABLEAU 11.2
Exemple d'horaire de sevrage de somnifères

Semaine	Type/dose (mg)	Nombre de nuits	Quantité totale hebdomadaire (mg)	% réduction de la dose	% confiance
Semaine 1	Ativan/2 mg	7	14 mg	—	—
Semaine 2	Ativan/1,5	7	10,5	25 %	80 %
Semaine 3	Ativan/1	7	7	50 %	65 %
Semaine 4	Ativan/0,5	7	3,5	75 %	75 %
Semaine 5	Ativan/0,5	5	2,5	82 %	80 %
Semaine 6	Ativan/0,5	3	1,5	89 %	75 %
Semaine 7	Ativan/0,5	2	1	93 %	60 %
Semaine 8	Ativan/0,5	1	0, 5	96 %	80 %
Semaine 9	Aucun médicament	0	0	100 %	75 %

1. Choisissez une date

Choisissez la date du début de votre programme de sevrage et faites-la connaître à votre conjoint, à un proche ou à des personnes de votre parenté. Cet engagement public consolidera votre motivation d'aller de l'avant et vous permettra d'obtenir le support social dont vous avez besoin. Choisissez un moment où votre vie n'est pas trop tumultueuse. Si vous êtes sur le point de vivre une séparation ou de changer d'emploi, ce n'est pas un bon moment pour entreprendre ce programme. D'un autre côté, n'attendez pas que tout soit parfait et en ordre dans votre vie. Lorsque la date du début sera fixée, établissez une date provisoire où vous aimeriez être libre de tout médicament. L'idée est de garder le programme limité dans le temps.

2. *Notez vos progrès*

Prenez note quotidiennement de votre consommation de médicaments – le type, la dose et la fréquence d'utilisation. Cette information devrait déjà être disponible dans votre agenda du sommeil. Conservez un résumé hebdomadaire de vos progrès. Faites une copie de la grille vierge (tableau 11.3) semblable à l'exemple illustré au tableau 11.2. Établissez un objectif hebdomadaire de réduction de la dose et du nombre de nuits où vous consommez des médicaments. Puis, déterminez votre niveau de confiance (sur une échelle de 0 à 100 p. 100) de l'atteinte possible de cet objectif. Établissez des objectifs réalistes et possibles à atteindre, pas excessivement élevés afin de ne pas diminuer votre confiance. Au cours d'une semaine, si votre confiance est inférieure à 75 p. 100, conservez le même horaire pendant une autre semaine afin de développer un meilleur sentiment de contrôle et de maîtrise.

TABLEAU 11.3
Horaire de sevrage des somnifères

Semaine	Type/dose (mg)	Nombre de nuits	Quantité totale hebdomadaire (mg)	% réduction de la dose	% confiance
Semaine 1					
Semaine 2					
Semaine 3					
Semaine 4					
Semaine 5					
Semaine 6					
Semaine 7					
Semaine 8					
Semaine 9					

3. *Prenez seulement un médicament à la fois*

Si vous utilisez plus d'un médicament pour le sommeil, la première étape est de vous restreindre à l'utilisation d'un seul. Les utilisateurs chroniques de médicaments pour dormir alternent parfois ou, pire, combinent deux ou trois médicaments différents. Même si le fait d'alterner les médicaments semble une bonne stratégie pour minimiser la tolérance, ce n'est pas une bonne idée de mélanger les somnifères. Cela peut même être dangereux. Si vous avez atteint ce stade, la première étape est de limiter l'utilisation à un médicament pendant au moins une semaine, plus longtemps de préférence.

4. *Réduisez votre médication graduellement, jamais soudainement*

Si vous utilisez une médication hypnotique toutes les nuits depuis quelque temps, réduisez la quantité de médicaments de façon graduelle afin de minimiser les symptômes de sevrage. N'arrêtez jamais d'un seul coup. Si vous le faites, ces symptômes de sevrage seront plus sévères, même dangereux, et il est fort probable que vous recommenciez tout simplement à prendre votre médication.

Diminuez votre médication par étapes d'environ 25 p. 100 de la dose originale. Par exemple, si vous prenez 2 mg d'Ativan, après la première diminution vous en prendrez 1,5 mg. Maintenez l'utilisation de cette quantité toute la semaine, même si votre degré de confiance est assez élevé pour diminuer la dose après quelques nuits. Évitez de revenir à la dose originale malgré une aggravation de vos difficultés de sommeil.

Continuez de réduire votre médication par tranches de 25 p. 100 de la dose originale jusqu'à ce que vous ayez atteint la plus petite dose possible. Dans notre exemple, cela signifie que la prochaine étape est de diminuer l'utilisation à une dose de 1 mg pendant une semaine et de 0,5 mg pour la semaine suivante. À cette étape, la plus petite dose possible est atteinte. Si vous ne vous sentez pas encore suffisamment confiant pour franchir l'autre étape, coupez votre pilule en deux pendant une semaine additionnelle. Faites attention de ne pas devenir obsédé au point de continuer à couper et à couper votre pilule jusqu'à ce qu'il ne reste pratiquement plus rien. Cela est très courant parmi les utilisateurs chroniques de somnifères. Tôt ou tard, vous devrez abandonner cette pratique et cesser complètement la médication.

5. *Introduisez des nuits sans médicaments*

Lorsque vous avez atteint la plus petite dose disponible, il est temps d'introduire les nuits sans médicaments. Choisissez deux nuits de la semaine où vous n'utiliserez aucun somnifère. La médication est permise uniquement pour les cinq autres nuits que vous sélectionnez aussi à l'avance. Bien que vous puissiez appréhender cette étape importante, vous pouvez minimiser l'impact de l'arrêt des médicaments en sélectionnant des nuits où votre horaire du lendemain n'est pas trop chargé ou exigeant. Pour la plupart des gens, il est plus facile de commencer à éliminer la médication les fins de semaine. Vous avez habituellement moins de pression et d'obligations de travail et moins d'appréhension quant à la détérioration du fonctionnement durant la journée. Après environ une semaine où les nuits des fins de semaine sont libres de toute médication, prenez une «vacance de médicaments» durant les nuits de la semaine. Adoptez une stratégie similaire, c'est-à-dire sélectionnez une nuit précédant une journée moins exigeante.

6. *Utilisez les médicaments selon l'horaire prescrit, non au besoin*

Alors que vous entreprenez cette dernière étape, il est essentiel de déterminer à l'avance quelles nuits vous utiliserez la médication et quelles nuits en seront libres. Donc, au début de chaque semaine, inscrivez vos plans sur l'agenda du sommeil. Ne laissez rien à l'improviste et ne changez pas de plan en cours de route. Pendant les nuits libres de médicaments, ne prenez pas vos pilules même si vous passez une très mauvaise nuit. Souvenez-vous, quelques nuits d'insomnie sont susceptibles de se produire à court terme mais ce n'est qu'une conséquence temporaire. À l'opposé, pour les nuits où vous avez choisi de prendre le médicament, prenez votre pilule à une heure précise (par exemple, 30 minutes avant le coucher), que vous en éprouviez le besoin ou non. Comme nous l'avons expliqué précédemment, une des raisons pouvant expliquer votre dépendance aux somnifères est la forte association qui s'est développée entre le comportement de prise de somnifères et le soulagement d'un état très déplaisant (l'insomnie). La stratégie est ici d'éliminer ou d'affaiblir l'association entre l'insomnie et la prise de médicaments.

Lorsque vous utilisez des médicaments pendant seulement une ou deux nuits par semaine, l'étape finale est simplement de cesser la médication. Lorsque vous aurez atteint ce stade, vous serez peut-être tenté de poursuivre l'utilisation. Ne vous faites pas prendre. Rappelez-vous que c'est probablement de cette manière que vous êtes devenu dépendant des somnifères au tout début.

Félicitations! Maintenant, vous êtes libre de tout médicament. Vous avez certainement de bonnes raisons d'être fier de vous parce que ce n'est pas un défi facile à relever. Assurez-vous de vous récompenser et laissez savoir aux autres ce que vous avez accompli.

7. *Composez avec les périodes difficiles*

Lors du sevrage de vos pilules pour dormir, il est possible que vous deviez faire face à certaines difficultés en cours de route ou même après avoir atteint votre objectif d'être libre de tout médicament. Si vous devez absolument prendre un somnifère, essayez de limiter les dommages. Avoir une faiblesse lors de circonstances difficiles ne signifie pas un retour à une utilisation chronique de somnifères. Ne vous découragez pas et ne vous punissez pas avec des pensées négatives telles que: «C'est sans espoir, je suis un perdant.» Utilisez plutôt des pensées plus positives pour accroître votre confiance en vous: «Je peux le faire, je vais réussir à le faire.» Un facteur important relié au succès de tout changement d'habitudes est l'attente d'un résultat positif. Par contre, soyez patient et tolérant avec vous-même. Remplacer d'anciennes habitudes par de nouvelles exige du temps. Après tout, si vous utilisez des somnifères depuis des mois ou même des années, il faut vous attendre à ce que cela prenne un peu de temps pour en cesser l'utilisation.

Une stratégie utile pour prévenir les rechutes est d'identifier à l'avance les situations à haut risque, celles qui vous ont occasionné des difficultés par le passé — tels les préparatifs d'un voyage ou la participation à une réunion importante. Plutôt que d'utiliser un somnifère lors de ces nuits, vous devriez mettre en application les stratégies nouvellement apprises: restreindre votre temps passé au lit et aller au lit uniquement si vous vous sentez réellement somnolent. Et si vous avez de la difficulté à dormir, surtout ne paniquez pas! Il faut vous attendre à ce qu'il y ait des «hauts» et des «bas» dans ce processus de sevrage de somnifères.

Ce que vous pouvez attendre de ce programme

Ce programme de sevrage graduel s'est montré efficace auprès de plusieurs insomniaques dépendants des somnifères. Il n'est pas facile à suivre, mais si vous respectez soigneusement le programme décrit, il y a de bonnes raisons de croire que vous réussirez. Si vous n'arrivez pas à abandonner vos médicaments à l'aide de ce programme, discutez avec votre médecin, un pharmacien ou un psychologue qualifié qui pourraient vous assister dans cette démarche. Le temps requis pour cesser complètement la médication dépend du type de médicament, de la dose, de la fréquence et de la durée de son utilisation. En règle générale, une période de 6 à 10 semaines est suffisante pour que la plupart des gens cessent leur médication. Même si vous avez hâte de dormir sans médicament, n'essayez pas de procéder trop rapidement.

Il existe un bon nombre de symptômes de sevrage que vous pouvez ressentir lorsque vous cessez de prendre des somnifères; parmi ceux-ci, notons une aggravation des problèmes de sommeil, l'anxiété, l'irritabilité, la fatigue et une augmentation de la perception sensorielle. Soyez prêt à faire face à ces symptômes désagréables à mesure que la médication est discontinuée. Cependant, gardez à l'esprit que ce n'est pas tout le monde qui ressent ces symptômes. Même si tel est le cas, ceux-ci sont minimisés lorsque vous suivez un plan de sevrage graduel. Tous ces symptômes sont temporaires. Si vous ressentez ces effets, ne vous laissez pas aller à l'anxiété ou à la dépression. Cela ne signifie pas nécessairement un retour de l'insomnie. Vous souffrirez peut-être pendant une courte période de temps, mais les choses s'amélioreront certainement.

Quand devriez-vous commencer le programme? Le meilleur moment est lorsque vous maîtriserez les méthodes pour composer avec l'insomnie décrites dans les chapitres précédents. Ces stratégies peuvent être très utiles, surtout si vous éprouvez une aggravation de vos difficultés de sommeil lors de la réduction de vos somnifères. Occasionnellement, le simple arrêt des hypnotiques règle le problème de sommeil, une fois que les symptômes normaux de sevrage sont disparus. Plus souvent, vous éprouverez des difficultés de sommeil pendant un certain temps à la suite de l'arrêt de la médication. C'est ici que les stratégies apprises précédemment vous aideront à composer avec les difficultés temporaires.

La pharmacothérapie seule est rarement efficace pour traiter l'insomnie chronique. Des études cliniques comparant les thérapies psychologiques et pharmacologiques indiquent que ces dernières produisent des résultats plus rapides alors que les thérapies psychologiques exigent un peu plus de temps, mais produisent une amélioration plus permanente du sommeil. Néanmoins, beaucoup d'efforts et d'argent sont investis pour développer le médicament idéal qui produirait un sommeil naturel. Ce médicament parfait est encore hors de portée et même s'il devenait disponible un jour, aucune pilule pour dormir ne guérirait l'insomnie puisque les pilules n'abordent pas les causes sous-jacentes de ce trouble du sommeil. En fait, cela masque le problème et entrave le développement d'habiletés de gestion personnelle appropriées. D'une perspective psychologique, les somnifères renforcent la perception que l'individu est victime de l'insomnie.

12

Autres troubles du sommeil

Les troubles du sommeil se divisent en quatre catégories générales: (1) l'insomnie, difficulté à dormir la nuit; (2) l'hypersomnie, problème à rester éveillé le jour; (3) la parasomnie, comportement inhabituel ou anormal pendant le sommeil; et (4) les troubles du rythme circadien, problème à dormir lorsque désiré et à rester éveillé lorsque nécessaire, causés par des facteurs tels le travail posté ou le décalage horaire. Dans ce livre, l'accent a été mis sur différentes formes d'insomnie; les troubles du rythme circadien ont aussi été exposés au chapitre 10. Dans ce chapitre, nous décrirons d'autres problèmes de sommeil associés à la somnolence excessive le jour et à certains comportements inhabituels ou anormaux pendant le sommeil. Il est à noter que ces dernières conditions peuvent causer soit des difficultés à dormir la nuit, soit des problèmes à rester éveillé pendant la journée ou les deux. Il est aussi possible d'être complètement inconscient de ces symptômes jusqu'à ce que quelque chose d'inhabituel soit noté par votre partenaire ou qu'une étude de sommeil soit menée. Certains de ces troubles peuvent s'avérer simplement dérangeants tandis que d'autres peuvent diminuer la qualité de la vie et d'autres encore peuvent carrément compromettre votre santé physique.

L'apnée du sommeil

L'apnée du sommeil est un trouble de la respiration qui se produit pendant qu'une personne dort. La respiration est normale pendant l'éveil, mais devient perturbée pendant le sommeil. Une personne souffrant d'apnée du sommeil arrête de respirer de façon répétée au cours de la nuit pendant des périodes de plus de 10 secondes, et parfois même jusqu'à une minute. La séquence typique d'événements comprend l'arrêt complet ou partiel de la respiration, suivi d'un ronflement très bruyant et d'un bref éveil, accompagné d'une reprise de la respiration et enfin, un retour au sommeil. La plupart des personnes expérimentent quelques arrêts brefs dans la respiration, particulièrement au début de la nuit lorsqu'elles s'endorment. Cependant, dans des cas sévères d'apnée, ce cycle peut se répéter jusqu'à 200 ou 300 fois par nuit sans même qu'une personne en soit vraiment consciente. Malgré huit heures passées au lit, apparemment endormie, une personne qui souffre d'apnée du sommeil se sentira morte de fatigue en se réveillant le matin et devra lutter toute la journée pour rester éveillée.

L'apnée du sommeil est causée principalement par un excès de tissu adipeux situé à l'arrière de la gorge. Lorsque la personne s'endort, les graisses et les muscles se relâchent trop et bloquent les voies respiratoires. Les principaux symptômes de l'apnée sont: des ronflements bruyants, des pauses respiratoires généralement observées par le partenaire, un sommeil agité et la somnolence diurne excessive. Parfois, des difficultés respiratoires prolongées mèneront une personne à se réveiller en cherchant son souffle, tout en éprouvant une sensation de panique et des difficultés à se rendormir. La plupart des gens souffrant d'apnée du sommeil sont tout à fait inconscients des symptômes nocturnes; la seule plainte subjective constitue la difficulté à demeurer pleinement éveillé pendant la journée. L'apnée du sommeil est particulièrement commune chez les hommes obèses d'âge moyen et ceux ayant un tour de cou très grand; après la ménopause, les femmes sont également à risque.

L'apnée du sommeil peut avoir des conséquences sérieuses sur la santé, les fonctions mentales et la sécurité publique. Un sommeil perturbé sur une base chronique mènera inévitablement à une somnolence diurne excessive et à un risque augmenté de s'endormir au volant ou à d'autres moments ou endroits inappropriés. Chaque fois qu'une personne cesse de respirer dans son sommeil, il y a une diminution de l'apport d'oxygène sanguin au cerveau et aux autres organes vitaux. L'apnée du sommeil peut causer de l'hypertension artérielle et aggraver les maladies cardio-vasculaires. Elle peut également avoir des effets sur la mémoire et la concentration et transformer un individu plutôt joyeux et de compagnie agréable en une personne déprimée et irritable.

Le traitement le plus efficace pour l'apnée du sommeil est un petit appareil qui produit une pression positive d'air continu (de l'anglais, *continuous positive airway pressure*). La pression positive est assurée par un petit compresseur à air, branché à un tube de plastique qui est lui-même relié à un masque porté sur le nez du dormeur toute la nuit. Cette machine force l'air à traverser les passages nasaux, gardant les voies respiratoires dégagées pendant le sommeil. L'appareil à pression positive est prescrit par un spécialiste du sommeil ou un médecin lorsque le diagnostic d'apnée du sommeil est posé à la suite d'une évaluation du sommeil faite en laboratoire. Il existe plusieurs modèles disponibles qui peuvent s'adapter aux différents besoins. Plusieurs autres mesures préventives ou correctives peuvent aider dans les cas mineurs ou moins sévères d'apnée du sommeil. Par exemple, à l'heure du coucher, éviter la consommation d'alcool ou de somnifères, qui sont eux-mêmes des dépresseurs du système nerveux central et diminuent la respiration. Aussi, éviter de dormir sur le dos, ce qui aggrave les ronflements et les pauses respiratoires. Lorsque l'obésité est un facteur de risque pour l'apnée du sommeil, la perte de poids peut diminuer la gravité du problème même si cela est insuffisant dans les cas plus sévères. Plusieurs interventions chirurgicales sont également disponibles: l'adénoïdectomie, l'ablation des végétations, la chirurgie assistée au laser afin d'éliminer l'excès de tissu adipeux situé derrière la gorge, le repositionnement des mâchoires afin d'élargir les voies respiratoires. Dans le cas où la vie d'une personne est en danger, une trachéotomie peut même être effectuée. L'apnée du sommeil est le trouble le plus fréquemment évalué et traité dans les cliniques du sommeil. Quand ce trouble est traité efficacement, les patients sont agréablement surpris de la quantité d'énergie et de vitalité dont ils peuvent bénéficier pendant la journée.

Le ronflement peut être un problème sérieux

Environ 20 p. 100 des gens ronflent habituellement. Les hommes ont tendance à ronfler plus fréquemment que les femmes et l'incidence augmente avec l'âge. Le bruit que nous entendons est causé par la vibration d'un tissu mou (luette et palais mou) contre l'arrière de la gorge. Le ronflement est empiré par l'obésité, l'utilisation d'alcool ou de sédatifs près de l'heure du coucher et le fait de dormir sur le dos. Plusieurs d'entre nous ont été maintenus éveillés par des ronflements ou ont fait des blagues à ce sujet. Dormir avec un partenaire qui ronfle comme un tracteur n'est pas drôle; cette situation peut même engendrer de la tension dans une relation, vous rendant très irritable et vous obligeant même à faire chambre à part. Le ronflement diminue la qualité du sommeil du ronfleur et de son partenaire.

Est-ce que ronfler, c'est seulement produire un bruit dérangeant? Le ronflement en soi n'est pas un trouble du sommeil et un faible ronflement n'est pas nécessairement dangereux même si cela est vraiment irritant pour un auditeur captif. Mais le ronflement peut, comme nous venons de le voir, être un symptôme d'une condition médicale plus sérieuse, soit l'apnée du sommeil.

Que peut-on faire pour retrouver le *son du silence*? Pour les ronflements mineurs, un simple changement dans la position du corps peut atténuer le problème. Un oreiller anti-ronflement, qui garde le cou droit, aidera. Coudre une balle de tennis dans le dos du pyjama peut décourager le dormeur d'adopter la position dorsale. Une chirurgie assistée au laser est aussi disponible même si à ce jour son efficacité n'a pas été entièrement démontrée. Toute personne qui ronfle bruyamment et dont les ronflements sont ponctués de pauses respiratoires intermittentes devrait consulter un spécialiste des troubles du sommeil pour une évaluation, car cela est un signe presque certain d'apnée du sommeil.

Le syndrome des jambes agitées

Le syndrome des jambes agitées est caractérisé par une sensation extrêmement inconfortable dans les mollets et par un besoin irrésistible de bouger les jambes. Apparaissant habituellement entre les genoux et les chevilles, l'inconfort peut également s'étendre aux cuisses, aux pieds, aux genoux et même aux bras. Un de mes patients décrivait ses impatiences musculaires de la façon suivante: «C'est comme si des vers montaient ou bien s'accrochaient derrière la peau de mes jambes. Chaque fois que je m'assois ou que j'essaie de me reposer, je ne peux garder mes jambes en place. J'ai besoin de les bouger constamment et ça me rend fou.» La condition est aggravée quand les jambes sont au repos, lorsque la personne est assise et regarde la télévision ou est en voiture comme conducteur ou passager. Cette sensation d'inconfort s'aggrave pendant la soirée et particulièrement au moment du coucher. Le syndrome des jambes agitées peut retarder considérablement l'endormissement et être la cause première de l'insomnie. Marcher ou étirer les jambes peut remédier temporairement à la sensation déplaisante. Plusieurs victimes se retrouvent à taper du pied, à faire de l'exercice pendant des heures avant de tomber endormies d'épuisement. Le syndrome des jambes agitées n'est pas un problème facilement reconnu par les médecins; ce syndrome doit être différencié de l'agitation générale du corps que l'on observe chez les individus anxieux.

Les causes du syndrome des jambes agitées ne sont pas entièrement connues. Il est associé à une déficience en fer et à l'anémie. Il est plus fréquent chez les femmes enceintes et les personnes âgées. Les conditions médicales accompagnées d'une mauvaise circulation sanguine comme le diabète ou les déficiences rénales sont souvent associées au syndrome des jambes agitées. La plupart des gens souffrant de ce trouble sont également affectés de mouvements périodiques des jambes.

Les mouvements périodiques des jambes

Les mouvements périodiques des jambes pendant le sommeil, également appelés myoclonies nocturnes, consistent en une série de mouvements brefs et répétitifs des jambes. Les bras peuvent aussi être impliqués. Contrairement au syndrome des jambes agitées, qui se produit pendant l'éveil, les myoclonies apparaissent presque exclusivement pendant le sommeil. Plus fréquentes dans le premier tiers de la nuit, ces petites contractions musculaires peuvent apparaître plusieurs centaines de fois par nuit et sont habituellement associées avec des micro-éveils de quelques secondes seulement. Même si dans un cas sévère une personne peut se réveiller avec des crampes dans les jambes, le dormeur est habituellement inconscient des mouvements et n'a pas souvenir de ces éveils. Toutefois, les multiples interruptions du sommeil auront pour principale conséquence une somnolence diurne. Cette condition doit être distinguée du «sursaut hypnagogique» ou «démarreur de sommeil», apparaissant à l'endormissement, ou encore des contractions périodiques des membres pendant le sommeil paradoxal, ces deux phénomènes étant entièrement normaux.

Comme pour le syndrome des jambes agitées, la prévalence de mouvements périodiques des jambes augmente significativement avec l'âge. Leurs causes sont encore inconnues, mais ils pourraient avoir une composante héréditaire. Ils sont fréquemment associés à une déficience en vitamine E, en fer ou en calcium, à la douleur, à des troubles rénaux et à d'autres conditions médicales causant une mauvaise circulation sanguine (par exemple, le diabète). Des difficultés à maintenir le sommeil ou de l'hypersomnolence diurne sont les principales plaintes subjectives associées aux mouvements périodiques des jambes. Il arrive également qu'une personne n'ait aucun symptôme.

Le traitement de ce problème n'est pas toujours essentiel puisque certaines personnes dorment relativement bien même en présence des mouvements et ne ressentent pas de somnolence diurne excessive. Dans les cas plus sévères, le traitement des mouvements périodiques des jambes est, tout comme pour le syndrome des jambes agitées, avant tout de nature médicale. Trois classes de médicaments sont prescrits pour ces conditions incluant la L-Dopa (Sinemet), le clonazépam (Rivotril) et la codéine (Tylenol #3). Comme la plupart des médicaments, chacun de ceux-ci ont des effets secondaires et il y a risque de tolérance lorsqu'ils sont utilisés sur une base régulière. Il est donc important d'introduire des périodes sans médicaments afin de maintenir leur efficacité. Si vous souffrez du syndrome des jambes agitées ou de mouvements périodiques des jambes, vous devriez diminuer la consommation de caféine le soir comme moyen de prévention. Des exercices d'étirement peu avant l'heure du coucher peuvent aider à soulager l'inconfort. Un bain chaud, un massage des jambes, une bouillotte ou un coussin chauffant peuvent également aider. Parce que ce trouble est habituellement pire dans la première partie de la nuit, vous pouvez retarder l'heure de votre coucher et dormir une ou deux heures plus tard le matin. Lorsque vous voyagez en avion, demandez toujours le siège de l'allée de façon à pouvoir vous lever et marcher lorsque vous ressentez des impatiences musculaires. Vous pouvez obtenir plus de renseignements sur le syndrome des jambes agitées ou les mouvements périodiques des jambes à l'association «Restless Legs Syndrome Foundation Inc.».

La narcolepsie

La narcolepsie est caractérisée par la somnolence excessive ou des attaques soudaines et incontrôlables de sommeil se produisant pendant des activités de nature calme ou active. Le combat pour demeurer éveillé est constant, indépendamment de la quantité de sommeil obtenue la nuit précédente. À certains moments, la somnolence devient tellement intense qu'elle est ressentie comme une attaque de sommeil. L'individu n'a absolument aucun contrôle sur cette sensation et peut tomber endormi à des moments ou à des endroits inappropriés: pendant une réunion, une conversation, un repas ou même lors de relations sexuelles. Le sommeil peut durer 15 à 20 minutes et la personne se réveille habituellement avec le sentiment d'être reposée. Malheureusement, cette vigilance est de courte durée et la personne se sent de nouveau somnolente dans les deux ou trois heures suivantes. Ce cycle se répète plusieurs fois chaque jour.

Les autres symptômes de ce trouble sont: (1) la cataplexie, une faiblesse musculaire soudaine déclenchée par des émotions intenses (la peur, la colère, l'excitation ou bien le rire); (2) la paralysie du sommeil, une incapacité de bouger les membres lors de la transition éveil-sommeil ou sommeil-éveil; et (3) les hallucinations hypnagogiques, d'étranges perceptions visuelles, auditives ou des sensations tactiles effrayantes qui apparaissent lors de l'endormissement ou du réveil. Ces expériences, semblables à un rêve, sont souvent difficiles à distinguer de la réalité. La paralysie et les hallucinations peuvent apparaître ensemble, produisant ainsi une expérience très anxiogène. Les épisodes de cataplexie varient d'une simple sensation de faiblesse musculaire à l'effondrement physique total pouvant durer quelques minutes. Lors d'un tel épisode, l'individu est essentiellement paralysé, mais il demeure pleinement conscient de ce qui lui arrive.

Les experts du sommeil ne connaissent pas la cause de la narcolepsie. C'est un trouble génétique probablement lié à une déficience de certaines substances chimiques du cerveau. Ce trouble apparaît généralement entre 10 et 30 ans; toutefois, le problème de plusieurs personnes demeure non diagnostiqué jusqu'à une période plus tardive dans leur vie. Tous les gens souffrant de narcolepsie n'expérimentent pas tous les symptômes décrits auparavant. De plus, la paralysie du sommeil peut être un phénomène isolé qui n'est pas nécessairement un indice de narcolepsie. Cette condition est plus fréquente dans certaines familles. Les conséquences de la narcolepsie varient avec la sévérité du trouble. Lorsqu'elle devient plus sévère, elle peut avoir un impact très néfaste sur la vie familiale, sociale et professionnelle d'un individu. Tomber endormi à des moments inappropriés peut occasionner plus qu'un embarras social. Cela peut interférer avec l'apprentissage de l'enfant à l'école et peut également mettre un emploi en péril chez l'adulte. Les siestes récurrentes dans la soirée, qu'elles soient volontaires ou non, peuvent aussi amener des tensions dans la relation conjugale. Tomber endormi de façon impromptue au volant ou en exécutant des tâches délicates peut entraîner des conséquences sérieuses sur la vie d'un individu ou la sécurité publique.

Si vous avez des symptômes de narcolepsie, voyez un neurologue ou un spécialiste du sommeil qui pourra évaluer votre condition et effectuer les tests nécessaires pour poser un diagnostic précis. Même s'il n'y a pas de traitement complètement efficace pour la narcolepsie, plusieurs médicaments peuvent aider à contrôler ses symptômes. Les stimulants sont souvent utilisés afin de contrer la somnolence excessive et les antidépresseurs peuvent être utiles afin de contrôler les symptômes de cataplexie et de paralysie de sommeil ainsi que les hallucinations. Faire de courtes siestes à des moments stratégiques pendant la journée peut aider à diminuer la somnolence. Maintenir un horaire de sommeil régulier est également très important parce que le sommeil nocturne est dérangé même chez les patients narcoleptiques. L'American Narcolepsy Association fournit de l'information pertinente sur les nouvelles recherches et sur des groupes de support pour les patients souffrant de narcolepsie et leur famille.

Les parasomnies

Le terme parasomnie regroupe une variété d'événements ou de comportements anormaux, inhabituels ou dérangeants qui se produisent surtout pendant le sommeil ou la période de transition de l'éveil au sommeil. Ils peuvent varier du simple balancement stéréotypé du corps quand un enfant s'endort au bruxisme (grincement des dents), au priapisme nocturne (érection douloureuse pendant le sommeil) ou encore aux épilepsies nocturnes. Nous abordons ici seulement les parasomnies les plus communes: les cauchemars, les terreurs nocturnes, le somnambulisme, les troubles de l'alimentation nocturne et enfin, un désordre comportemental relié au sommeil paradoxal. Les parasomnies ne mènent pas nécessairement à une plainte d'insomnie ou d'hypersomnie, mais dans leur forme plus sévère, une ou l'autre de ces difficultés peut être présente. Dans plusieurs cas, elles sont seulement des phénomènes indésirables. Par contre, quelques parasomnies peuvent mener à des blessures physiques (somnambulisme) et à une détresse psychologique importante (terreur nocturne) pour la personne qui souffre de cette condition ou pour les parents ou le conjoint qui sont témoins de ces épisodes.

Les cauchemars

Les cauchemars sont des rêves effrayants qui se produisent pendant le sommeil paradoxal. Ils impliquent habituellement une histoire avec des scènes ou images vives comportant un danger, des poursuites, des chutes ou des tueries; celles-ci peuvent s'accompagner de balbutiements ou de cris. Parce que le corps est paralysé pendant le sommeil paradoxal, la sensation d'être pris au piège est fréquente et aucune échappatoire n'est possible. Le cauchemar amène habituellement un éveil complet durant lequel la personne se souvient clairement du rêve. Celle-ci s'oriente facilement et rapidement, mais la présence de détresse émotionnelle ou d'anxiété peut retarder le retour au sommeil. Les cauchemars sont plus communs dans la deuxième partie de la nuit, période pendant laquelle le sommeil paradoxal prédomine. Faire un cauchemar de temps à autre est normal pour les adultes et les enfants. Environ 5 p. 100 de la population générale est troublée par des cauchemars fréquents; ils sont communs chez les gens ayant été victimes ou témoins d'événements traumatiques — abus et/ou violence physique et/ou sexuel, désastre naturel, expérience de guerre ou de combat. L'anxiété excessive et le stress peuvent tous les deux être à la fois cause et conséquence de cauchemars récurrents. Des cauchemars temporaires peuvent être causés par l'utilisation de certains médicaments bêtabloquants pour l'hypertension ou par le retrait de certains médicaments antidépresseurs.

Un traitement psychologique est souvent efficace contre les cauchemars récurrents. Cela implique une exposition graduelle au cauchemar par le biais de répétitions du rêve effrayant en imagination ou par écrit. L'individu souffrant de cauchemar est premièrement entraîné à le noter; ensuite, il doit le réécrire tout en changeant son développement et son dénouement; finalement, il doit répéter cette nouvelle version du cauchemar plusieurs fois par jour. Même si l'aide d'un thérapeute professionnel peut être nécessaire, le livre du Dr Barry Krakow et du Dr Joseph Neidhardt, *Conquering Bad Dreams and Nightmares*, s'avère être un excellent guide détaillé d'autotraitement pour les gens souffrant de cauchemars.

Les terreurs nocturnes

Une terreur nocturne est caractérisée par un réveil brusque du sommeil profond (stades 3-4) accompagné d'un cri aigu, de peurs et d'anxiété intense ainsi que d'activation physiologique excessive (battements de cœur accélérés, transpiration et agitation). L'individu est confus, agité et désorienté. Lors d'un épisode de terreur nocturne, qui peut durer plusieurs minutes, la personne est dans un état mixte de demi-conscience et de demi-sommeil profond et ne répond pas aux efforts externes pour la réveiller ou la calmer. Les enfants sont inconsolables. Contrairement à ce qui est le cas pour les cauchemars, si la personne est réveillée pendant un épisode de terreur nocturne, elle n'aura qu'un vague souvenir de ce rêve ou même aucun. Souvent, il est impossible de la réveiller et la personne ne se souviendra pas du tout de l'épisode le lendemain matin. Les terreurs nocturnes apparaissent dans le premier tiers de la nuit, une période où le sommeil profond prédomine. Elles sont plus fréquentes chez les enfants âgés de 4 à 12 ans et elles tendent à se résorber spontanément pendant l'adolescence. Plus rarement, elles persistent ou commencent à l'âge adulte.

Le somnambulisme

Le somnambulisme peut consister simplement à s'asseoir sur le bord du lit ou à sortir du lit et à marcher dans la chambre; plus rarement, cela implique de sortir de la chambre à coucher et de se rendre dans une autre pièce ou même à l'extérieur de la maison. Les somnambules peuvent tenir des conversations incompréhensibles ou ayant peu de sens. Ils ne répondent pas aux efforts de l'entourage pour communiquer avec eux afin de les réveiller. Seuls des efforts persistants amènent un éveil complet et la personne sera habituellement confuse et désorientée. Elle aura peu ou pas de souvenirs de l'incident. Le somnambule peut se réveiller spontanément pendant l'incident; plus souvent, il retourne à son lit ou encore se réveille le matin dans une pièce différente de la maison. Le somnambulisme et les terreurs nocturnes ont quelques caractéristiques communes et apparaissent souvent ensemble. Parfois, la personne peut sortir de la chambre ou de la maison en courant dans un état de panique et se blesser en chemin. Le somnambulisme apparaît habituellement dans la première partie de la nuit, moment où le sommeil profond est prédominant. Comme les terreurs nocturnes, le somnambulisme survient surtout pendant l'enfance et tend à disparaître à l'adolescence. Plus rarement, il persistera à l'âge adulte.

Les causes des terreurs nocturnes et du somnambulisme ne sont pas clairement identifiées. Par contre, les conséquences peuvent s'avérer désastreuses. Tenter de consoler un enfant qui souffre de terreur nocturne provoque énormément de détresse chez les parents, plus que chez l'enfant lui-même. Les somnambules sont habituellement d'excellentes cibles pour les blagues, mais il existe également des risques importants de blessures et de complications légales dans leur cas. Alexandre, un adolescent venu consulter à notre clinique pour un problème de somnambulisme, s'était coupé sérieusement au bras en tentant de sortir de la maison par la fenêtre de sa chambre à coucher. Charles, un représentant des ventes d'une grande compagnie, s'est retrouvé en sous-vêtements, enfermé à l'extérieur de sa chambre d'hôtel au beau milieu de la nuit pendant un voyage d'affaires. Un meurtre récent hautement médiatisé a mis en cause un homme qui, de façon automatique, a conduit sa voiture sur plus de 17 kilomètres; il a tué un membre de sa famille et est retourné dans son lit sans se souvenir de l'événement. L'homme fut acquitté.

Plusieurs options existent pour traiter le somnambulisme et les terreurs nocturnes. Premièrement, si vous êtes le parent d'un enfant atteint de ces troubles, gardez toujours à l'esprit qu'il s'agit de conditions suivant l'évolution du développement et se résorbant habituellement à l'adolescence. Vous devriez intervenir seulement pour prévenir les blessures ou pour minimiser les interruptions du sommeil. Chez les enfants comme chez les adultes, il est préférable de ne pas forcer l'éveil. Il vaut mieux rassurer la personne, fournir des directives verbales et même la guider physiquement pour qu'elle retourne au lit. Pour réduire les risques de blessures associées au somnambulisme, les mesures de sécurité suivantes devraient être mises en place: la personne somnambule devrait toujours dormir au rez-de-chaussée; les portes et fenêtres de la chambre à coucher devraient toujours être verrouillées; tous les objets potentiellement dangereux devraient être hors de portée; les meubles devraient être aménagés de façon à éviter les accidents. Il est également important de maintenir un horaire d'éveil-sommeil régulier et d'éviter le plus possible la privation de sommeil. Cette dernière mesure préventive est importante, car les terreurs nocturnes et le somnambulisme apparaissent au cours du sommeil profond, qui est présent en plus grande quantité à la suite d'une privation de sommeil. Quand des événements stressants ou d'autres problèmes psychologiques bouleversent la personne, des interventions psychologiques appropriées et des techniques de gestion de stress peuvent s'avérer utiles. Les médicaments supprimant le sommeil profond peuvent aider temporairement afin de minimiser ces épisodes en période de stress ou de manque de sommeil.

Les syndromes d'alimentation nocturne

Certaines personnes se réveillent la nuit et sont incapables de se rendormir sans avoir mangé ou bu. Assez commune chez les enfants, cette condition n'est pas nécessairement un trouble du sommeil parce que les parents sont d'accord pour se lever et nourrir leur enfant. Le Dr Carlos Schenck et ses collègues de l'université du Minnesota ont récemment identifié une condition similaire chez les adultes. La caractéristique distinctive de ce trouble est que l'alimentation nocturne fait partie intégrante d'un épisode de somnambulisme. Le dormeur se lève pendant la nuit et, dans un état demi-éveillé, il cuisine et mange. Ce comportement est inconscient et le dormeur ne se souvient pas de cet épisode le matin suivant.

Lorsque Diane, une femme de 45 ans, est venue me consulter à notre clinique, elle m'a décrit une image classique du trouble de l'alimentation pendant le sommeil. Son principal problème était le somnambulisme, présent depuis plusieurs années, avec une occurrence hebdomadaire moyenne de trois à quatre fois. Habituellement, elle se levait dans la première partie de la nuit et marchait jusqu'à la cuisine, s'engageait dans un rituel culinaire élaboré, suivi d'un épisode de consommation de nourriture, pour ensuite retourner au lit et se réveiller au matin sans aucun souvenir de l'incident. Même si son conjoint et ses enfants étaient témoins de ces épisodes, le seul indice attestant de la véracité de leurs dires était l'accumulation de vaisselle sale dans l'évier le lendemain matin. Par contre, à quelques reprises, elle avait laissé un élément de la cuisinière en marche et, au moins à une occasion, l'alarme de feu s'était déclenchée. Fait intéressant, Diane avait déjà souffert d'un trouble compulsif de l'alimentation, même si au moment de l'évaluation à notre clinique, elle affirmait ne plus en souffrir. Il n'est pas clair si ce trouble de l'alimentation nocturne était une manifestation inconsciente de son trouble compulsif d'alimentation antérieur.

Outre le gain de poids, les conséquences de ce trouble peuvent être désastreuses puisque certaines personnes peuvent se couper ou se brûler en préparant la nourriture. Les causes exactes de ce trouble, qui semble affecter surtout les femmes, sont inconnues. Un stress excessif et la privation de sommeil peuvent déclencher le somnambulisme et, possiblement, ce trouble d'alimentation nocturne. La médication peut réduire la fréquence d'apparition des épisodes et il est essentiel d'instaurer des mesures préventives. Mettre hors de portée les objets dangereux, débrancher la cuisinière ou régler un système d'alarme pour qu'il se déclenche si elle est utilisée la nuit constituent quelques mesures simples qui peuvent prévenir des conséquences graves.

Cette condition doit être distinguée des éveils nocturnes conditionnés par la faim; pour certaines personnes, manger la nuit est pratiquement une obsession. Un individu souffrant d'un trouble de l'alimentation comme la boulimie peut se nourrir la nuit. Par contre, dans un tel cas, la personne qui mange au milieu de la nuit, soit par choix ou par compulsion, est habituellement consciente de son action tandis qu'une personne souffrant d'un trouble d'alimentation nocturne est apparemment inconsciente de ses gestes.

Le trouble comportemental relié au sommeil paradoxal

Certaines personnes adoptent des comportements agités et souvent violents pendant le sommeil; ceux-ci peuvent impliquer des mouvements répétés et abrupts sans but précis tels que des extensions brusques des pieds et des bras, des coups de pied et de poing. De tels comportements apparaissent surtout pendant le sommeil paradoxal alors que le corps est normalement paralysé. Cette paralysie est partiellement absente chez les individus souffrant de ce trouble, lequel est présent surtout chez les hommes d'âge moyen et les plus âgés. Certains experts supposent que les personnes souffrant de ce trouble actualisent certains de leurs rêves; d'ailleurs, on remarque habituellement des verbalisations plutôt chargées émotivement et cohérentes avec les rêves. Quand une personne se réveille d'un tel épisode, elle est habituellement alerte, cohérente et raconte le contenu du rêve correspondant au comportement. Ce trouble peut être potentiellement dangereux pour la personne qui en souffre mais également pour le partenaire. J'ai connu un dessinateur à la retraite, adepte de chasse, qui rêvait qu'il chassait un grizzly. Dans son rêve, il s'était rué sur la commode et s'était fracturé un pied. Un autre homme, vétéran de l'armée, s'était réveillé d'un rêve dans lequel il se battait avec un ennemi pour se retrouver serrant le cou de sa conjointe avec ses mains.

Une médication telle le clonazépam s'est avérée efficace afin de supprimer ces épisodes de trouble comportemental relié au sommeil paradoxal. Des mesures préventives devraient également être mises en place afin d'assurer un environnement sécuritaire et de prévenir ainsi les blessures physiques. La personne devrait dormir au rez-de-chaussée; les tables de chevet, les lampes ou tout autre objet dangereux placés près du lit ou dans la chambre à coucher devraient être enlevés. Les armes devraient être hors de portée. Tout dépendant de la fréquence et de la sévérité de ces épisodes, un conjoint peut devoir faire chambre à part jusqu'à ce que le trouble soit contrôlé avec un traitement pharmacologique.

Dans ce chapitre, nous avons exposé une variété de troubles du sommeil communément évalués et traités par des professionnels du sommeil. Ces conditions représentent seulement un petit échantillon des 80 pathologies du sommeil maintenant reconnues dans la Classification internationale des troubles du sommeil. Ces troubles varient de simples comportements inhabituels et bizarres à ceux qui peuvent même mettre la vie d'une personne en danger, en passant par les troubles entraînant une détresse psychologique marquée. Si vous reconnaissez les symptômes de ces troubles, vous devriez consulter un spécialiste du sommeil pour obtenir une évaluation détaillée. Une étude en laboratoire de sommeil est souvent nécessaire pour un diagnostic juste et un traitement optimal.

13

Le sommeil chez les enfants

La plupart des parents peuvent témoigner qu'aucun enfant n'est immunisé contre les difficultés de sommeil. À un moment ou l'autre, tous les enfants souffrent de problèmes de sommeil, que ce soit une sieste manquée, les batailles entourant l'heure du coucher ou les difficultés à dormir la nuit. Des épisodes occasionnels de sommeil perturbé chez les enfants peuvent être causés par la maladie et la fièvre, les effets secondaires d'un médicament, un changement dans l'horaire de sommeil, la douleur due à la pousse des dents ou l'excitation reliée à un événement agréable à venir ou à une visite. Chez la plupart des enfants, les difficultés de sommeil sont exceptionnelles; les parents arrivent alors à s'adapter à une nuit occasionnelle de sommeil perturbé.

Le sommeil normal

Nouveau-nés

Ce qui est considéré comme étant le sommeil normal varie considérablement selon l'âge de l'enfant. Les nouveau-nés n'ont pas encore développé une horloge biologique interne leur indiquant quand être éveillé et quand dormir. Ainsi, votre nouveau-né ne dort pas selon votre horaire ou l'horloge et n'est pas conscient de la distinction entre le jour et la nuit. Un nouveau-né dort habituellement 15 à 18 heures par jour, par courtes périodes de 2 à 4 heures chacune. Il est irréaliste pour les parents de s'attendre à ce qu'un bébé dorme toute la nuit. Vous devez plutôt vous adapter à l'horaire de votre enfant, c'est-à-dire dormir lorsqu'il dort et l'apprécier lorsqu'il est éveillé. La plupart des nouveau-nés peuvent dormir n'importe où puisqu'ils n'ont pas encore appris à se distinguer de leur environnement et ne sont pas sensibilisés aux événements extérieurs. À ce stade, si vous le désirez, il est acceptable de laisser votre bébé dormir dans un berceau ou une couchette dans votre chambre; vous serez près de lui lorsqu'il pleurera la nuit. Cependant, un avertissement est de rigueur. Certains parents deviennent extrêmement anxieux lorsque le bébé dort dans leur chambre, particulièrement dans le cas d'un premier enfant. Si vous vous sentez obligé de surveiller votre nouveau-né toute la nuit ou êtes fréquemment réveillé par le moindre petit cri qu'il émet en dormant, vous devriez déménager le bébé dans sa chambre après quelques nuits.

De 6 à 12 semaines

Vers six semaines (ou six semaines après la date prévue d'accouchement pour les bébés prématurés), le sommeil de votre enfant commence à être un peu plus organisé; les périodes de sommeil nocturne peuvent s'étendre à plus de six heures. Après quelques semaines au cours desquelles votre bébé se réveillait toutes les deux ou trois heures pour se nourrir, cette période de sommeil continu sera grandement appréciée. Votre bébé commence aussi à développer une plus grande conscience de son monde et peut même combattre le sommeil, préférant rester éveillé pour interagir avec vous. Vers six semaines, vous devriez commencer à établir des habitudes de sommeil saines pour votre bébé. Puisqu'il commence maintenant à prendre conscience de son environnement, il est important de l'habituer à dormir dans son propre lit. Les bébés se fatiguent facilement et peuvent devenir irritables s'ils sont fatigués puisque leur système nerveux manque encore de contrôle inhibiteur. Ce contrôle se développe avec la maturité. Après environ deux heures d'éveil, replacez votre bébé dans sa couchette. S'il demeure éveillé plus longtemps, il pourrait s'épuiser. Évitez les couleurs éclatantes dans sa chambre à coucher et retirez les sources de distractions de la couchette qui peuvent être trop stimulantes pour votre petit.

De trois à six mois

Vers trois ou quatre mois, les rythmes biologiques de votre enfant évoluent et un cycle veille-sommeil régulier devrait être passablement développé. Cependant, les siestes peuvent être encore irrégulières alors qu'il tente d'établir son cycle veille-sommeil. Il est important d'ajuster vos activités de soins aux besoins biologiques de l'enfant. Parce que votre enfant devient socialement plus conscient, il peut combattre le sommeil afin de jouer. Ainsi, essayez de sauvegarder son sommeil en demeurant attentif aux signes de fatigue tels que le frottement des yeux, l'étirement d'une oreille ou une plus grande agitation. S'il manque une sieste, il peut s'épuiser, être incapable de s'endormir et avoir des réveils nocturnes plus fréquents. Selon le Dr Richard Ferber, un pédiatre et spécialiste du sommeil chez les enfants au Children's Hospital de Boston, la plupart des enfants en santé et menés à terme devraient dormir la nuit entière vers trois ou quatre mois; sans aucun doute qu'à six mois, tous les bébés en santé y arrivent.

De 6 à 12 mois

La plupart des enfants entre 6 et 12 mois sont mis au lit entre 19 h et 21 h et se réveillent entre 5 h et 7 h. Bien que certains bébés puissent encore se réveiller la nuit pour se nourrir, cela est considéré comme étant un comportement appris puisqu'il n'y a plus de besoin nutritionnel nocturne à cet âge. La plupart des bébés entre 6 et 12 mois font deux siestes par jour, une le matin et l'autre en début d'après-midi, d'une durée habituelle d'une à deux heures chacune. Si les siestes sont d'une durée inférieure à 45 minutes, elles peuvent ne pas être suffisamment réparatrices pour votre enfant. La durée optimale entre chacune des siestes est de deux à trois heures. Votre enfant peut combattre le sommeil et s'il pense vous convaincre de le relever, il peut protester très longtemps. Il est préférable de le coucher pour une sieste avant qu'il ne s'épuise ou ne se lance dans une crise de larmes. Il peut recommencer à s'éveiller la nuit durant cette période même s'il était un bon dormeur auparavant. Cela peut être dû à une activité physique et mentale plus intense durant la journée. Mettre votre bébé au lit entre 30 minutes et une heure plus tôt peut prévenir ces réveils nocturnes.

De 12 à 36 mois

Entre un an et trois ans, la plupart des enfants dorment en moyenne 12 à 14 heures par période de 24 heures. Au cours de cette période, votre enfant devrait diminuer le nombre de siestes de deux à une seule. Il peut toutefois survenir une période où deux siestes seront excessives pour votre enfant alors qu'une sieste ne sera pas suffisante. Une sieste effectuée au milieu de la journée ou tout juste après le repas de midi peut s'avérer être le meilleur choix. Plusieurs parents transfèrent leur enfant dans un lit régulier durant cette période. Le transfert peut amener votre enfant à recommencer à se réveiller la nuit, mais si vous le laissez dans son nouveau lit plutôt que de le remettre dans sa couchette ou de le prendre lorsqu'il pleure, il s'adaptera rapidement et dormira toute la nuit. Plus tard dans ce chapitre, nous discuterons des moyens de composer avec les enfants qui ne restent pas au lit la nuit. La transition dans un nouveau lit peut être facilitée si vous déménagez en même temps des objets familiers, des couvertures et des jouets.

De trois à six ans

La plupart des enfants de trois à six ans se mettent au lit entre 20 h et 21 h et se réveillent entre 6 h 30 et 8 h. Les siestes diminuent généralement en durée et environ 50 p. 100 seulement des enfants âgés entre trois et cinq ans font des siestes sur une base régulière. Durant les années préscolaires, les enfants se réveillent parfois la nuit à cause de mauvais rêves ou de cauchemars. Les enfants de cet âge éprouvent encore des difficultés à distinguer l'imaginaire de la réalité. Le nombre moyen de réveils nocturnes d'un enfant de cinq ans est d'un par semaine bien qu'un certain pourcentage d'enfants se réveillent chaque nuit. La plupart des problèmes de sommeil rencontrés chez les enfants âgés de trois à six ans se développent à la suite de l'inconstance parentale ou d'une négligence dans l'établissement de bonnes habitudes de sommeil. C'est le cas de l'enfant qui sort à répétition de son lit pour un baiser de plus ou un verre d'eau.

De 7 à 12 ans

Même si votre enfant de 7 à 12 ans argumentera probablement pour obtenir une heure de coucher de plus en plus tardive, il a encore besoin de 9 à 10 heures de sommeil par nuit pour se sentir alerte et bien fonctionner le lendemain. Les problèmes à l'heure du coucher peuvent aussi être reliés à la peur de la noirceur ou à la peur des monstres dans le placard ou sous le lit. Les peurs nocturnes sont le type de problèmes le plus fréquemment rencontrés chez les enfants. Il sera question plus tard des façons de composer avec celles-ci.

L'adolescence

En raison des exigences physiologiques, cognitives et sociales de la puberté, les adolescents ont autant besoin de sommeil ou même davantage que les plus jeunes enfants. Cependant, ils manquent souvent de sommeil à cause de la pression sociale, des devoirs et des activités parascolaires. Une étude révèle que 13 p. 100 des adolescents présentent un déficit chronique de sommeil. Ils peuvent aussi dérégler leur horloge biologique en retardant leur heure de coucher tard dans la nuit et en essayant de dormir plus tard le matin. Benoît, un garçon de 14 ans, s'est présenté à notre clinique en compagnie de sa mère avec ce genre de délai de phase. Benoît avait développé l'habitude de regarder la télévision jusqu'à 2 h pour finalement s'endormir aux petites heures du matin. Lorsque sa mère essayait de le réveiller pour aller à l'école, il devenait plutôt agressif. C'est seulement lorsque sa mère lui lançait de l'eau en pleine figure que Benoît sortait finalement du lit. Comme il s'endormait continuellement en classe, ses résultats scolaires s'en ressentaient grandement. Il entretenait son problème en faisant une longue sieste après l'école qui l'amenait à ne pas se sentir fatigué avant 2 h ou 4 h du matin.

Un sommeil perturbé

Les sondages indiquent qu'approximativement 20 à 25 p. 100 des enfants âgés entre un an et cinq ans développent des problèmes de sommeil. Ces enfants peuvent refuser de faire la sieste durant la journée ou lutter pour ne pas se mettre au lit le soir venu. Ils nécessitent de longues périodes d'attention et d'interactions parentales et éprouvent le besoin d'être bercés ou câlinés avant de s'endormir. Certains de ces enfants ne s'endorment jamais dans leur couchette ou leur lit, mais plutôt dans les bras de leurs parents, dans une autre pièce ou dans le lit de leurs parents. D'autres enfants s'éveillent à la suite d'une courte période de sommeil ou durant la nuit et pleurent sans interruption jusqu'à ce qu'un parent vienne les apaiser et les aider à se rendormir. Souvent, ces enfants n'ont tout simplement pas appris à s'endormir ou à se rendormir d'eux-mêmes sans être cajolés, bercés ou nourris.

Quels problèmes peuvent résulter d'un mauvais sommeil pendant l'enfance?

Le sommeil peut devenir un vrai cauchemar pour les parents et la famille d'un mauvais dormeur et les conséquences pour l'enfant privé de sommeil sont nombreuses. En plus de la fatigue et de l'irritabilité, l'enfant risque aussi de développer des problèmes d'apprentissage. Plusieurs études indiquent qu'il existe une relation entre la durée du sommeil et la capacité de l'enfant à apprendre; de plus, une durée de sommeil plus longue chez les bébés est associée à une meilleure capacité d'attention soutenue. Les enfants âgés de trois ans qui font des siestes s'adaptent plus facilement et s'ajustent mieux aux nouvelles situations que les enfants ne faisant pas de siestes. Lorsque le sommeil d'un enfant est perturbé nuit après nuit, les parents et la famille se retrouvent aussi privés de sommeil. Irrités par le problème de sommeil d'un enfant, les parents peuvent manifester du ressentiment envers les autres enfants. Ils peuvent restreindre leur vie sociale afin de récupérer pendant que leur enfant dort ou craindre que la gardienne soit incapable de mettre l'enfant au lit. Devenus esclaves de l'horaire de sommeil de leur enfant, ils peuvent même vivre des conflits conjugaux résultant de leur stress et de leurs visions conflictuelles concernant les façons de résoudre le problème.

Est-ce que les difficultés de sommeil de mon enfant disparaîtront à mesure qu'il grandira?

Les experts du sommeil chez les enfants, tels que le Dr Marc Weissbluth du Memorial Hospital de Chicago, soutiennent que la plupart des enfants ne se défont pas de leurs difficultés à dormir, ils requièrent plutôt une assistance spéciale dans l'établissement de bonnes habitudes de sommeil. Les problèmes ne disparaissent pas par magie lorsque l'enfant vieillit. Les études longitudinales montrent que les problèmes d'endormissement ou de réveils nocturnes de plus de 80 p. 100 de tous les enfants mauvais dormeurs ne se résorbent pas spontanément. Apprendre à s'endormir sans assistance ou à se rendormir à la suite d'un réveil nocturne est une habileté acquise que les parents devraient enseigner aux enfants. Nous verrons plus loin dans ce chapitre que d'autres troubles du sommeil chez l'enfant (par exemple les terreurs nocturnes) se résorbent fréquemment, de façon spontanée, pendant l'adolescence.

Enseigner de bonnes habitudes de sommeil à votre enfant

Si votre enfant est âgé de quatre mois et plus et est incapable de s'endormir de lui-même ou se réveille la nuit et n'arrive pas à se rendormir sans votre aide, vous l'empêchez peut-être d'apprendre une habileté importante, celle de se laisser glisser seul dans le sommeil. Comme nous l'avons vu, l'absence de cette habileté peut entraîner un manque de sommeil pour l'enfant et toute la famille. La bonne nouvelle, c'est que cette habileté peut être enseignée malgré des mois ou même des années de mauvaises habitudes de sommeil.

Conservez un horaire régulier pour votre enfant. Commencez par établir une heure de coucher régulière, déterminée selon l'âge de l'enfant et son horloge biologique. L'heure du coucher devrait correspondre à l'heure où votre enfant devient habituellement somnolent ou à celle où il s'endort. Essayez de conserver un horaire régulier pour le coucher, le réveil, les siestes et l'heure des repas; tout cela dans le but d'établir un rythme de veille-sommeil constant.

Établissez des rituels et une routine de coucher. Développez une routine de coucher régulière et relaxante environ 20 à 30 minutes avant l'heure du coucher. Cette routine peut impliquer de faire prendre un bain au bébé ou de le changer pour dormir puis de l'allaiter ou de le nourrir, de le bercer et de lui chanter des berceuses. Pour un enfant plus âgé, le rituel du coucher peut impliquer de lui faire prendre un bain, de lui brosser les dents, de lui lire une histoire ou de jouer avec lui à un jeu tranquille. Le même rituel devrait prendre place chaque soir vers la même heure.

Soyez constant dans la façon de mettre votre enfant au lit. À la fin du rituel de coucher, mettez votre enfant dans sa couchette ou dans son lit. L'environnement de la chambre à coucher devrait être le même au moment du coucher qu'il le sera pour le reste de la nuit. Embrassez l'enfant et serrez-le contre vous, souhaitez-lui bonne nuit et dites-lui que c'est l'heure du dodo; puis, quittez la chambre.

Laissez votre enfant apprendre à s'endormir seul. Il est important que votre enfant demeure éveillé jusqu'à l'heure du coucher plutôt que de s'endormir dans vos bras ou dans un endroit autre que son lit. Ne restez pas dans la chambre jusqu'à ce qu'il s'endorme. S'il s'habitue à ce que vous restiez dans la chambre jusqu'à ce qu'il s'endorme, vous pouvez vous attendre à ce qu'il pleure si vous partez avant.

À partir de ce stade, il existe deux façons d'intervenir sur le comportement de votre enfant. Dans la méthode «directe», vous sortez de la chambre de votre enfant sans y retourner jusqu'au matin. Si votre enfant s'éveille durant la nuit, vous ne vous rendez pas à sa chambre. Bien que cette méthode soit la plus rapide et la plus efficace pour enseigner à votre enfant à s'endormir par lui-même, c'est souvent la plus difficile pour l'enfant et les parents. Certains parents sont incapables d'entendre leur enfant crier. Et crier, il le fera! Il essaiera pratiquement tout ce qu'il peut pour vous faire revenir dans la chambre afin de l'apaiser et de le réconforter. En plus de pleurer, il peut sauter, se secouer, se frapper la tête et lancer ses jouets hors de la couchette. Avant de mettre votre enfant au lit, il est important d'en enlever tout article pouvant être dangereux ou fragile.

Si vous vous sentez incapable de tolérer ses pleurs ou ses comportements négatifs, essayez l'approche progressive connue sous le nom de «méthode d'extinction graduelle»; celle-ci peut être plus acceptable et moins traumatisante. Si votre enfant pleure lorsque vous quittez sa chambre, allez jeter un coup d'œil après cinq minutes. Faites-le aussi brièvement que possible, pas plus d'une ou deux minutes. Ne commencez pas une interaction prolongée avec votre enfant et ne le prenez pas dans vos bras. Assurez-vous simplement qu'il est en sécurité et redites-lui que c'est l'heure de dormir; puis, quittez la chambre. Rappelez-vous, l'objectif est d'aider votre enfant à s'endormir seul. Si votre enfant continue à pleurer, attendez 10 minutes cette fois avant d'aller le voir. Après cela, allez le voir toutes les 15 minutes si ses pleurs persistent. S'il est tranquille ou s'il pleurniche doucement, n'allez pas dans la chambre puisqu'il est probablement sur le point de s'endormir: votre visite le réveillerait et il recommencerait à pleurer. Utilisez la même procédure s'il se réveille et pleure durant la nuit. La seconde nuit, vous devez attendre 10 minutes avant votre première visite dans la chambre à coucher, puis 15 minutes et 20 minutes. Si vous trouvez ces intervalles trop longs, vous pouvez les raccourcir mais uniquement dans la mesure où vous les allongez progressivement. Si vous y allez trop rapidement, vous ne ferez que prolonger le problème.

Bien que la méthode d'extinction graduelle puisse être plus acceptable pour vous, souvenez-vous que toute visite dans la chambre à coucher de votre enfant augmente ses pleurs et renforce les autres comportements visant à vous ramener pour l'apaiser ou jouer avec lui. Faire abandonner ces comportements à votre enfant sera plus difficile qu'avec la méthode directe, parce qu'il sait que vous viendrez après un certain intervalle de temps. Vous vous apercevrez qu'il peut pleurer pendant de longues périodes jusqu'à ce que vous reveniez le voir. C'est pourquoi, si vous utilisez la méthode d'extinction graduelle, vous devez être absolument systématique et ne pas entretenir d'interactions avec l'enfant pendant la nuit. Bien qu'une caresse rapide dans le dos ou une petite étreinte puisse vous sembler inoffensive, cela servira d'agent renforçateur puissant à ses pleurs.

Combien de temps cela prendra-t-il à mon enfant pour apprendre à s'endormir seul?

Lorsque les parents sont constants dans la consigne de ne pas renforcer les pleurs de leur enfant à l'heure du coucher ou durant la nuit, la plupart des enfants apprennent à se rendormir en quelques nuits, habituellement entre trois et cinq. Certains enfants continueront de se réveiller et de pleurer, mais ils se rendormiront après une courte période de temps. Pour un petit pourcentage d'enfants, la procédure peut prendre deux semaines. Attendez-vous à ce que la première nuit soit la pire. Les enfants pleurent habituellement une ou deux heures la première nuit bien que certains puissent pleurer la nuit entière. La seconde nuit apportera probablement une réduction importante de la durée des pleurs et de l'éveil de votre enfant. Pour les parents qui travaillent la semaine, un vendredi soir peut être le meilleur moment pour commencer l'entraînement, de telle sorte qu'ils puissent faire une sieste le jour suivant pour récupérer un peu le sommeil perdu. Il est souvent très utile de conserver des notes de la durée des pleurs de votre enfant. Notez l'heure où vous le mettez au lit et combien de temps il pleure. Si vous utilisez la méthode d'extinction graduelle, notez combien de fois vous êtes allé le voir. Notez aussi toutes les fois où l'enfant se réveille après l'endormissement initial, combien de temps il a pleuré et combien de fois vous êtes allé le voir. Gardez un petit journal de bord de telle sorte que vous puissiez comparer les nuits et observer si la période de pleurs de votre enfant diminue. Si ce n'est pas le cas, vérifiez la constance de votre propre comportement afin de vous assurer que vous n'êtes pas en train d'entretenir son comportement de pleurer.

Les batailles à l'heure du coucher

Que devez-vous faire si votre enfant ne reste pas au lit? Les enfants testeront parfois vos limites en se relevant après avoir été mis au lit pour la nuit. Ils se lèveront pour un verre d'eau, pour une étreinte ou pour demander à dormir dans le lit de leurs parents. Vous pouvez enseigner à votre enfant à rester dans son lit la nuit. Premièrement, soyez constant et ne renforcez pas ce type de comportement. Si vous lui permettez de sortir du lit, même occasionnellement, lorsqu'il n'arrive pas à dormir la nuit, vous remarquerez que le comportement deviendra plus fréquent. Deuxièmement, ramenez votre enfant au lit chaque fois qu'il en sort. Cela peut être épuisant pour les parents, puisque certains enfants tentent de se lever plusieurs fois par nuit. Lorsque vous ramenez votre enfant au lit, faites-le rapidement et sans discussion, dispute, réconfort ou punition. Entretenez le moins de contact visuel possible avec lui. S'il sort à répétition de son lit après avoir été ramené à sa chambre, il est possible que vous deviez maintenir la porte fermée jusqu'à ce qu'il soit dans son lit et qu'il y reste.

Pour éliminer ce genre de batailles à l'heure du coucher, il est aussi important de renforcer le comportement cible, celui de rester dans le lit. Vous pouvez récompenser l'enfant le matin avec un petit cadeau, une gâterie ou une activité récompense s'il demeure au lit toute la nuit. Une autre technique est de garder un calendrier et de lui décerner une étoile ou une estampe préférée pour chaque période ou bloc de temps où il reste dans son lit. Lorsqu'il accumule une quantité spécifique d'étoiles ou d'autocollants, il peut les échanger contre une récompense promise ou un privilège. Il est important de féliciter votre enfant au même titre que de lui donner des récompenses tangibles. À mesure que votre enfant apprendra à rester au lit la nuit, vous éliminerez progressivement les récompenses matérielles.

Pour reprendre le contrôle sur ce genre de problème à l'heure du coucher, il est très important pour les parents d'établir certaines limites et de faire en sorte qu'elles soient respectées. Toutefois, il importe également de bien comprendre que s'il n'existe pas de limites le reste de la journée, il sera très difficile de faire comprendre à votre enfant pourquoi il devrait vous obéir à l'heure du coucher. Il faut donc être constant.

Les peurs nocturnes

Comment devez-vous composer avec les peurs nocturnes de votre enfant? Il peut traverser une période où il est effrayé d'aller au lit ou de rester dans son lit. Il peut refuser d'aller dormir à moins que la porte ne soit ouverte et les lumières allumées. Parfois, il peut sauter hors du lit, crier que quelque chose est sous le lit, dans le placard ou à la fenêtre. Des scènes angoissantes de films défilent peut-être dans sa tête. Quelle que soit la peur, il est important d'enseigner à votre enfant à lui faire face et à la surmonter plutôt que de la fuir en dormant dans votre lit ou accompagné d'un autre membre de la famille. L'évitement intensifie la peur plutôt que de l'affaiblir et ne fera que renforcer la croyance de votre enfant qu'il ne peut se fier sur ses propres ressources. Plusieurs tactiques sont efficaces pour composer avec les peurs nocturnes des enfants.

La première technique, connue sous le nom d'entraînement à l'autocontrôle, implique d'enseigner à votre enfant des verbalisations adaptées pour l'aider à combattre les énoncés effrayants qu'il se répète. Commencez par prononcer les verbalisations à voix haute. Par exemple, vous pouvez dire: «Relaxe-toi. Prends quelques profondes respirations. Ça va. Je suis brave et fort et rien ne me blessera. Regarde cette ombre sur le mur. C'est juste une ombre. Je peux la toucher et il n'y a rien à cet endroit. Ce n'est pas un monstre après tout. C'est juste une ombre provenant de la lumière qui brille sur mon animal de peluche. Ça va maintenant. Je suis très courageux.» Ensuite, faites accomplir les actions à votre enfant — se relaxer et prendre de profondes respirations — pendant que vous lui donnez les directives à voix haute. Puis, laissez-le accomplir les actions encore une fois pendant que vous prononcez les mots à voix haute. Répétez l'exercice deux fois: la première fois, il chuchote les mots pour lui-même; la seconde fois, il les pense mais ne les prononce pas.

Pour combattre les peurs récurrentes, une bonne technique consiste à habituer graduellement votre enfant à la situation redoutée. Par exemple, s'il a peur de la noirceur, réduisez graduellement l'intensité de la lumière de sa chambre d'une nuit à l'autre. L'installation d'un rhéostat peut être utile. De la même façon, fermez la porte de plus en plus. Si la peur persiste, essayez autre chose durant la journée pour le désensibiliser au stimulus redouté. Demandez à votre enfant de vous faire un dessin de ce qui l'effraie ou de jouer une scène où il affronte sa peur et la combat. Lorsque Éric, âgé de quatre ans, a éprouvé des peurs récurrentes après avoir visionné un film de dinosaures, sa mère lui a demandé d'en faire un dessin. Cet exercice ne l'a pas aidé jusqu'à ce qu'elle ait l'idée de lui faire dessiner une cage pour le mettre à l'intérieur. À la suite de cet exercice, il ne s'est plus inquiété la nuit à propos des dinosaures. Une mesure plus préventive pour les peurs nocturnes consiste à superviser les émissions de télévision que regarde votre enfant afin d'éliminer les images susceptibles de causer des répercussions dans son sommeil nocturne.

À propos du lit familial

Certains parents permettent à leurs enfants de dormir dans leur lit, soit pour commencer la nuit ou pour y passer la nuit entière. Les parents justifient cette pratique en avançant qu'il est ainsi plus facile d'allaiter son bébé ou de soigner un enfant malade, ou bien que cela crée des liens affectifs entre les membres de la famille. Le problème avec le lit familial, c'est que cela peut entraîner des difficultés de sommeil pour tout le monde. Si le lit est encombré, personne n'arrivera à bien dormir. Lorsque l'enfant grandira, les parents voudront qu'il déménage dans son propre lit, mais une fois que l'habitude est établie, il peut être très difficile de la briser. Votre enfant éprouvera beaucoup de difficultés à dormir seul. Les parents doivent donc être conscients des conséquences avant de commencer à laisser leur enfant dormir dans leur lit, peu importe à quel point cela semble pratique à cette période.

De bons amis ont demandé à Sophie de prendre soin de leurs deux enfants, âgés de deux et quatre ans, pour la fin de semaine. Avant le départ, ils lui mentionnent que les enfants se réveillent parfois la nuit. C'était bien peu dire! À plusieurs reprises au cours des deux nuits, les enfants se sont éveillés et dirigés vers la chambre de Sophie, lui demandant de dormir avec elle. Chaque fois, elle a rapidement ramené les enfants à leur chambre et essayé de les rendormir. Pendant les deux nuits consécutives, Sophie a fait la navette entre sa chambre et celle des enfants. Après une fin de semaine plutôt exténuante, Sophie apprend de ses amis que les enfants n'ont jamais dormi toute la nuit dans leur lit; ils ont l'habitude de déménager en cours de nuit vers la chambre de leurs parents. Le père se lève et va dormir dans la chambre des enfants. Lorsque Sophie leur demande pourquoi ils ne l'ont pas informée de cette habitude, la mère lui répond simplement qu'elle pensait qu'ils arriveraient à dormir seuls dans une nouvelle chambre!

Il existe des différences culturelles importantes quant aux croyances sur les bienfaits de laisser les enfants dormir dans le même lit que leurs parents. Une telle pratique est plus fréquente en Asie qu'en Amérique du Nord. Certaines familles partagent le même lit pour des raisons d'espace limité. Par contre, les parents qui croient que le lit familial est utile pour établir une certaine intimité avec leurs enfants auraient avantage à réviser cette pratique; il est préférable de permettre à vos enfants de venir dans votre lit seulement le matin alors que tout le monde a passé une bonne nuit de sommeil. Se blottir contre ses enfants au lit est un plaisir dont on n'a pas à se priver; toutefois, il est grandement préférable de le faire à un moment où cela ne leur inculquera pas de mauvaises habitudes qui devront être brisées un jour ou l'autre.

Autres troubles du sommeil durant l'enfance

Narcolepsie

La narcolepsie (voir chapitre 12) est caractérisée par une somnolence diurne excessive ou des accès soudains de somnolence durant les activités de la journée. Il existe plusieurs symptômes de ce trouble: (1) la cataplexie, une faiblesse musculaire soudaine provoquée par des émotions intenses telles que la colère, l'excitation, la peur ou la surprise; (2) la paralysie du sommeil, une incapacité à bouger le corps ou les membres lors de la transition d'un état d'éveil à un état de sommeil ou vice-versa; et (3) des hallucinations hypnagogiques, d'étranges expériences visuelles ou auditives survenant entre le sommeil et l'éveil. La narcolepsie ne survient généralement pas avant tard dans l'adolescence et est rarement diagnostiquée chez les enfants. Elle peut occasionner des problèmes d'apprentissage à l'école à moins d'être diagnostiquée et traitée efficacement. En raison des épisodes de sommeil récurrents et incontrôlables, certains enfants sont parfois étiquetés de paresseux. Il n'existe pas de moyen de guérir la narcolepsie; toutefois, une combinaison de médication et de siestes planifiées peut amener un bon contrôle des principaux symptômes.

Ronflement et apnée du sommeil

Bien que tous les enfants ronflent occasionnellement à cause d'un rhume ou d'allergies, environ 10 à 20 p. 100 des enfants sont des ronfleurs habituels. Ceux qui ronflent éprouvent des difficultés à rester endormis. Ils se réveillent fréquemment et pleurent la nuit. Le ronflement est relié à une autre condition connue sous le nom d'apnée du sommeil. Celle-ci est causée par l'obstruction des voies respiratoires durant le sommeil et occasionne des pauses respiratoires momentanées, soit partielles ou totales. Ces épisodes apnéiques entraînent de fréquents éveils nocturnes pouvant provoquer une somnolence excessive pendant le jour. Les enfants atteints de ce trouble peuvent présenter, en plus de la somnolence diurne, une respiration buccale, une difficulté à avaler ou une mauvaise articulation du discours. L'apnée est plutôt rare chez les enfants, et on la rencontre plus souvent chez les garçons que chez les filles. L'âge moyen de diagnostic chez les enfants est sept ans. Pour les enfants souffrant d'apnée, le traitement le plus courant implique une tonsillectomie ou adénoïdectomie pour supprimer les obstructions des voies respiratoires. D'autres formes de traitement sont décrites au chapitre 12.

Somnambulisme

De 10 à 15 p. 100 des enfants entre 6 et 15 ans ont des épisodes occasionnels de somnambulisme et environ 5 p. 100 sont somnambules plus de 15 fois par année. Le somnambule peut s'asseoir dans son lit, marcher dans la maison, manger ou même sortir à l'extérieur. Le somnambulisme survient habituellement durant le premier tiers de la nuit alors que le sommeil profond prédomine. Il est plus fréquent durant les périodes de privation de sommeil, de maladie ou de fièvre et lorsque certaines médications sont utilisées. Si votre enfant est somnambule, la chose la plus importante à faire est d'assurer sa sécurité. Enlevez les jouets, les meubles ou les autres objets de son chemin. Fermez les fenêtres et fermez à clé les portes de l'extérieur. Ramenez gentiment votre enfant au lit et bordez-le. Ne vous inquiétez pas trop. Le somnambulisme commençant avant l'âge de 10 ans n'est habituellement pas associé à quelque problème émotionnel, de personnalité ou de comportement et disparaîtra fort probablement de lui-même avec la maturation.

Terreurs nocturnes

Est-ce que votre enfant a déjà laissé échapper un cri perçant durant la nuit, s'assoyant dans le lit les yeux ouverts et fixant le vide? Si c'est le cas, il a probablement eu une terreur nocturne. Les autres symptômes des terreurs nocturnes incluent la respiration saccadée, les battements cardiaques rapides, la confusion, l'agitation et l'impossibilité d'être consolé. Les terreurs nocturnes diffèrent des cauchemars et surviennent durant le sommeil profond plutôt que durant le sommeil paradoxal. Le matin, l'enfant n'aura probablement aucun souvenir de l'épisode. Les terreurs nocturnes se produisent chez environ 5 p. 100 de tous les enfants et sont plus courantes chez les garçons âgés de 4 à 12 ans. Il n'est pas rare que les terreurs nocturnes et le somnambulisme se produisent ensemble. Ces deux conditions, qui tendent à être héréditaires, sont considérées comme étant des troubles de suractivation électrophysiologique. Comme le somnambulisme, les terreurs nocturnes sont plus fréquentes lorsque l'enfant souffre de fièvre, de privation de sommeil ou lorsque ses horaires de sommeil sont perturbés. Il est donc important de maintenir un horaire de sommeil régulier et d'éviter la privation de sommeil. Les terreurs nocturnes peuvent être très angoissantes pour les parents qui tentent de consoler leur enfant. Il est préférable de ne pas forcer l'enfant à se réveiller, ce qui est souvent impossible, mais plutôt de prodiguer des paroles rassurantes et d'essayer de prévenir les blessures. Si les terreurs surviennent en combinaison avec le somnambulisme, vous guidez simplement, verbalement et physiquement, votre enfant en le ramenant à son lit.

Grincement des dents

Le grincement des dents la nuit, aussi connu sous le nom de bruxisme nocturne, survient chez environ 11 p. 100 des enfants âgés entre trois et sept ans. Entre 8 et 12 ans, l'incidence diminue autour de 6 p. 100. Environ 2 p .100 des adolescents ont ce problème. Le bruxisme peut occasionner des problèmes dentaires, incluant l'usure anormale des dents ou des dommages au tissu périodontal. Bien qu'il y ait eu peu d'études de traitement sur le bruxisme chez les enfants, des procédures efficaces pour ce trouble chez les adultes incluent la rétroaction biologique, l'utilisation d'appareils prothétiques la nuit pour empêcher le grincement des dents et des techniques de gestion du stress.

Énurésie nocturne

Environ 25 p. 100 des enfants âgés de cinq ans mouillent leur lit la nuit, 15 p. 100 chez les garçons et 10 p. 100 chez les filles. À l'âge de six ans, 10 p. 100 éprouvent encore un problème d'énurésie nocturne et le chiffre baisse à environ 3 p. 100 à l'âge de 12 ans. Dans l'ensemble, l'énurésie nocturne est un problème de développement dont presque tous les enfants se débarrassent en vieillissant. Le problème de réduction de la capacité de la vessie la nuit peut être causé par des facteurs médicaux tels qu'une production réduite d'une hormone anti-diurétique, une infection urinaire, un trouble rénal ou l'épilepsie. Des facteurs éducationnels, comme le manque d'attention des parents envers un entraînement à la propreté adéquat, peuvent aussi causer l'énurésie nocturne. Si votre enfant commence à mouiller son lit la nuit alors qu'il ne le faisait pas depuis quelques mois, il peut y avoir une cause psychologique — le stress associé à l'arrivée d'un nouveau bébé, des conflits familiaux, une séparation.

Un des traitements les plus efficaces pour l'énurésie consiste en un système d'alarme. Une toile de caoutchouc, branchée à une sonnette d'alarme, est insérée sous les couvertures du lit de l'enfant. Lorsque l'humidité atteint la toile, l'alarme réveille l'enfant. À la longue, un conditionnement s'installe et l'enfant associe la sensation d'une vessie pleine avec le besoin de se réveiller avant que l'alarme ne sonne. Un horaire planifié de réveil nocturne pour amener l'enfant uriner de même qu'un contrôle de la quantité d'ingestion de liquide avant l'heure du coucher peuvent aussi être utiles. Un traitement pharmacologique n'est habituellement pas recommandé pour l'énurésie nocturne; toutefois, certains médicaments peuvent être utiles temporairement afin de prévenir ce problème lorsque l'enfant est en visite chez des amis.

En résumé

Il est normal pour les enfants, au même titre que les adultes, de passer une mauvaise nuit de sommeil à l'occasion. La maladie, la douleur, la fatigue excessive ou la surexcitation peuvent entraîner un manque de sommeil chez votre petit. Il est important de ne pas réagir exagérément à ces difficultés occasionnelles. Cependant, le manque de sommeil chronique chez votre enfant risque d'entraîner l'inattention, l'irritabilité, des changements d'humeur et des difficultés d'apprentissage. La privation de sommeil peut aussi engendrer davantage de problèmes, l'épuisement pouvant paradoxalement causer des difficultés à dormir. L'insomnie, le problème de sommeil le plus courant chez les enfants, est habituellement le résultat de mauvaises habitudes. Les parents bien intentionnés qui prennent leur bébé en pleurs la nuit l'empêchent d'apprendre à se fier sur ses propres ressources pour s'endormir ou se rendormir. Heureusement, il est facile de remédier à ce problème à l'aide du plan suivant: (1) Établissez une routine de coucher régulière pour votre enfant; (2) mettez-le dans son propre lit pour dormir; (3) dites bonne nuit puis quittez la chambre, laissant votre enfant s'endormir par lui-même; (4) ne retournez pas dans la chambre de votre enfant pour le prendre s'il pleure.

Dans certains cas, les parents sont incapables de résoudre le problème de sommeil de leur enfant par eux-mêmes. Un psychologue ou un pédiatre peut les aider. Dans d'autres cas, les problèmes de sommeil de l'enfant nécessitent l'aide d'un professionnel formé dans l'évaluation et le traitement des troubles du sommeil. Des symptômes tels que la somnolence diurne excessive, le ronflement, des pauses respiratoires la nuit, la paralysie des muscles ou des hallucinations à l'éveil, ou encore une perte de tonus musculaire lorsque des émotions intenses sont provoquées peuvent être reliés à des troubles tels que l'apnée du sommeil ou la narcolepsie. Une évaluation du sommeil en laboratoire est nécessaire pour diagnostiquer ces conditions.

L'enfance renferme plusieurs émerveillements, et nous, parents, voulons que nos enfants aient ce qu'il y a de mieux dans la vie. Le sommeil est important pour la santé et le bien-être de nos enfants. Nous pouvons assurer une bonne qualité de sommeil à nos enfants en leur inculquant de bonnes habitudes de sommeil qu'ils conserveront pour le reste de leur vie.

14

Le sommeil et le troisième âge

La qualité et la durée du sommeil changent avec l'âge. Comme le grisonnement des cheveux, les rides sur la figure et la perte de force et de flexibilité musculaire, le sommeil de la soixantaine n'est pas le même que celui de la vingtaine. Cependant, cela ne signifie pas pour autant que tous les changements survenant dans le sommeil avec le vieillissement sont normaux. Certains problèmes, surtout l'insomnie, deviennent plus fréquents avec l'âge, tout comme l'utilisation de somnifères. Dans ce dernier chapitre, nous essayons de dissiper certains mythes concernant le sommeil et le vieillissement; nous décrivons également les causes les plus communes de l'insomnie et des autres troubles du sommeil chez les aînés et exposons quelques stratégies pour préserver un sommeil de qualité durant vos années de retraite.

Changements normaux du sommeil associés à l'âge

Le vieillissement est le facteur le plus important qui affecte le sommeil. Le changement le plus constant avec le vieillissement figure dans la qualité et non dans la durée du sommeil. Par exemple, la proportion de temps passé dans le sommeil profond (stades 3-4) diminue graduellement avec l'âge, passant de 20 à 25 p. 100 par nuit chez un jeune adulte à environ 5 à 10 p. 100 chez

239

un individu dans la soixantaine. Ce sommeil profond disparaît presque complètement lorsque la personne atteint 70 à 80 ans. Avec ces changements, on observe une augmentation de la quantité de sommeil léger ou de stade 1. Lorsque le sommeil est plus léger, la personne est plus facilement réveillée par le bruit, par les mouvements du partenaire ou par une vessie pleine. Il n'est donc pas surprenant que le nombre et la durée des éveils nocturnes augmentent avec le vieillissement. Il n'est pas rare pour une personne de 65 ans de se réveiller entre deux et cinq fois par nuit; certains de ces éveils peuvent durer uniquement quelques minutes et la personne peut ne pas s'en souvenir le jour suivant alors que d'autres peuvent durer plus de 30 minutes.

TABLEAU 14.1
Certains mythes concernant le sommeil et le vieillissement

Les besoins de sommeil diminuent avec l'âge. Faux. C'est l'habileté à dormir plutôt que le besoin de sommeil qui diminue avec le vieillissement.

L'insomnie est une réalité inévitable du vieillissement. Faux. Mis à part les changements normaux dans le sommeil associés à l'âge, ce ne sont pas tous les aînés qui souffrent d'insomnie.

Le sommeil d'une personne de 65 ans est le même que celui d'une personne de 75 ans. Faux. Le sommeil change graduellement de l'enfance à l'âge adulte et de la jeune vieillesse jusqu'à un âge avancé.

Un somnifère peut rétablir un sommeil de jeune. Faux. Aucun médicament ne peut vous faire dormir comme vous le faisiez dans la vingtaine. D'ailleurs, un des problèmes des hypnotiques est qu'ils peuvent maintenir l'insomnie ou masquer un problème sous-jacent.

L'insomnie chez les personnes âgées ne peut être enrayée. Faux. Des méthodes non pharmacologiques efficaces pour traiter l'insomnie chez les personnes plus jeunes peuvent aussi aider à corriger ou même à prévenir les difficultés à dormir chez les personnes âgées.

Contrairement à la croyance populaire, le besoin de sommeil ne diminue pas avec l'âge. C'est plutôt l'habileté à dormir sans interruption toute la nuit qui se détériore. On observe une légère réduction du temps total de sommeil et plusieurs personnes âgées peuvent ne pas dormir plus de six heures et demie par nuit. Cependant, étant donné que les siestes sont une pratique très répandue à la retraite, la quantité totale de sommeil pour une période de 24 heures chez une personne de 50 ans est similaire à celle d'une personne de 65 ans lorsque les sommeils diurne et nocturne sont combinés. Néanmoins, les aînés ne dorment pas aussi efficacement que les jeunes adultes. Ils ont besoin de passer plus de temps au lit pour atteindre une durée de sommeil comparable et une portion de ce temps est inévitablement passée éveillé. Par exemple, une personne de 20 ans qui ne fait pas d'insomnie dort environ 95 p. 100 du temps passé au lit. Par contre, une personne de 70 ans qui ne souffre pas d'insomnie dort uniquement un peu plus de 80 p. 100 de ce temps. Ainsi, le sommeil n'est pas aussi efficace ou aussi profond dans la dernière partie de la vie que dans la jeunesse. Tous ces changements peuvent expliquer pourquoi les plaintes d'insomnie augmentent chez les personnes âgées.

Ces changements prennent place de façon passablement graduelle au cours de la vie et se produisent même chez les individus en santé. Le degré et la vitesse de ces changements peuvent varier d'une personne à l'autre, certains expérimentant des changements plus notables que les autres. Mises à part les différences individuelles, des facteurs de santé et de style de vie sont également importants, comme nous le verrons ci-dessous. Ne pas dormir aussi bien, aussi longtemps ou aussi profondément que vous le faisiez lorsque vous étiez jeune est une réalité de la vie. Tout comme votre capacité physique et votre niveau d'énergie diminuent avec le vieillissement, il en va de même de votre habileté à dormir. Il est normal de vous réveiller une ou deux fois par nuit pour aller aux toilettes puis de vous rendormir par la suite. Même si vous vous réveillez plus tôt qu'à l'habitude le matin, il n'y a pas de quoi vous inquiéter dans la mesure où vous avez six heures et demie de sommeil et êtes capable de faire votre travail habituel le jour suivant. Ces changements font partie du processus normal de vieillissement.

L'insomnie n'est pas une condition inévitable du vieillissement

En dépit de tous les changements normaux reliés à l'âge décrits ci-dessus, l'insomnie n'est pas une condition inévitable du vieillissement. Pour plusieurs personnes âgées, les difficultés à dormir excèdent clairement les changements attendus. Si vous prenez plus d'une demi-heure à vous endormir, êtes réveillé plus d'une demi-heure au milieu de la nuit ou vous réveillez à 4 h le matin et êtes incapable de vous rendormir, vous souffrez probablement d'insomnie. Plus de 50 p. 100 des personnes âgées de 65 ans et plus expriment une certaine insatisfaction dans la qualité ou la durée de leur sommeil et 25 p. 100 se plaignent d'une insomnie persistante et incommodante. La nature des difficultés change avec l'âge; les réveils nocturnes fréquents ou prolongés ou encore les réveils prématurés le matin sont plus fréquents chez les aînés alors que les problèmes d'endormissement à l'heure du coucher sont plus fréquents chez les personnes plus jeunes.

De façon générale, les femmes perçoivent leur sommeil comme étant plus perturbé que les hommes; elles utilisent aussi plus de somnifères. Cependant, les enregistrements objectifs de l'activité cérébrale indiquent que le sommeil des hommes âgés se détériore plus que celui des femmes âgées. Ces différences peuvent s'expliquer par une incidence plus élevée d'autres troubles du sommeil chez les hommes tels que l'apnée du sommeil et les mouvements périodiques des jambes, des conditions pouvant perturber le sommeil sans même qu'une personne en soit consciente.

Principales causes des problèmes de sommeil chez les aînés

Il existe plusieurs facteurs pouvant expliquer la fréquence plus élevée de difficultés à dormir avec le vieillissement: les problèmes médicaux et émotionnels, les changements dans le style de vie associés à la retraite, la désynchronisation de l'horloge biologique.

La douleur associée à l'arthrite et à l'ostéoporose peut perturber le sommeil, tout comme certains problèmes respiratoires et conditions cardiaques. Plusieurs médicaments utilisés pour traiter ces affections peuvent causer des perturbations du sommeil comme effet secondaire. La plupart des diurétiques amènent les gens à se lever la nuit pour aller aux toilettes.

Les changements dans les styles de vie associés à la retraite peuvent aussi augmenter le risque de perturbations du sommeil. Les sondages démontrent que les personnes retraitées ayant une vie sédentaire éprouvent plus de difficultés à dormir la nuit que celles qui maintiennent une vie active. Pour plusieurs personnes, l'âge d'or est une période privilégiée pour apprécier la vie, voyager et effectuer les activités pour lesquelles elles ne semblaient jamais avoir suffisamment de temps auparavant. Cependant, certains aînés sont mal préparés à la retraite. Ils manquent d'activités régulières et de routines quotidiennes et ils demeurent au lit plus tard le matin alors que d'autres font la sieste pendant la majeure partie de la journée. Certains le font pour compenser la perte de sommeil alors que d'autres apprécient simplement ne pas devoir se lever tôt le matin pour une fois dans leur vie. Quelle que soit la raison, de telles stratégies échouent souvent et aggravent les difficultés de sommeil, tout comme chez les personnes plus jeunes. Conservez une heure de coucher et de lever régulière et ne passez pas trop de temps éveillé dans votre lit. Aussi, réservez le lit et la chambre à coucher pour le sommeil; ne l'utilisez pas comme une pièce de récréation ou comme un endroit pour s'inquiéter et échapper à la monotonie. Si vous faites une sieste, qu'elle soit d'une durée inférieure à une heure, et prise avant 15 h l'après-midi.

Avec le vieillissement, l'horloge biologique commence à prendre de l'avance sur son temps de telle sorte que les personnes âgées ont tendance à se mettre au lit plus tôt et à se réveiller plus tôt que lorsqu'elles étaient moins âgées. Ces changements peuvent être appréciés par certains, mais ils peuvent aussi interférer avec la vie sociale de la personne. L'obligation de se lever à une heure régulière pendant plusieurs années de travail est un des facteurs les plus importants pour préserver le synchronisme de notre horloge biologique avec le monde extérieur. Après la retraite, si une personne ne maintient pas un horaire régulier, l'horloge biologique devient désynchronisée, rendant ainsi l'individu plus vulnérable aux difficultés de sommeil. Les chercheurs considèrent qu'une partie du problème est due à une diminution des fluctuations normales de la température corporelle. Chez les plus jeunes, la baisse de température corporelle qui survient vers 23 h est fortement liée à la tendance au sommeil. Par contre, chez les personnes plus âgées, cette baisse est inférieure et tend à se produire plus tôt dans la soirée, causant un changement dans leurs cycles veille-sommeil. Les experts du sommeil et du vieillissement considèrent que vous pouvez conserver un bon fonctionnement de votre horloge biologique en établissant une routine quotidienne par l'engagement social et des activités communautaires, en apprenant un nouveau passe-temps, en faisant de l'exercice ou même en effectuant un travail à temps partiel. Combiné avec une pleine exposition à la lumière du jour et des activités extérieures, tout cela peut vous aider à maintenir un rythme constant entre le jour et la nuit et mener à un sommeil plus satisfaisant.

À tout âge, des facteurs émotionnels tels que l'anxiété et la dépression peuvent aussi perturber le sommeil. Chez les personnes âgées, des inquiétudes concernant la santé, la sécurité financière et la crainte d'être placées dans un centre de soins prolongés peuvent interférer avec le sommeil. Parfois, l'anxiété concernant le sommeil lui-même peut transformer ce qui était essentiellement un phénomène relié à l'âge en problème d'insomnie. Un comptable retraité s'inquiétait du fait qu'il dormait uniquement sept heures et qu'il se réveillait une ou deux fois par nuit pendant 10 à 15 minutes chaque fois. Il disait: «Je n'ai jamais été malade, je ne suis jamais allé à l'hôpital et je ne comprends pas ce qui m'arrive.» Le principal problème était qu'il confondait les changements normaux avec l'insomnie. À 60 ou 70 ans, il peut être irréaliste de s'attendre à dormir une période de huit heures sans interruption. Ainsi, faites attention de garder des attentes réalistes.

Plusieurs changements dans les circonstances de la vie peuvent causer une dépression chez les personnes âgées – des problèmes médicaux chroniques, la solitude et le décès du conjoint ou d'amis. Tous ces facteurs peuvent affecter votre humeur et votre sommeil. Un manque de planification adéquate de la retraite peut aussi entraîner l'ennui et même la dépression. Une personne qui a mené une carrière couronnée de succès et qui n'est pas arrivée à développer d'autres sources de reconnaissance et de plaisir peut trouver ardu de s'ajuster à la retraite. Vous mettre au lit tôt dans la soirée ou rester au lit tard le matin pour chasser l'ennui ou la solitude n'améliore en rien votre sommeil. Parfois, une personne peut se concentrer exclusivement sur l'insomnie et ne pas reconnaître la dépression sous-jacente. Si vous soupçonnez que la dépression puisse être la coupable, vous n'avez pas à souffrir. Parlez à votre médecin de famille ou consultez directement un psychologue ou un psychiatre.

Autres troubles du sommeil chez les aînés

Mise à part l'insomnie, il existe un bon nombre d'autres troubles du sommeil qui deviennent plus fréquents avec l'âge. La plupart de ces conditions ont été décrites au chapitre 12 et ne sont révisées ici que brièvement. Le *syndrome des jambes agitées* est caractérisé par une sensation désagréable dans les mollets et un besoin irrésistible de bouger les jambes. La sensation est pire durant la soirée, particulièrement vers l'heure du coucher, et peut empêcher la personne qui en souffre de s'endormir. Une condition reliée, *les mouvements périodiques des jambes*, consiste en des secousses brèves et répétitives des jambes durant le sommeil. Ces mouvements, qui affectent parfois les bras, peuvent se produire de 200 à 300 fois par nuit, à l'insu du dormeur. Ils causent habituellement de multiples éveils brefs, pas suffisamment longs pour que la personne s'en souvienne le jour suivant. Cependant, lorsque cette condition est grave, la personne peut se sentir extrêmement fatiguée ou somnolente et doit lutter pour rester éveillée durant la journée. Ces deux conditions, syndrome des jambes agitées et mouvements périodiques des jambes, se produisent souvent ensemble; elles peuvent être causées par une déficience en fer, une mauvaise circulation sanguine, des douleurs aux extrémités et un excès de caféine. Une fois que ces troubles sont adéquatement diagnostiqués, votre médecin peut prescrire un médicament pour les traiter.

L'apnée du sommeil est un trouble respiratoire: la personne atteinte cesse de respirer périodiquement au cours de la nuit. Un épisode commence avec une pause respiratoire, d'une durée de quelques secondes à une minute, suivi d'un réveil bref et d'un ronflement bruyant pour chercher de l'air. L'apnée du sommeil est habituellement causée par une obstruction des voies respiratoires, résultant d'un relâchement des muscles situés à l'arrière de la gorge durant le sommeil. Chez les personnes plus âgées, les mécanismes cérébraux régularisant la respiration peuvent aussi être impliqués. La principale conséquence du trouble est la somnolence excessive durant la journée, amenant la personne à somnoler épisodiquement ou même à pratiquement s'endormir à des endroits ou à des moments inappropriés. Parfois, une personne âgée atteinte d'apnée du sommeil peut aussi souffrir d'insomnie. L'incidence d'apnée du sommeil augmente significativement avec l'âge. Jusqu'à la cinquantaine, ce problème affecte plus souvent les hommes. Après la ménopause, les femmes sont autant à risque que les hommes. Si vous présentez des symptômes d'apnée du sommeil tels qu'un ronflement bruyant, des pauses respiratoires et de la somnolence diurne, parlez-en à votre médecin de famille ou consultez directement un spécialiste dans un centre des troubles du sommeil.

Le désordre comportemental relié au sommeil paradoxal est une condition rencontrée presque exclusivement chez les hommes âgés. Ce trouble consiste à poser des gestes répétitifs et violents — donner des coups de poing, des coups de pied — pendant le sommeil. Les comportements se produisent durant le sommeil paradoxal, la période typique de rêves où le corps est habituellement complètement paralysé. Les experts croient que les individus atteints de cette condition peuvent actualiser leurs rêves. Les mouvements violents, souvent accompagnés de cris, peuvent être dangereux pour eux-mêmes de même que pour leur partenaire. Un médicament nommé Clonazepam peut être utile pour supprimer cette condition. Des mesures de sécurité doivent aussi être prises pour prévenir les blessures (voir le chapitre 12 pour plus de renseignements).

Lorsque le processus de vieillissement normal est compromis par une condition neurologique dégénérative telle que la maladie d'Alzheimer, les difficultés à dormir peuvent devenir particulièrement graves. Les signes de détérioration mentale sont parfois plus marqués la nuit. La personne âgée peut se réveiller confuse, désorientée, et errer dans la maison ou même à l'extérieur, encourant des risques importants de blessures. De tels problèmes de sommeil nocturnes peuvent aussi représenter un lourd fardeau pour les gardiens, le conjoint ou la parenté, leur causant aussi une détresse émotionnelle et des difficultés à dormir. À long terme, cela peut ébranler la famille et forcer celle-ci à placer la personne dans un établissement de soins prolongés. Dans les stades avancés de la maladie d'Alzheimer, le sommeil devient même plus perturbé. Une étude a démontré que les cycles de veille-sommeil des patients âgés atteints d'Alzheimer deviennent complètement désorganisés. Ainsi, chaque heure d'éveil durant la journée était compromise par des épisodes brefs de sommeil alors que chaque heure de la nuit était interrompue par des éveils.

Le danger des somnifères chez les aînés

Les personnes âgées de 65 ans et plus représentent environ 13 p. 100 de la population américaine. Cependant, cette portion de la population utilise la majorité des médicaments prescrits soit pour l'anxiété le jour (26 p. 100) ou l'insomnie la nuit (40 p. 100). Au Québec, on estime qu'entre 20 et 25 p. 100 des personnes âgées de 65 ans et plus possèdent une ordonnance active pour une benzodiazépine, une classe de médicaments surtout prescrits pour l'anxiété ou l'insomnie. Les utilisateurs chroniques de médicaments sédatifs et hypnotiques sont souvent des personnes âgées, ce qui leur fait courir un risque plus élevé de dépendance. Même si les problèmes de sommeil augmentent avec le vieillissement, il n'existe aucun somnifère pouvant vous redonner une qualité de sommeil comparable à celle d'une personne de 20 ans. Les personnes âgées devraient être d'une extrême prudence lorsqu'elles utilisent des somnifères. En raison de leur métabolisme plus lent, elles éliminent les médicaments plus lentement et sont plus sensibles à leurs effets thérapeutiques et secondaires. La somnolence, la diminution des capacités mentales et la détérioration de la coordination physique et des habiletés de conduite automobile sont plus fréquentes et plus sévères chez les aînés. Selon une étude, les personnes âgées consommant des somnifères, particulièrement ceux avec une demi-vie longue, souffrent plus fréquemment de chutes et de fractures de la hanche que les individus du même âge n'utilisant pas de médicaments pour le sommeil. Une autre complication des médicaments hypnotiques est qu'ils peuvent aggraver les difficultés respiratoires de l'apnée du sommeil. Aussi, il existe un risque d'interactions indésirables avec les médicaments consommés pour d'autres problèmes physiques. Avertissez toujours votre médecin si vous consommez d'autres médicaments et demandez des renseignements à votre pharmacien à propos des effets secondaires et de l'interaction entre les médicaments.

Les problèmes de sommeil chez les personnes âgées peuvent être traités efficacement

Vieillir et ne pas dormir aussi profondément qu'à 20 ans sont des réalités de la vie, mais des problèmes de sommeil persistants et incommodants ne doivent pas être tolérés. Que vous soyez jeune, âgé ou très âgé, des méthodes de traitement efficaces sont disponibles pour la plupart des troubles du sommeil.

Au cours des 10 dernières années, j'ai développé un intérêt particulier pour le travail auprès des personnes âgées souffrant d'insomnie. Nous avons effectué une série d'études portant sur l'efficacité clinique des méthodes de traitements décrites dans ce livre. Les participants à ces études avaient en moyenne 67 ans; leur âge variait de 55 à 85 ans. La plupart des gens souffraient d'insomnie chronique, présente souvent depuis plus de 10 ans. Le programme de traitement consistait en huit sessions hebdomadaires d'une heure, durant lesquelles on enseignait aux participants les différentes procédures décrites dans les chapitres précédents – restreindre le temps passé au lit, maintenir un horaire veille-sommeil régulier et changer les croyances et attitudes erronées concernant le sommeil. Durant ces deux mois, les participants complétaient quotidiennement un agenda du sommeil tel que celui fourni au chapitre 5.

Avant de commencer le traitement, les participants passaient en moyenne de 2 à 2,5 heures éveillés la nuit et dormaient environ 5,5 heures par nuit. Pour une nuit typique de huit heures passées au lit, ils dormaient environ 70 p. 100 de ce temps et étaient éveillés le reste du temps. À la fin du programme de huit semaines, le temps total passé éveillé était réduit à environ 70 minutes par nuit, c'est-à-dire 20 minutes pour s'endormir, 30 minutes éveillés au milieu de la nuit et 20 minutes éveillés juste avant l'heure du lever. L'augmentation du temps total de sommeil était modeste, environ une demi-heure de plus qu'avant le traitement. Mais le sommeil était plus efficace, les aînés dormant environ 82 p. 100 du temps passé au lit comparativement à 70 p. 100 avant le traitement. La plupart des participants au programme étaient plus satisfaits et se sentaient plus en contrôle de leur sommeil. Avant l'étude, plus de 50 p. 100 des insomniaques utilisaient des somnifères. Un an plus tard, seulement 5 p. 100 étaient revenus à l'utilisation de leur médication.

Dans une autre étude, nous avons comparé l'efficacité de cette même approche comportementale avec un somnifère couramment utilisé. Nous avons trouvé que bien que les deux traitements fonctionnent relativement bien à court terme, les patients ayant participé à l'approche de gestion personnelle réussissent beaucoup mieux à long terme. En d'autres mots, ceux qui ont appris comment changer leurs habitudes et horaires de sommeil et réviser leurs croyances et attitudes concernant l'insomnie ont continué d'améliorer leur sommeil ou ont maintenu les améliorations jusqu'à deux ans après la fin du programme de traitement. À l'opposé, ceux qui ont été traités aux somnifères exclusivement revenaient habituellement au même sommeil perturbé après la fin du traitement.

Ces résultats devraient s'avérer très encourageants pour tous ceux et celles qui souffrent d'insomnie, même les personnes âgées. Il y a plusieurs mesures que vous pouvez prendre pour mieux dormir et profiter d'une meilleure qualité de vie. Les études précédemment décrites impliquent une aide professionnelle, mais vous pouvez facilement appliquer le programme de traitement expliqué dans ce livre par vous-même. Comme il existe plusieurs problèmes pouvant provoquer l'insomnie, particulièrement chez les personnes

âgées, il peut être plus prudent d'obtenir une évaluation professionnelle de votre sommeil afin d'éliminer certaines causes avant
d'entreprendre ce programme vous-même.

Beaucoup d'efforts et d'argent sont dépensés pour fabriquer
des produits synthétiques afin de ralentir le processus de vieillissement, de préserver un cycle de sommeil de jeune et même pour
prolonger la vie. Jusqu'à ce que de tels traitements soient décou-
verts, vous devez accepter le fait que votre sommeil se détériorera
quelque peu en vieillissant, tout comme les rides deviennent plus
visibles avec les années. Toutefois, si vous souffrez de difficultés de
sommeil persistantes et plus sévères que celles produites par le seul
vieillissement, le programme de traitement décrit dans ce livre
peut s'avérer fort utile pour vous aider à mieux dormir.

Liste d'organismes

**American Academy of Sleep
Medicine**
One Westbrook Corporate Center
Suite. 920
Westchester, IL 60154
Tél.: (708) 492-0930
Téléc.: (708) 492-0943
http://www.aasmnet.org

American Sleep Apnea Association
1424 K Street NW, Suite 302
Washington, DC 20005
Tél. : (202) 293-3650
Téléc. : (202) 293-3656
e-mail asaa@sleepapnea.org
http://www.sleepapnea.org/

**American Sleep Disorders
Association**
1610 14th Street NW
Suite 300
Rochester, MN 55901
Tél.: (507) 287-6006
Téléc.: (507) 287-6008
e-mail: asda@millcomm.com
http://www.asda.org/

Better Sleep Council
501 Wythe Street
Alexandria, VA 22314
U.S.A.
Tél.: (703) 683-8371
Téléc.: (703) 683-4503
http://www.bettersleep.org/

**National Foundation for Sleep and
Related Disorders in Children**
4200 W. Peterson Ave.
Suite 109
Chicago, IL 60646
Tél: (708) 971-1086
Téléc.: (312) 434-5311

National Institutes of Health
National Center for Sleep Disorders
Research
NIHI/NHLBI/NCSDR
Two Rockledge Centre
Suite 7024
6701 Rockledge Dr. MSC 7920
Bethesda, MD 20892-7920
http://www.nhlbi.nih.gov/about/ncsdr/

Narcolepsy Network
10921 Reed Hartman Highway
Cincinnati, OH 45242
Tél.: (513) 891-3522
Téléc.: (513) 891-3836
e-mail: narnet@aol.com
http://www.websciences.org/narnet/

National Sleep Foundation
1522 K Street, NW, Suite 500
Washington, DC 20005
Tél.: (202) 347-3471
Téléc.: (202) 347-3472
e-mail nsf@sleepfoundation.org
http://www.sleepfoundation.org/

Restless Legs Syndrome Foundation
819 Second Street SW
Rochester MN 55902
Tél.: (507) 287-6465
Téléc.: (507) 287-6312
e-mail: rlsfoundation@rls.org
http://www.rls.org/

Sleep Disorders Dental Society
11676 Perry Highway #1
Suite 1204
Wexford PA 15090
Tél.: (412) 935-0836
Téléc.: (412) 935-0383

Société Canadienne du Sommeil
École de psychologie
Université Laval
Sainte-Foy (Québec)
G1K 7P4
http://www.css.to

Fondation Sommeil: association de personnes atteintes de déficiences reliées au sommeil
1600, avenue de Lorimier
Montréal, (Québec)
Canada
H2K 3W5
Tél.: (514) 522-3901
Tél. sans frais du Canada ou des États-Unis: 1-888-622-3901
Téléc.: (514) 522-0274
e-mail info@fondationsommeil.com
http://www.fondationsommeil.com

Index

Table des matières

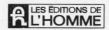

Ouvrages parus aux
Éditions de l'Homme

Affaires publiques, vie culturelle, histoire

L'affiche au Québec — Des origines à nos jours, Marc H. Choko
Aller-retour au pays de la folie, S. Cailloux-Cohen et Luc Vigneault
* Antiquités du Québec — Objets anciens, Michel Lessard
* Apprécier l'œuvre d'art, Francine Girard
* Autopsie d'un meurtre, Rick Boychuk
* Avec un sourire, Gilles Latulippe
* La baie d'Hudson, Peter C. Newman
* Banque Royale, Duncan McDowall
* Boum Boum Geoffrion, Bernard Geoffrion et Stan Fischler
Le cercle de mort, Guy Fournier
* Claude Léveillée, Daniel Guérard
* Les conquérants des grands espaces, Peter C. Newman
* Cow-boy dans l'âme, Bernard Arcand et Serge Bouchard
* Dans la fosse aux lions, Jean Chrétien
* Dans les coulisses du crime organisé, A. Nicaso et L. Lamothe
* Le déclin de l'empire Reichmann, Peter Foster
* De Dallas à Montréal, Maurice Philipps
* Deux verdicts, une vérité, Gilles Perron et Daniel Daignault
* Les écoles de rang au Québec, Jacques Dorion
* Enquête sur les services secrets, Normand Lester
* Étoiles et molécules, Élizabeth Teissier et Henri Laborit
La généalogie, Marthe F. Beauregard et Ève B. Malak
Gilles Villeneuve, Gerald Donaldson
Gretzky — Mon histoire, Wayne Gretzky et Rick Reilly
* L'histoire des Molson, Karen Molson
* L'île D'Orléan, Michel Lessard
* Les insolences du frère Untel, Jean-Paul Desbiens
* Jacques Normand, Robert Gauthier
* Jacques Parizeau, un bâtisseur, Laurence Richard
* Landru – Le grand dérangeant, Michel Vastel
* Les liens du sang, Antonio Nicaso et Lee Lamothe
* La maison au Québec, Yves Laframboise
* Marcel Tessier raconte..., Marcel Tessier
* Maurice Duplessis, Conrad Black
Meubles anciens du Québec, Michel Lessard
* Moi, Mike Frost, espion canadien..., Mike Frost et Michel Gratton
* Montréal au XXᵉ siècle — regards de photographes, Collectif dirigé par Michel Lessard
Montréal — les lumières de ma ville, Yves Marcoux et Jacques Pharand
Montreal, the lights of my city, Jacques Pharand et Yves Marcoux
Montréal, métropole du Québec, Michel Lessard
* Les mots de la faim et de la soif, Hélène Matteau
* Notre Clémence, Hélène Pedneault
* Objets anciens du Québec — La vie domestique, Michel Lessard
* Option Québec, René Lévesque
Parce que je crois aux enfants, Andrée Ruffo
Paul-Émile Léger tome 1. Le Prince de l'Église, Micheline Lachance
Paul-Émile Léger tome 2. Le dernier voyage, Micheline Lachance
Paul-Émile Léger - coffret 2 volumes, Micheline Lachance
* Pierre Daignault, d'IXE-13 au père Ovide, Luc Bertrand
* Plamondon — Un cœur de rockeur, Jacques Godbout
* Pleins feux sur les... services secrets canadiens, Richard Cléroux
* Pleurires, Jean Lapointe
Prisonnier à Bangkok, Alain Olivier et Normand Lester
Quebec, city of light, Michel Lessard et Claudel Huot
Québec from the air, Pierre Lahoud et Henri Dorion

Québec, ville de lumière, Michel Lessard et Claudel Huot
Québec, ville du Patrimoine mondial, Michel Lessard
Le Québec vu du ciel, Pierre Lahoud et Henri Dorion
* Les Quilico, Ruby Mercer
René Lévesque, portrait d'un homme seul, Claude Fournier
Riopelle, Robert Bernier
* Sainte-Foy – L'art de vivre en banlieu au Québec, M. Lessard, J.-M. Lebel et C. Fortin
Sauvez votre planète !, Marjorie Lamb
* Saveurs des campagnes du Québec, Jacques Dorion
* La sculpture ancienne au Québec, John R. Porter et Jean Bélisle
Les sentinelles su Saint-Laurent, Patrice Halley
Sentinels of the St.Lawrence, Patrice Halley
Sir Wilfrid Laurier, Laurier L. Lapierre
La stratégie du dauphin, Dudley Lynch et Paul L. Kordis
Syrie terre de civilisations, Michel Fortin
* Le temps des fêtes au Québec, Raymond Montpetit
* Trudeau le Québécois, Michel Vastel
* Un amour de ville, Louis-Guy Lemieux
* Un siècle de peinture au Québec, Robert Bernier
Villages pittoresques du Québec, Yves Laframboise

Psychologie, vie affective, vie professionnelle, sexualité

20 minutes de répit, Ernest Lawrence Rossi et David Nimmons
101 conseils pour élever un enfant heureux, Lisa McCourt
1001 stratégies amoureuses, Marie Papillon
À dix kilos du bonheur, Danielle Bourque
L'adultère est un péché qu'on pardonne, Bonnie Eaker Weil et Ruth Winter
* Aider mon patron à m'aider, Eugène Houde
Aimer et se le dire, Jacques Salomé et Sylvie Galland
Aimer un homme sans se laisser dominer, Harrison Forrest
À la découverte de mon corps — Guide pour les adolescentes, Lynda Madaras
À la découverte de mon corps — Guide pour les adolescents, Lynda Madaras
L'amour comme solution, Susan Jeffers
* L'amour, de l'exigence à la préférence, Lucien Auger
* L'amour en guerre, Guy Corneau
L'amour entre elles, Claudette Savard
Les anges, mystérieux messagers, Collectif
Apprendre à dire non, Marcelle Lamarche et Pol Danheux
Apprenez à votre enfant à réfléchir, John Langrehr
L'apprentissage de la parole, R. Michnik Golinkoff et K. Hirsh-Pasek
L'approche émotivo-rationnelle, Albert Ellis et Robert A. Harper
Arrête de bouder!, Marie-France Cyr
Arrosez les fleurs pas les mauvaises herbes, Fletcher Peacock
L'art de discuter sans se disputer, Robert V. Gerard
L'art de parler en public, Ed Woblmuth
L'art d'être parents, Dr Benjamin Spock
Attention, parents !, Carol Soret Cope
Au bout du rouleau, Debra Waterhouse
Au cœur de l'année monastique, Victor-Antoine d'Avila-Latourrette
Balance en amour, Linda Goodman
Bébé joue et apprend, Penny Warner
Bélier en amour, Linda Goodman
Bientôt maman, Janet Whalley, Penny Simkin et Ann Keppler
* Le bonheur au travail, Alan Carson et Robert Dunlop
Le bonheur si je veux, Florence Rollot
Cancer en amour, Linda Goodman
Capricorne en amour, Linda Goodman
Ces chers parents !…, Christina Crawford
Ces gens qui remettent tout à demain, Rita Emmett
Ces gens qui vous empoisonnent l'existence, Lillian Glass
* Ces hommes qui méprisent les femmes… et les femmes qui les aiment, Dr Susan Forward et Joan Torres
Ces pères qui ne savent pas aimer, Monique Brillon
Cessez d'être gentil, soyez vrai, Thomas d'Ansembourg

La réussite grâce à l'horoscope chinois, Neil Somerville
Les rêves, messagers de la nuit, Nicole Gratton
Les rêves portent conseil, Laurent Lachance
Rêves, signes et coïncidences, Laurent Lachance
Rompre pour de bon !, Joyce L. Vedral
* **Rompre sans tout casser,** Linda Bérubé
Ronde et épanouie !, Cheri K. Erdman
* **S'affirmer au quotidien,** Éric Schuler
S'affirmer et communiquer, Jean-Marie Boisvert et Madeleine Beaudry
S'aider soi-même davantage, Lucien Auger
Sagittaire en amour, Linda Goodman
Scorpion en amour, Linda Goodman
Se comprendre soi-même par des tests, Collaboration
Se connaître soi-même, Gérard Artaud
* **Le secret de Blanche,** Blanche Landry
Secrets d'alcôve, Iris et Steven Finz
Les secrets de la flexibilité, Priscilla Donovan et Jacquelyn Wonder
Les secrets de l'astrologie chinoise ou le parfait bonheur, André H. Lemoine
Les secrets des 12 signes du zodiaque, Andrée D'Amour
Séduire à coup sûr, Leil Lowndes
* **Se guérir de la sottise,** Lucien Auger
S'entraider, Jacques Limoges
* **La sexualité du jeune adolescent,** Dr Lionel Gendron
La sexualité pour le plaisir et pour l'amour, D. Schmid et M.-J. Mattheeuws
Si je m'écoutais je m'entendrais, Jacques Salomé et Sylvie Galland
Le Soi aux mille visages, Pierre Cauvin et Geneviève Cailloux
* **Superlady du sexe,** Susan C. Bakos
Surmonter sa peine, Adele Wilcox
La synergologie, Philippe Turchet
Taureau en amour, Linda Goodman
Te laisse pas faire ! Jocelyne Robert
Le temps d'apprendre à vivre, Lucien Auger
Tics et problèmes de tension musculaire, Kieron O'Connor et Danielle Gareau
Tirez profit de vos erreurs, Gerard I. Nierenberg
Tout se joue avant la maternelle, Masaru Ibuka
* **Travailler devant un écran,** Dr Helen Feeley
Un autre corps pour mon âme, Michael Newton
* **Un monde insolite,** Frank Edwards
Une vie à se dire, Jacques Salomé
* **Un second souffle,** Diane Hébert
Verseau en amour, Linda Goodman
* **La vie antérieure,** Henri Laborit
Vieillir au masculin, Hubert de Ravinel
Vierge en amour, Linda Goodman
Vivre avec un cardiaque, Rhoda F. Levin
Vos enfants consomment-ils des drogues ?, Steve Carper et Timothy Dimoff
Votre enfant est-il trop sensible ?, Janet Poland et Judi Craig
Votre enfant est-il victime d'intimidation ?, Sarah Lawson
Vouloir c'est pouvoir, Raymond Hull
Vous valez mieux que vous ne pensez, Patricia Cleghorn

---

* Pour l'Amérique du Nord seulement.

(2002/8)

Cet ouvrage a été achevé d'imprimer
au Canada en janvier 2003.

Transcontinental
IMPRESSION
IMPRIMERIE GAGNÉ